本成果受到中国人民大学"双一流"跨学科重大创新规划平台
—— 国家治理与舆论生态研究跨学科交叉平台支持

新·闻·传·播·学·文·库

重新出发
移动互联网时代
中国媒体转型研究

*J*ournalism Reborn :

The Transformation

of Chinese Media in

the Mobile

Internet Age

陈 阳/著

中国人民大学出版社
·北京·

总　序

自 1997 年国务院学位委员会将新闻传播学擢升为一级学科以来，中国的新闻传播学学科建设突飞猛进，这也对教学、科研以及学术著作出版提出了新的、更高的要求。

继 1999 年中国人民大学出版社推出"21 世纪新闻传播学系列教材"之后，北京广播学院出版社、华夏出版社、南京大学出版社、中国社会科学出版社、新华出版社等十余家出版社纷纷推出具有不同特色的教材和国外新闻传播学大师经典名著汉译本。但标志本学科学术水平、体现国内最新科研成果的专著尚不多见。

同一时期，中国的新闻传播学教育有了长足进展。新闻传播学专业点从 1994 年的 66 个猛增到 2001 年的 232 个。据不完全统计，全国新闻传播学专业本科、专科在读人数已达 5 万名之多。新闻传播学学位教育也有新的增长。目前全国设有博士授予点 8 个，硕士授予点 40 个。中国人民大学新闻学院、复旦大学新闻学院等一批研究型院系正在崛起。北京大学和清华大学的新闻传播学教育以高起点、多专业为特色，揭开了这两所百年名校蓬勃发展的新的一页。北京广播学院（后更名为中国传媒大学——编者注）以令人刮目相看的新水平，跻身中国新闻传播教育名校之列。武汉大学新闻与传播学院等以新获得博士授予点为契机所展开的一系列办学、科研大手笔，正在展示其特有的风采与魅力。学界和社会都企盼这些中国新闻传播教育的"第一梯队"奉献推动学科建设的新著作和新成果。

进入新世纪以来，随着以互联网为突破口的传播新媒体的迅速普及，新媒体与传统媒体的联手共进，以及亿万国人参与大众传播能动性的不断强化，中国的新闻传媒事业有了全方位的跳跃式的大发展。人民群众对大众传媒的使用，从来没有像今天这样广泛、及时、须臾不可或缺，人们难以逃脱无处不在、无时不有的大众传媒的深刻影响。以全体国民为对象的新闻传播学大众化社会教育，已经刻不容缓地提到全社会，尤其是新闻传播教育者面前。为民众提供高质量的新闻传播学著作，已经成为当前新闻传播学界的一项迫切任务。

这一切都表明，出版一套满足学科建设、新闻传播专业教育和社会教育需求的高水平新闻传播学学术著作，是当前一项既有学术价值又有现实意义的重要工作。"新闻传播学文库"的问世，便是学者们朝着这个方向共同努力的成果之一。

"新闻传播学文库"希望对于新闻传播学学科建设有一些新的突破：探讨学科新体系，论证学术新观点，寻找研究新方法，使用论述新话语，摸索论文新写法。一句话，同原有的新闻学或传播学成果相比，应该有一点创新，说一些新话，文库的作品应该焕发出一点创新意识。

创新首先体现在对旧体系、旧观念和旧事物的扬弃上。这种扬弃之所以必要，人文社会科学工作者之所以拥有理论创新的权利，就在于与时俱进是马克思主义的理论品质，弃旧扬新是学科发展的必由之路。恩格斯曾经指出，我们的理论是发展的理论，而不是必须背得烂熟并机械地加以重复的教条。一位俄国作家回忆他同恩格斯的一次谈话时说，恩格斯希望俄国人——不仅仅是俄国人——不要去生搬硬套马克思和他的话，而要根据自己的情况，像马克思那样去思考问题，只有在这个意义上，"马克思主义者"这个词才有存在的理由。中国与外国不同，新中国与旧中国不同，新中国前 30 年与后 20 年不同，在现在的历史条件下研究当前中国的新闻传播学，自然应该有不同于外国、不同于旧中国、不同于前 30 年的方法与结论。因此，"新闻传播学文库"对作者及其作品的要求是：把握时代特征，适应时代要求，紧跟时代步伐，站在时代前列，以马克思主义的理论勇气和理论魄力，深入计划经济到市场经济的社会转型期中去，深入党、政府、传媒与阅听人的复杂的传受关系中去，研究新问题，寻找新方法，获取新知识，发现新观点，论证新结论。这是本文库的宗旨，也是对作者的企盼。我们期待文库的每一部作品、每一位作者，都能有助于把读者引领到新闻传播学学术殿堂，向读者展开一片新的学术天地。

创新必然会有风险。创新意识与风险意识是共生一处的。创新就是做前人未做之事，说前人未说之语，或者是推翻前人已做之事，改正前人已说之语。这种对旧事物旧体系旧观念的否定，对传统习惯势力和陈腐学说的挑战，对曾经被多少人诵读过多少年的旧观点旧话语的批驳，必然会招致旧事物和旧势力的压制和打击。再者，当今的社会进步这么迅猛，新闻传媒事业发展这么飞速，新闻传播学学科建设显得相对迟缓和相对落后。这种情况下，"新闻传播学文库"作者和作品的一些新观点新见解的正确性和科学性有时难以得到鉴证，即便一些正确的新观点新见解，要成为社会和学人的共识，也有待实践和时间。因此，张扬创新意识的同时，作者必须具备同样强烈的风险意识。我们呼吁社会与学界对文库作者及其作品给予最多的宽容与厚爱。但是，这里并不排斥而是真诚欢迎对作品的批评，因为严厉而负责的批评，正是对作者及其作品的厚爱。

当然，"新闻传播学文库"有责任要求作者提供自己潜心钻研、深入探讨、精心撰写、有一定真知灼见的学术成果。这些作品或者是对新闻传播学学术新领域的拓展，或者是对某些旧体系旧观念的廓清，或者是向新闻传媒主管机构建言的论证，或者是运用中国语言和中国传统文化对海外新闻传播学著作的新的解读。总之，文库向人们提供的应该是而且必须是新闻传播学学术研究中的精品。这套文库的编辑出版贯彻少而精的原则，每年从中国人民大学校内外众多学者的研究成果中精选三至五种，三至四年之后，也可洋洋大观，可以昂然耸立于新闻传播学乃至人文社会科学学术研究成果之林。

新世纪刚刚翻开第一页，中国人民大学出版社经过精心策划和周全组织，推出了这套文库。对于出版社的这种战略眼光和作者们齐心协力的精神，我表示敬佩和感谢。我期望同大家一起努力，把这套文库的工作做得越来越好。

以上絮言，是为序。

童　兵

2001 年 6 月

推荐序

把论文写在田野中

白红义

时隔多年，陈阳老师将要出版她的第二本新闻社会学专著，这不仅是她个人的喜事，值得祝贺；而且将为国内相关研究再提供一部新的力作，令人鼓舞。我在复旦大学新闻学院攻读博士学位的时候，因为曾做过几年记者，所以对新闻生产等研究领域较为关注，早早买过陈阳老师在博士论文基础上改就的第一本著作，即《协商女性新闻的碎片：20世纪90年代以来中国媒体里的国家、市场和女性主义》。这本书虽然披着性别研究的外衣，但研究的是《中国妇女报》的新闻生产，本质上仍是典型的新闻社会学研究。十几年前，中文学界的相关研究要么是单篇论文，要么是未出版的博士论文，它是少有的长篇幅的著作。我在上海社会科学院工作时，一直将这本书列为研究生课程的阅读书目，现在仍把它列为一门本科生课程的读书报告备选书目。有些遗憾的是，这本书可能是因为由一家地方出版社出版，故而声名不显。

《协商女性新闻的碎片》反映的是20世纪90年代中国新闻业的一个侧面，那是新闻业即将步入黄金时代的关键时刻。而这本《重新出发：移动互联网时代中国媒体转型研究》关切的则是深陷困境亟待转型的中国媒体，记录了特定时期中国新闻业的变迁。人们常说新闻是历史的初稿，对新闻的研究又何尝不能成为对历史的记录呢？纵观全书，作者从媒体、内容与用户三个维度呈现了移动互联网兴起对中国新闻界的深入影响，内容丰富而又精彩，尤其体现了作者鲜明的研究特色。

第一个特点是深耕田野。很多新闻生产研究的经典作品由作者的博士论文修改而成，因为进入新闻编辑室从事参与观察耗时耗力，所以博士生成为这类研究的主要作者。而当下的学术环境更为糟糕，内有学术考核注重量化、追求数量，外有媒体因商业、政治等考量不愿向研究者开放，使得经典意义上的新闻编辑室田野观察研究难以维系。而陈阳老师这样资深的学者仍能放下身段，继续进入新闻编辑室，与那些小她许多的新闻工作者打交道，实属难得。她利用在《人民日报》新媒体中心挂职的机会，充分搜集材料，借助扎实的田野资料，为读者细致地呈现了《人民日报》微信公众号的新闻生产状况。这样一个独特的研究案例本身就具有足够的理论贡献。

第二个特点是紧跟前沿。21 世纪初以后，新闻生产研究进入了所谓的第二波，不仅是那些田野地点发生了巨大变化，小到一家家具体的在线新闻编辑室，大到一座城市的新闻生态系统；而且研究方法跳出了单纯的描述，进入了更具理论性的阐释阶段，场域、生态系统、行动者网络等理论占据着显要位置。本书关注了《人民日报》、《南方都市报》、快手等不同媒体的创新策略，把具体问题落脚在时间性、情感性、创业、受众等前沿话题，在研究时则援引了场域理论、新制度主义等国际学术界探讨创新问题的主流理论路径。

第三个特点是方法多元。陈阳老师在中国人民大学新闻学院常年教授传播学研究方法课程，谙熟各种研究方法，本书中既有实地的田野研究、网络民族志、深度访谈等质性方法，也有问卷调查、内容分析等量化方法。陈老师娴熟地利用各种方法为不同的研究问题搜集资料，再进行理论化的分析。读者们也可以把它当作一本将规范的研究方法应用于具体研究的典范。

从十几年前的《协商女性新闻的碎片》到现在的《重新出发》，陈阳老师不变的是对中国现实问题的关怀，广泛运用社会科学的研究方法做实证分析；变化的则是研究中的话题选择、问题意识和理论阐释，她始终以高质量的研究成果记录中国社会在新闻传播领域的变迁。

我资历尚浅，原本不是合适的推荐序作者，但她嘱我作序，恐怕是因为我们有着共同的研究兴趣，故谨以上述碎片式的想法向陈阳老师的新书出版致以祝贺。

是为序。

2022 年 2 月 12 日

写于上海

目　录

第三部分 用户

引论：移动互联网对新闻界的影响

一、基础性、全方位的挑战

2000 年前后，中国媒体逐渐"触网"，互联网进入中国新闻界。互联网 1.0 时期，媒体内容被低价或免费放到网上供人阅读，新浪、网易、腾讯等"新闻仓库"式网站成为当时国人接触网络新闻最主要的渠道。由于彼时互联网在全国城乡的普及和渗透正在逐步有序推进，而且互联网对普通人日常生活的渗透较之当下并不普遍，因此互联网对中国新闻媒体的挑战并不严峻。对于中国媒体来说，只不过是把内容从报纸、杂志、电视上复制到了互联网网页上，改革开放以来长期形成的"财政预算拨款＋广告收入"的盈利模式依然有效运转，受众依然保持着长期养成的阅读习惯和口味，新闻界的日子并不难过。

进入以社交媒体为代表的互联网 2.0 时代，形势骤变，中国新闻业承受了前所未有的压力和挑战，"危机""转型""创新"成为行业内的共识。这一时期最突出的特征，就是中国社会已经从个人电脑的网页时代进入移动互联网时代，智能手机的应用和普及深刻地改变了受众的阅读习惯。互联网上的内容呈现需要考虑手机屏幕的特征（比如，竖屏视频挑战了横屏视频的审美特征），智能手机几乎不关机、开机快速简捷，因此迅速地嵌入普通人的日常生活，而手机终端的便捷性导致了传统的报纸、杂志、电视、广播等接收终端纷纷败阵。当前我国 95％的互联网用户都通过手机上网，媒体必须适应移动互联网所带来的移动性、社交性、地方性等特征，才能吸引受众、保持影响力。

受众接触新闻的方式也发生了变化。传统媒体时代，打开报纸、杂志、电视机、收音机的瞬间，意味着受众从"不接触"新闻转向"接触"新闻；互联网 1.0 时代，打开计算机（开机）也意味着受众主动寻求接触新闻。无论在家里的客厅还是办公场所，接触媒体与不接触媒体的状态都存在着明显而天然的区隔，然而这一切在移动互联网时代发生了根本性的转变。智能手机和 iPad 基本不关机，可以一键开机，瞬间实现从不接触新闻转向接触新闻，而且便携性导致了受众接触新闻的状态是多线程的，即一边工作一边接触新闻、一边娱乐一边接触新闻，受众的注意力越来越难以长时间维持，严肃的深度内容，反而不如肤浅的情绪化内容更受欢迎。新闻偶遇现象出现，越来越多的受众通过社交媒体平台上的偶遇、算法推荐或朋友分享来接触新闻，而不是主动寻求接触新闻，严肃新闻在普通受众日常生活里的重要性正在不断下降。新闻界正在失去受众的拥护和支持，这从根本上挑战了自工业革命以来新闻界长期形成的"主动媒体与被动受众"的传受关系。在新变化的社会条件下，媒体与公共生活的关系、媒体的社会责任感、新闻信息与娱乐休闲的关系等等问题，需要回到现实生活中重新进行研究。

移动互联网带给新闻界最大的挑战，就是既往的盈利模式被破坏、新的盈利模式尚未确立。当前我国媒体转型的各种路径无不是在寻求确立新的盈利模式的同时继续保持跟用户（受众）的联系和社会影响力，如果不能解决盈利模式问题，那么一切媒体转型路径都是不持久、不成功的。我国媒体尝试的路径有三种：（1）以财新传媒为代表的收费制，传统媒体时代，受众为报纸、杂志、有线电视付费，移动互联网时代，受众转向为新闻客户端 App付费，这是传统盈利模式的升级版；（2）以《人民日报》为代表，媒体转向做平台，提供海量内容，增强用户黏性，吸引用户投入时间及注意力在自己的平台上，先抢占规模用户再考虑盈利，这一做法借鉴了平台经济的发展思路，成为适应移动互联网技术特性的具有鲜明时代特征的转型路径；（3）以

《南方都市报》为代表，媒体转向做智库，通过跟政府机构的合作，媒体帮助政府更有效率地实现职能、完成工作目标，这种转型路径部分地放弃了新闻媒体向读者提供消息的功能，媒体更密切地成为政府机构的一部分。第一条路径，在国外已经有诸如《纽约时报》等媒体同行的成功案例，后两条转型路径都是移动互联网时代我国媒体正在尝试的独特路径，既贴合了我国媒体独特的生态系统和社会结构特征，也满足了移动互联网手机终端取代报纸电视机的技术升级需求。

二、本书结构和内容

本书直面移动互联网带给中国新闻界的挑战，以及中国媒体应对挑战的转型策略及其后果。全书紧扣"移动互联网"这一时代背景，分为媒体、内容、用户三大部分。

第一部分以"媒体"为关键词，关注作为组织机构的新闻媒体如何应对移动互联网的挑战。

第一章考察在"加速"这一现代性背景下，新闻生产的节奏越来越快，给新闻界带来了什么样的后果。传统媒体时代，我们可以提前打开电视机、坐等自己心爱的节目播出，移动互联网时代，如果手机 3 秒钟转不出某个网页，我们可能就会变得烦躁、放弃眼前的网页、转向其他替代性网页。在传统媒体时代，3 秒钟等待时间根本不是问题，然而在移动互联网时代，为什么我们连 3 秒钟都不愿意等待呢？时间加速、社会运行加速，这些都是现代化、工业化的发展后果之一，在移动互联网时代，加速显著地嵌入我们的日常生活，成为社会问题。这一章从新闻生产的常规（routine）入手，考察当传统媒体机构转而为移动互联网生产新闻时，组织常规发生了哪些变化。为了适应移动互联网时代新闻生产中即时性、互动性、参与性的要求，媒体机构不得不改变既往的组织结构、生产流程和组织惯例。但是，彻底改造生产常规的过程充满了不确定性和困难，媒体机构只能边看边改边适应，摸着石头过河，而且某些旧常规被保留和强化，暗示着媒体转型的艰难。

第二章以《南方都市报》为个案，考察上文所说移动互联网时代我国媒体转型的第三条路径：从媒体转向智库。媒体具体选择哪条转型路径跟自己所嵌入的社会结构、社会地位、时代背景、企业文化有关。目前看来，《南方都市报》的智库转型或多或少取得了一定的成功，吸引了一定规模的读者用户，获得了一定的经济效益。这些转型道路不是一帆风顺的，其中充满了冲突和断裂，然而它们都是媒体面临新环境所做出的主动适应的结果。

第三章转向当下火爆的短视频平台，从传播政治经济学视角，以快手扶贫为个案，考察媒介化生存时代，作为数字平台，快手如何通过扶贫这一公益活动，改变了自己的社会形象，重新获得了国家、企业和用户的支持，实现了多方共赢。这是一个绝佳的传播政治经济学案例，展示了在媒介化时代，平台、国家与底层群体间权力关系的复杂性，以及平台和数字技术的温和行动赋能角色。首先，平台与国家间存在协商、互惠的关系，平台通过扶贫协商身份合法化成为数字基础设施，国家也受益于平台的扶贫成果；其次，农民主播也乐于与平台达成合作，作为工作的主播活动不仅能改变个体命运，也能带动贫困地区发展。在这一案例中，数字平台为底层群体提供展开新的制度化实践的资源，从而赋能他们改变生存境遇，这是一种更为温和的、行动层面的民主潜能。

第二部分的关键词是"内容"，关注移动互联网时代我国媒体内容出现的变化。第四章回顾了情感性因素在"新华体"这一代表性文体上的表现及变迁，设计了一套测量新闻报道情感性因素的指标，并采用这套指标测量中国新闻奖（1993—2018）一等奖报道中的文字作品。我国报纸新闻的情感性再现有三个特点：（1）记者在新闻文本中直接对新闻人物和事件进行判断和评价，相对而言，新闻人物的情感表露反而不如记者那么强烈；（2）记者经常描写集体性而非个人化的情感；（3）无论是记者还是新闻人物的情感表达通常都是正面的，符合一贯的"正面报道为主"的新闻实践。进一步地，通过对比国外学者关于美国普利策奖的研究成果，本书认为，中美媒体在再现情感性因素方面既有差异也有相似，既是各自媒介体制的产物，也巩固了各自的媒介体制。

第五章以基于语料库的批判隐喻分析法研究《人民日报》《财新周刊》和《三联生活周刊》三家媒体对新冠肺炎疫情的1 110篇报道，考察报道中使用的丰富隐喻。研究发现，媒体报道以战争隐喻主导疫情议题框架，实现广泛的情感动员，与英雄中心叙事相结合，淡化突发性公共卫生危机对社会秩序的冲击；借由家庭隐喻和身体隐喻，媒体报道凝聚了"想象的共同体"，建构了群体身份与归属感。党报与市场化媒体采取了差异化的隐喻建构策略。单一隐喻的泛化存在负向功能，不利于对疫情的深入解读与理性反思。

第六章借助逻辑学里的图尔敏模型考察《人民日报》评论版和"侠客岛"新闻评论的论证结构，发展出一套测量指标。研究发现，首先，在"侠客岛"的评论文章中，新闻论证中的"主张"数减少，"间接依据"增多，使用"全称量词"描述"主张"的成立程度较之报纸版上的评论有所下降；其次，"侠客岛"评论文章中动员读者与赋予事件意义的意图减弱，更专注对事件进行阐释。基于此我们可以认为新闻评论的论证结构呈现出由"判断"向"解释"转变的特征，这一变化与移动互联网互动性的特征相契合。这是传统媒体在移动互联网中的自我调适，其目的在于，在全新的传播场景下继续承担引导舆论的功能。

第三部分的关键词是"用户"，关注移动互联网时代受众的变化。第七章以《人民日报》为案例，考察媒体受众观的转型。从群众观到受众观，曾经被看成改革开放以来我国媒体受众观最显著的转变，进入移动互联网时代，受众观隐退，群众观复兴，同时由于深受移动互联网和社交媒体的影响，媒体越来越重视情感性和与用户的连接性，移动互联网时代的受众观可以简单地被概括为情感群众观，即通过情感手段强化作为群众的受众。

第八章运用驯化（domestication）理论，从用户对短视频平台的使用入手，通过调查中原某地乡村青少年的媒介使用行为，考察短视频平台如何嵌入他们的日常生活和社会关系之中，并进而解释短视频平台成功的原因。只有被成功驯化的新媒体内容，才能深刻影响用户的社会关系和实践，进而影响中国社会的组织结构和社会运行。中国新闻界的未来目标，就是要通过驯化进入普通用户的日常生活，当媒体成为日常生活的一部分时，它才能继续保持并发挥自己的影响力，凝聚社会共识。

本书的一个特色是紧扣"移动互联网"这一主题，全方位、立体化地考察移动互联网技术革新带给我国新闻界的影响，因为相比移动互联网带来的颠覆性改革，2000 年左右我国媒体触网并没有从根本上改变传受关系和盈利模式。本书的另一个特色是综合运用调查法、内容分析法、文本分析法、访谈法、观察法等多种实证研究方法，对当前我国新闻界的现实情况进行经验考察，全书的研究时间集中在 2017 年以后，笔者进行了一手调研，搜集了大量数据，并试图进行理论对话，希望跟国内外同行进行研讨交流。

第一部分

媒体

这一部分以"媒体"为关键词，关注作为组织机构的新闻媒体如何应对移动互联网的挑战。

在"加速"这一现代性背景下，新闻生产的节奏越来越快，给新闻界带来了什么样的后果？

在移动互联网时代，除了收费制和做平台之外，我国媒体转型还有第三条路径，即从媒体转向智库。这条转型道路充满了中国特色，它给新闻界带来了什么样的冲突和断裂？

媒介化生存时代，数字平台如何通过"扶贫"这一公益活动，重新获得国家、企业和用户的支持，实现多方共赢？平台、国家与底层群体间权力关系的复杂性，以及平台和数字技术的温和行动赋能角色，都在"快手扶贫"这一个案中得到淋漓尽致的展现。

第一章　加速的新闻编辑室
——新闻生产过程中节奏加快的后果

一、引言

传统媒体时代，新闻生产的节奏（news cycle）吻合了普通受众的生活节奏，同时，媒体的生产周期也重新安排了新闻事件跟普通受众见面的时间。普通受众的生活周期是 24 小时，每 24 小时要进行相同的社会活动，起床、吃饭、上班、下班，在这一套生活流程里，时间是最重要的标尺，用以划分、切割不同社会行为及其对应的发生场域，提醒普通人什么时间应该做什么事。传统日报的生产周期也是 24 小时，每个 24 小时里所发生的新闻都统一安排在同一个时间点上跟受众见面（比如日报早上 6 点跟第一批读者见面，电视晚间新闻 7 点播出）。好新闻要拼时效，这也是考验记者职业能力的基本功之一。

媒体工作的内部日程和生产周期会影响新闻判断，形成新闻常规。塔奇曼（Tuchman）在电视台里进行田野研究，发现上午 10 点至下午 4 点的新闻事件最容易成为新闻，同样的新闻事件如果发生在下午 7 点以后，由于记者们大多已经下班了，那么这样的事件更难得到报道。[①] 吉伯（Gieber）也认为，越接近截稿时间，报纸版面上留下的空白越少，编辑越不情愿撤下已经

---

① TUCHMAN G. Making news：a study in the social construction of reality. London：The Free Press，1978.

2022 年 1 月出版的《做新闻》最新中译本中，Tuchman 译作塔克曼。

编好的稿件换上新稿件。① 因此，新闻被公布出去，要"屈从"于媒体机构的生产周期。

互联网媒体从技术上取消了"截稿时间"这一限制，媒体可以实现24小时随时发布新闻，新闻生产的节奏被大大加快了。厄舍（Usher）于2010年1月至6月在《纽约时报》实地观察了六个月，她认为，即时性、互动性和参与性这三个特点区别了互联网媒体生产与传统媒体生产。② 其中，即时性（immediacy）指的是新闻一经制作完成、尽快发布出去这一过程③，很明显，即时性原则涉及新闻生产节奏的变化。

新闻生产节奏被大大加快，意味着更多的人力、物力和工作时间的投入，那么，媒体机构采用了哪些措施来有效保证新闻节奏的加快？在这一过程中，形成了哪些新的工作常规？新闻节奏加快，对媒体机构和普通用户来说意味着什么？这是本书所关注的研究问题。本章考察微信公众号生产过程中新闻节奏的变化，通过田野研究资料，描述新闻实践发生转变的过程，以及产生转变的后果。本章所描述的画面和场景发生在互联网媒体（有时候也被称为数字媒体、社交媒体或融合媒体）已经全面超越传统媒体这一历史背景下，如果说传统媒体组织内部针对互联网用户的新闻生产节奏发生了变化，那么，哪些工作常规被保留，哪些被改进，这些变化蕴含了什么样的理论意义和实践价值，这将是本章描述的重点。

二、研究方法与资料

本章的田野资料来自2017年9月至2018年6月笔者在《人民日报》新媒体中心挂职锻炼期间的观察与访谈，以及所搜集的公开资料，包括该中

---

① GIEBER W. Across the desk：a study of 16 telegraph editor. Journalism quarterly, 1956, 33 (4)：423 - 432.

② USHER N. Making news at The New York Times. Ann Arbor, Mich.：The University of Michigan Press, 2014.

③ TENENBOIM-WEINBIATT K, NEIGER M. Temporal affordances in the news. Journalism, 2018, 19 (1)：37 - 55.

心从业人员的公开文章、其他研究者对该公众号的研究资料以及微信公众号推送的文章等。作为我国最重要的党报，《人民日报》历史悠久，影响力巨大，面对互联网潮流汹涌，它一直努力跟上。它在 1997 年就开办了自己的网站，2012 年开通了微博账号，2013 年开通了微信公众号，2014年上线了自己的客户端，根据中国新媒体大数据平台清博指数公号排行的统计，其微信公众号的总阅读数和平均每篇阅读数都是全国第一。① 从这些数据来看，《人民日报》在互联网时代的转型依然保有强大的社会影响力。

在技术层面上，《人民日报》的微博账号和客户端都可以实现每周 7 天每天 24 小时发布消息，而微信公众号每天只能推送 10 次消息，每次最多 4～5条，少则只有 1 条（2020 年微信改版之后，每次只推送 1～2 条），这样看，微博账号和客户端似乎生产节奏更快，然而，为什么微信公众号更值得关注呢？

第一，作为每日使用时间最长和使用人数最多的社交媒体，微信对普通中国人日常生活的渗透是全方位的，远远超过了微博和客户端。《人民日报》微博上的每一条推送，点赞数或评论数很少过万，而微信公众号里的每一条推送阅读量都在 10 万次以上，点赞量超过 10 万次的推送内容也不少，二者的社会影响力，不在一个量级上。即使编辑人员，对自己的微信公众号的巨大影响力也感到很骄傲："我们的微信公众号（在整个公众号界）一直是第一！"② 客户端理论上可以做到 24 小时发稿，但是影响力不如微信，同一条推送《人类射击速度极限是多少？武警特战队员告诉你》（2019 年 5 月 2 日）发布 2 小时后，在客户端的阅读量不足 8 万，点赞数 732 次，在微信公众号里已经突破了 10 万，3 885 人推荐"在看"。

第二，24 小时发布消息的技术障碍消失了，并不等同于媒体在实际操作中选择 24 小时发布消息。《人民日报》微信、微博和客户端团队常规每日工

---

① 　http：//www.gsdata.cn/rank/wxrank？type＝week.
② 　来源于访谈材料，时间：2018‐01‐12。

作时间都是早6点至晚12点，节假日调休。从下文将要论述的新闻节奏加快带来工作压力剧增这一点来看，微信团队的压力是最大的。客户端团队编辑数量在20名左右，背后有整个报社600名记者在内容上的鼎力支持，微信团队只有9名工作人员，报社普通记者的稿件很容易出现在客户端里，却基本不可能出现在微信公众号里，所以，微信团队最适合展现新闻节奏加快带给普遍编辑的工作压力。

第三，从内容方面来看，除了偶尔的重大时政新闻之外，《人民日报》微信公众号的内容从标题到正文都有着浓厚的情感色彩，跟印刷版上严肃庄重的"人民体"是截然不同的叙述风格；《人民日报》客户端里可以阅读报纸印刷版全文，报社600名记者也会时常供稿，客户端内容的情感色彩不如微信公众号那样鲜明。这意味着，微信团队跟传统编辑团队的差异体现得更明显，因此本章选择了微信公众号及其生产团队为研究对象。

三、微信公众号的内容周期

从技术角度而言，腾讯服务器可以做到每天24小时不停推送《人民日报》公众号，但是截至目前，机构媒体微信公众号每天推送次数的限额是10次，而且只有《人民日报》、新华社等少数媒体才能获准每天推送10次——推送次数越多，意味着媒体级别地位越高。

笔者曾经跟另一家机构媒体的新媒体负责人谈起来，《人民日报》公众号每天推送10次，他的第一反应是充满同情地哈哈大笑："每天10次，真要累死他们了！"[1]这家机构媒体自己的微信公众号每天上午9点至10点和下午4点至5点推送两次，每次4～5条内容，前面几条是原创新闻，最后一条都是推广。

每天早5点到晚11点之间，《人民日报》公众号在18个小时之内10次推送。整个部门分成了早午晚三班（见表1-1）。

---

[1]　来源于访谈材料，时间：2018-03-12。

表 1-1　　　　　　《人民日报》微信公众号每日推送时间

班次	大致推送时间
早班（值夜班）	上午 5：30
	上午 8：00
	上午 9：00
午班	上午 10：00
	中午 12：00
	下午 14：00
晚班	下午 16：00
	下午 19：00
	晚上 21：00
	晚上 22：00

　　表 1-1 中的推送时间并非固定不变。笔者在田野调查时发现，工作日里经常每天推送只有 8 次或 9 次，周末有一天只推送了 6 次，主任对此是默许的。但是每天一头一尾，早上 5：30 和晚上 22：00 推送不能缺席，这两次推送都包含音频，需要提前制作。

　　每次推送基本间隔两个小时，有时会间隔 1 个小时。考虑到整个部门负责微信公众号的全职工作人员只有 9 个人，笔者很理解同行为什么会对他们表示同情而不是羡慕。推送节奏越频繁，意味着编辑的工作强度越大，每隔 1~2 个小时就要重复刚才的工作流程，长此以往，编辑们难免疲倦。

　　笔者刚去《人民日报》新媒体中心挂职，第一次拜会部门主任，他就说："你能来我们这里值班吗？"然后，立刻否定了刚才的问题："算了，早班上班太早，你过来不方便，晚班下班晚，你回家也不方便。"后来笔者得知，主任所说的早班工作时间从早上 5 点到下午 3 点，晚班从下午 2 点到晚上 11 点。他说的是实情，无论哪一个时间段，对笔者来说，都不合适。这也说明，这里缺人手，主任碰见一切潜在人员都想发展成为自己手下的编辑。笔者在新媒体中心很少听到编辑们闲聊，这里并没有人浮于事喝茶聊天的现象，每个人上班时间都万分紧张。

　　微信多次改版，每个用户的手机屏幕里，能够同时呈现的订阅号往往不超过 5 个，最新推送的公众号被显示在最上面。用户可以在一天的任意时间点开公众号阅读内容，因此，更多推送次数增加了公众号停留在用户手机所显示的订阅列表里的机会，从而吸引用户点击。也正因为如此，只有获得特许机会的媒体才能够增加每日推送次数。

《人民日报》印刷版在重大时政新闻领域中有着独家权威，一些重要新闻事件需要推送，此时，微信公众号编辑们会很乐意选择国家领导人的重要新闻事件进行单独推送，这是减轻工作负担的一种手段。推送内容来自权威媒体，编辑们没有权利修改一个字——这对处于高度紧张状态下的编辑来说反而是好事，把他们从繁重的工作中暂时解放出来，只要更改版面格式即可。而且，国家领导人的重要事件只能单独推送，不能一次推送好几条——这等于变相减少了编辑的工作任务量。所以，编辑们很乐意单独推送关于国家领导人的新闻事件，但是，这种推送不能每天都有，有时候甚至一周也没有一次。

说到底，媒体乐意增加推送次数，其目的就是用新鲜内容吸引读者回到自己的页面上来，因为新鲜内容才是网络媒体所看重的。① 然而，高频率的推送节奏使得编辑工作强度超出了他们的预期，尤其跟负责印刷版的报社同事相比，新媒体中心的工作节奏和强度更高，收入却未必能够体现他们的辛苦，难怪这里工作人员的平均年龄不足 29 岁。

四、微信公众号的内容——转载，非原创

《人民日报》微信公众号推送的并非是本报记者的原创新闻，而是采集和编辑其他机构媒体或自媒体的原创内容，获得对方授权之后修改标题和文字，再次推送。

推送时，《人民日报》会要求对方"打双勾"，即允许《人民日报》修改文章，并且不显示转载来源。② 刚听到"打双勾"这一要求时，笔者暗自惊

---

① USHER N. Making news at The New York Times. Ann Arbor, Mich. : The University of Michigan Press，2014：112-113.

② 来源于访谈材料，时间：2018-01-25。

讹。转载是免费的，通常情况下，原创公众号都会要求显示转载来源，来作为对免费转载的交换。

微信发布系统中，在转载其他公众号已经发布的文章时，对原创公众号可以选择"打单勾"或"打双勾"，前者意味着转载文章下部保留着原创公众号链接，用户点击链接就能直接进入原创公号的页面（也被称为"倒流量"），后者在转载文章下部取消了原创公众号链接，用户需要点击转载文章左下角"阅读原文"才能进入原创公众号页面。

很明显，较之"打双勾"，"打单勾"更可能吸引用户点击原创公众号，为其带来更多流量，因此很多原创公众号更愿意"打单勾"，在显示原创链接的前提下被免费转载，而"打双勾"就降低但并非杜绝了帮原创公众号吸引用户的可能性。

"打双勾"体现了《人民日报》和原创公众号之间的不平等交换关系。原创公众号从被《人民日报》转载中得不到任何实惠，既没有一分钱报酬，也难以吸引用户点击自己的公号，但它们依然允许《人民日报》转载，可能只是看重了《人民日报》的名声大影响广，毕竟《人民日报》微信公众号拥有1 800万订户[①]，每一条推送阅读量都在10万以上，能够在这些文章的作者署名处出现自己的名字也能赢得名声。2018年1月，中国新闻网微信公众号关于"冰花"男孩的首发文章点赞量不足1万，被《人民日报》公众号转载之后，点赞量超过10万。然而，那些提供高质量独家消息的媒体公众号拒绝被转载，《人民日报》得不到同行的高质量内容，因而转发那些新闻属性并不强的内容。

获得原创媒体的授权之后才能转载，《人民日报》通过这种做法以示自己尊重原作者和机构的版权。但是，授权转载需要时间，编辑在等待的过程中，时间慢慢地流逝。上午10点发生一则突发性事件，12点原创媒体发布第一篇报道，《人民日报》的编辑读到之后便联系原作者请求授权，等到

---

① 申孟哲. 变的是技术，不变的是初心：从"纸与墨"到"数与网". 人民日报（海外版），2018－06－15（7）.

原作者同意授权，《人民日报》公众号能够转载发布时，已经是下午 4 点甚至第二天了。授权转载拖慢了新闻发布跟用户见面的速度，也减弱了传统的时效性原则（见表 1-2）。

表 1-2　　　《人民日报》微信公众号一周内容的时效性
（2018 年 6 月 18 日至 2018 年 6 月 24 日）

时效性	数量（条）
当天	16
1～3 天	23
4～7 天	14
1 周以上	24
不适用	82
合计	159

编辑每天浏览大量的机构媒体公众号、微博账号、新闻网页或其他媒体客户端，从中寻找合适的文章进行转载，这个过程完全靠人力，耗费大量时间。合适素材不是"被推"到编辑面前，而是编辑主动在互联网上寻找的结果。编辑团队按照自己的工作节奏来推送新闻，新闻事件本身的时效性并不是他们选稿的标准，新闻事件引爆成为热点话题，才能吸引编辑团队的注意，才可能被转载进而获得更高关注度，《人民日报》公众号更像是一个"热点文章放大器"而不是"爆款制造器"。

五、微信公众号的新闻判断

频繁推送、非原创内容，这两个特点结合在一起，使得《人民日报》微信公众号的编辑们取消了实地采访，只需要对内容进行核实，进行修改润色，使之符合自己公众号的风格即可。腾讯公司规定，如果微信公众号里的文章的阅读量和点赞量超过 10 万以上，就不再显示具体数值，只显示"10 万＋"。《人民日报》公众号拥有 1 800 万订户，刚开始进入田野，令我惊讶的是，这里每一篇文章的阅读量都是 10 万＋，点赞量超过 10 万＋的文章也不在少数。在传统媒体式微的当下，《人民日报》在社交媒体领域中竟然拥有如此大的影响力着实令人称奇。那么，是什么样的稿件会带来高阅读量和高点赞量？哪些文章最受用户欢迎呢？编辑们所采取的新闻判断标准是什么？跟传统报纸有什么不同？

负责微信公众号的编辑告诉我，他们内部做过统计，下列三类稿件的阅读量最高。①

第一类是重大时政新闻，比如十九大和"两会"的召开。《人民日报》在全国媒体圈和普通国人的政治生活中具有极高的政治权威性，读者们阅读惯性使然，碰到这种重大时政新闻就习惯阅读《人民日报》，爱屋及乌，顺带阅读《人民日报》微信公众号。2017 年"两会"期间，国务院总理李克强做了《政府工作报告》，原文长达 1.8 万字，刊登在印刷版上，微信公众号做了500 字简写版，阅读量达到惊人的 200 多万。

第二类是重大突发性事件，比如 2017 年 8 月 8 日九寨沟地震，《人民日报》公众号的相关文章阅读量高达 400 多万。

第三类是情感新闻，即那些蕴含情感因素、强调以情动人的新闻。这一类新闻又细分为两个小类别：（1）强调国家认同，新闻主角要么是拟人化的"国家"，如十九大期间《你好，十九大！加油，中国！》，单条微信阅读量超1 110 万，点赞量超 20 万②；要么是作为国家公民的普通个人从国家事件中获得情感力量，如《香港阅兵》《印度撤军》《九一八国家公祭日》都是阅读量和点赞量双 10 万＋。责编总结，这一类稿件"都容易激发爱国情感"，因而容易获得用户认可。（2）普通人的情感故事，这会令普通用户感同身受。2018 年 1 月 9 日，《人民日报》公众号发布一条微信《整个朋友圈都在心疼这个"冰花"男孩！看了他，你还有什么好抱怨的》，阅读量超过 1 000 万。

这三类稿件的阅读量和点赞量都很高，成为公众号编辑选题的重点。时政新闻和突发性事件虽然具备重要的新闻价值，然而不是每天都发生，像地震这样的新闻可能好几个月甚至好几年也没有达到"重要新闻"的级别，因

---

① 来源于访谈材料，时间：2018 - 01 - 30。
② 申孟哲 . 变的是技术，不变的是初心：从"纸与墨"到"数与网". 人民日报（海外版），2018 - 06 - 15 (7).

此,《人民日报》公众号给用户留下深刻印象的是其中的情感类内容。

表1-3随机选取整理了《人民日报》微信公众号一周的推送稿件内容。在2018年6月18日至6月24日这一周里,最重要的时政新闻是金正恩访华,跟普通人关系最密切的新闻是个税调整,普通人议论最多的新闻是世界杯比赛,这些话题统统都体现在微信公众号里。但是,金正恩访华这种新闻,《人民日报》公众号没有权利任意发布消息,只能转发新华社通稿,发布了一条推送。个税调整涉及普通人利益,然而,《人民日报》公众号的文章依然是国家立场官方文件,内容取自印刷版,读者并不理解此次个税调整对自己的影响到底有多大,这种新闻并没有因为发布平台的不同而在语言和内容上有任何改进。关于世界杯的推送,充分体现了微信公众号重视情感因素的特征,从标题——《阿根廷队惨败,赛后梅西这个动作让网友很难受……》《没错,这就是意外连连,不让人省心的世界杯》《当年被你们嘲笑的那届国足,将是你们此生所遇最佳》——就可以看出来,编辑们试图让世界杯变得轻松有趣,适宜日常生活,而不是将印刷版报纸上生硬的短消息豆腐块照搬到微信里。

表1-3　　　　《人民日报》微信公众号一周推送稿件内容
(2018年6月18日至2018年6月24日)

内容类别	数量（条）
生活常识	37
社会新闻	30
情感（普通人）	22
时政政策	12
轻松搞笑	11
心灵鸡汤	11
体育（世界杯）	10
情感新闻（国家）	9
每日新闻汇总（新闻早班车）	7
批评基层官员	5
其他	3
模范人物	2
合计	159

在 2018 年 6 月 18 日至 6 月 24 日这一周里，《人民日报》微信公众号的推送内容很明显是重视情感类和日常生活服务类信息，除了每天第一次推送的《新闻早班车》是前一天的新闻汇总之外，严肃的硬新闻做不到每天至少推送一条。虽然在访谈时责任编辑只归纳了两类情感新闻，然而通过简单的内容分析笔者却发现，社会新闻、轻松搞笑、心灵鸡汤都是以情动人，生活常识类内容——比如《被蚊子咬了别擦药，涂点这个马上止痒……》《卫生间不用时，门是打开还是关着好？好多人都做错了！》等等——文字轻松亲近，拉近了与读者的距离，丝毫没有党报媒体严肃、古板、高高在上的痕迹。

《人民日报》微信公众号推送跟印刷版的内容，从标题到文风，都呈现出截然不同的面貌。笔者向编辑请教这个问题，他的回答是："为了吸引更多读者，因为我们的订户各行各业的都有。"① 可见，偏重情感类内容，是《人民日报》的主动选择，编辑没有想过引导读者，而是在迎合读者需求。即使在互联网时代，媒体吸引读者的做法跟传统媒体时代并没有什么不同，依旧是通过通俗的内容和轻松的文字，难怪知乎上有人批评《人民日报》微信公众号"做得差"②。媒体做得"好"还是"差"，视乎评价标准不同，知乎匿名读者的意思是，《人民日报》微信公众号的内容跟印刷版报纸的内容差异太大，很难想象习惯了阅读印刷版报纸的读者能够适应微信公众号。

9 个人每周 7 天每天 10 次推送，高峰时每隔 1～2 个小时推送一次，每次 1～4 条，编辑每天花费大量时间浏览其他公众号内容，选择合适素材，跟原创媒体取得联系授权转载，修改素材表现形式使之符合自己的需求（素材的文字经常一字不改），有时还要打电话核查原文中有无事实性错误，如此大的工作强度，还要追求阅读量和点赞量，这就导致《人民日报》微信公众号只能以情感类、服务类、生活类信息为重，不可能埋头生产耗费时间和精力的硬新闻，只能跟用户讲情感，不能跟用户摆事实讲道理。

---

① 来源于访谈材料，时间：2018-01-31。
② 大家怎么评价《人民日报》的微信公众号的文章？．[2022-01-28]．https://www.zhihu.com/question/40351892/answer/269961203；为什么《人民日报》的微信公众号做得那么low，有人知道它的定位吗？．[2022-01-28]．https://www.zhihu.com/question/35895592。

六、新闻节奏的新常规

推送次数增多塑造了内容生产的新常规。首先，推送节奏加快、转载、重视情感类内容，三者互相成就，缺乏转载和重视情感类内容中的任何一环，每日推送 10 次都难以得到保证。

因为新闻生产节奏快，所以只能靠转载来填补空白。而高质量独家消息拒绝被转载，所以在常规突发性事件以外只能推送更容易获得授权的情感类内容。如果选择发布硬新闻，那么由于人手短缺势必难以保证按时推送，媒体所看重的社会影响力也会下降。可以说新媒体的生产节奏影响了新闻的内容，在具有重大公共利益的新闻面前，微信公众号缺乏一手信源，甚至缺乏《人民日报》自家 600 名记者的原创采访稿件，除了政府相关部门的官方意见，更多的只能是转载其他机构媒体的稿件（这些机构媒体的政治地位不如《人民日报》那么权威，记者能拿到的核心事实有时并不充分完整），因此，编辑选稿时会侧重考虑那些能够带来社会影响力的稿件，《人民日报》微信公众号文章从标题到文字都呈现出情感先行的风格，这是新闻生产节奏加快的必然结果。

虽然展示载体从报纸转向了手机（社交媒体），《人民日报》在宣传模式之外需要开拓新领域吸引新用户，然而它依然没有走主打新闻的道路，而是选择了主打情感。安德森（Anderson）在观察英国地方新闻网站时发现，追求点击量和即时性影响了编辑的新闻选择和判断，那些不可能登上印刷版报纸的新闻大量出现在新闻网站上。[①]《人民日报》微信公众号与印刷版报纸在内容方面也有着类似的差异。虽然中外媒体出于不同原因加快了新闻生产的节奏，但是造成的结果都相似。

其次，虽然在技术手段上媒体能够做到"每时每刻"都在发布新闻，但是在实际操作中，《人民日报》并没有像美国同行那样比拼新闻发布速度[②]，

---

① ANDERSON C W. Between creative and quantified audiences: web metrics and changing patterns of newswork in local US newsrooms. Journalism, 2011, 12 (5): 550-566.

② USHER N. Making news at The New York Times. Ann Arbor, Mich.: The University of Michigan Press, 2014.

而是根据自己的人力和新闻资源，人为确定相对固定的推送时间。编辑团队有自己的工作流程，这个流程是由固定的推送时间来决定的，并非追求将滚动截稿（rolling deadlines）推到极限。

第一，每天10次的推送时间，并非固定不变。《人民日报》微信公众号订户太多，以上午8点的推送为例，当编辑8点钟按下"确认"键开始推送，由于同时段也是其他公众号的推送高峰，腾讯服务器过于繁忙，因此经常到9点钟推送才能结束。即使是整个部门的工作人员地理位置和手机运营商都相同，每个人手机里接收到同一次推送的时间先后也可能相距20分钟以上。这样一来，上午9点和晚上9点的推送经常被取消，每天推送实际只有8次。

第二，微信公众号的编辑并没有强烈的截稿时间压力，最迫切的就是每天第一次和最后一次推送。凌晨5：30第一次推送的《新闻早班车》内容是前一天的重要新闻汇编，由夜班编辑完成制作，留待凌晨5：30才推送。晚上10点最后一次推送是语音《夜读》，都是人生哲理、励志格言、安慰情绪的心灵鸡汤，下午2：30之前编辑把文字版传给合作的外包公司，由它们制作音频，当天返回编辑部。《夜读》的内容不是新闻，编辑往往提前一两天就把文字版发送给合作方，提前收到音频后等待合适的时间再推送。

第三，每次推送也并非严格卡着整点进行，前后波动半小时以内都很正常。编辑把更多的工作时间投入在上午8点至下午7点这段时间的推送上，这也是普通人日常活动的高峰。尽管如此，编辑依然可以按照自己的节奏来安排工作时间，早班编辑6点到岗之后，上午6点到10点是最繁忙的时间，10点到下午1点可以轻松一些；晚班编辑下午3点到岗，3点到7点是繁忙时间，7点以后相对轻松。至于中午12点要抓住普通用户午休时间进行的推送，编辑已经提前两小时准备好了相关内容，只等时间一到立刻推送，而11点才制作完成的推送，只能留待下午了。每天10次推送，并不意味着编辑们要赶10个截稿时间——这其实违背了尽快发布新闻的即时性原则。

七、新闻节奏加快的另一面

《哥伦比亚新闻评论》编辑斯塔克曼（Starkman）曾经用"仓鼠轮"

(hamster wheel) 这一比喻来描述互联网时代新闻节奏加快所产生的负面后果。记者越来越少、截稿时间越来越短，却要生产出越来越多的新闻，即投入少产出多（doing more with less）。《华尔街日报》2000 年生产了大约22 000 篇稿件，而 10 年后的 2010 年，前六个月就生产了 21 000 篇稿件，与此同时，从 2000 年到 2008 年，《华尔街日报》的雇员减少了 13％。① 美国联邦通信委员会在 2011 年的一份报告里正式提出 Hamsterization（仓鼠化）这一说法，用于描述互联网时代记者所承受的即时性压力。② 在即时性的压力下，记者投入每一篇稿件的平均时间越来越短，如此还指望这些新闻拥有高质量，根本就是不现实的，这样的状况只能使深度报道消逝、公关横行、新闻离民主的目标越来越远。

在田野里，我看到新闻节奏加快带给编辑团队巨大的工作压力。随着田野研究的深入，我终于理解了同行对他们的同情："每天 10 次，真要累死他们了！"

首先，工作时间被拉长。在印刷版报纸的工作团队里，值夜班的人始终是少数，大部分记者编辑的工作时间集中在朝九晚五之间。然而，微信编辑团队 9 个人轮流值班，每个人每个月都要经历从凌晨 5 点到晚上 11 点的工作时间段，每天工作时间远远超过 8 小时。

其次，编辑个人的工作时间与休闲时间之间的界限被模糊掉了，即使离开办公室，如果有必要，他也必须立刻投入工作远程办公。微信公众号编辑团队的直接领导、新媒体中心主任在一次公开采访中坦陈自己"24 小时内除了睡觉外，几乎都在抱着手机"③。

---

① STARKMAN D. The hamster wheel：why running as fast as we can is getting us nowhere. Columbia journalism review. Retrieved from www. cjr. org/cover _ story/the _ hamster _ wheel. php？page＝all.

② Federal Communications Commission. The information needs of communities：the changing media landscape in a broadband age. Report published in Washington, DC. Retrieved from www. fcc. gov/info-needs-communities.

③ 招 8 人引来四千人报名，移动端的人民日报成了风口. （2018 - 01 - 04）［2022 - 01 - 10］. http：//www. guanmedia. com/news/detail _ 6629. html.

最后，跟印刷版同行相比，微信编辑的工作量激增。以 2018 年 6 月 18 日至 24 日那一周为例，9 个人一周共推送了 159 条，平均每个人每天推送 3～4 条。即使有时可以把每天推送次数从 10 次减少到 8 次，但是平均到当日编辑头上，每个人少推送 1 条，其个人并没有感受到工作量有多大变化。他们的工作压力主要来自推送次数增多造成的工作量增多，在我挂职期间，部门里每个人都在跟我抱怨人手短缺，让我帮忙找实习生。

推送次数增多造成的工作压力、人手不足合并了吸引多样化的年轻受众这一目标，于是《人民日报》微信公众号内容以情感类见长，截然不同于印刷版报纸所营造的政治权威和严肃庄重。这是报社主动的选择，其带来的好处是扩大了读者群，那些不读《人民日报》的读者也可能关注了微信公众号，而且微信团队经常推出年轻人喜爱的 H5 动画、短视频及各种参与活动，调动了用户积极性，用户群的年龄在下沉。但从另一个角度看，情感类内容很容易消解报纸的政治权威性，参与制造了不理性的受众群，这使得微信公众号难以获得传统知识精英和经济精英的支持。

西班牙和美国的研究者[1]曾经批评工作压力增大使得记者们不再去现场亲自采访、核查事实，而是利用网络和社交媒体搜索消息，引用和综合其他媒体的报道来制作自己的新闻，用速度换取了质量，牺牲了深度。这个趋势在《人民日报》微信公众号上表现得非常明显：编辑们从一开始就放弃了原创选择了转载，巨大的阅读量和影响力建立在缺乏一手信源和深度报道的基础之上，整个微信生态圈里的信息总量并没有增加，而是从其他影响力甚微的公众号转移到了影响力第一的公众号这里。当然，我们不能说微信编辑团队"不做新闻"，而是他们不再制作传统的新闻，转向制作结合了情感与信息的新型新闻。也许，在互联网媒体蓬勃发展的年代，我们需要重新定义"什么是新闻"。

---

① DOMINGO D. When immediacy rules：online journalism models in four catalan Online Newsrooms//PATERSON C，DOMINGO D. Making online news：the ethnography of new media production. New York：Peter Lang，2008：113 - 126.

八、新闻节奏加快的后果

目前，只有少数几家中央级媒体才享有每天 10 次推送的机会，根据媒体级别，大多数媒体通常每天只推送 2～4 次。对后者来说，它们生产的大量新闻不会出现在自己的微信公众号里，而是出现在印刷版或客户端里。这是因为，印刷版或客户端目前为止仍是重要的利润来源，微信公众号并不会为它们带来稳定利润，也不会把用户导向印刷版或客户端（即"倒流量"并不成功），所以，互联网媒体时代，在未能建立明确的赢利模式之前，大多数媒体的微信公众号并没有动力增加推送次数。然而，《人民日报》微信公众号的经费来自财政拨款，本身并无赢利压力，甚至主动撇清广告。腾讯本来自动给每一条推送在文中和末尾都插入了广告，广告收益由腾讯与公众号按比例分享，但是《人民日报》微信公众号主动要求腾讯取消广告。只有《人民日报》这样无须考虑经济收益的媒体机构才能不计生产成本和人力物力，在微信公众号领域里把新闻生产的节奏加快到编辑团队和腾讯服务器能够承受的极限。

推送次数增多并不意味着用户读到的新闻是最新、最即时的消息。除了内容来自转载非原创之外，《人民日报》微信公众号编辑团队还根据自己的生产节奏来进行推送，而不是尽快把文章推送出去。早班或晚班有 3～4 名编辑，每次推送由 1～4 条报道构成，每一名编辑都要负责其中 1 条报道，而不是由一名编辑统揽这一次推送的所有内容。这意味着在 9 个小时的工作时间里，编辑的工作状态要重复 4～5 次，这很容易令人疲倦。所以通常的做法是"前紧后松"，编辑刚上班的头一两个小时是最紧张的，要迅速确定合适素材联系原创机构，获得授权之后，几位编辑再把自己负责的文章整合在一起，到点推送。如果有些授权确认得比较晚，文章也可以延迟到第二天再推送。这样做，毫无疑问减轻了工作压力，但是制作好的文章并非第一时间被推送出去，而需要排队等候合适的时间，这并不符合强调第一时间发布的即时性原则。而且，受技术条件限制，机构媒体的微信公众号也很难实现即时性，像研究者在田野里看到的那样，早上 8 点开始推送，用户收到推送内容已经是半个小时甚至一个小时以后的事情了。如果机构媒体纷纷要求增加推送次数，腾讯公司服务器恐怕就难以承受。这也从另一个侧面说明微信不是理想的传播新闻的平台。

《人民日报》微信公众号需要在跟上千万微信公众号的竞争中获得用户更多的注意力。每日推送 10 次，能够保证自己的公众号停留在用户手机首页的时间长一些，从而有可能获得更多点击量。相对而言，说服用户、让用户对自己的推送内容表示首肯赞赏，这项任务更艰巨一些。多次推送的目的并非为了传播信息，而是为了塑造媒体品牌和影响力，这也解释了为什么《人民日报》微信公众号选择了转载而基本放弃了原创，编辑们津津乐道的是自己公众号文章的阅读量和点赞数，而不是自己的一手信源和采访突破能力。

《人民日报》微信公众号是一个有趣的个案。它展示了互联网媒体时代新闻节奏加快的积极与消极的后果，也令我们重新思考新闻节奏与媒体常规之间的关系，如果不是这样一个日推 10 次的极致个案，也许我们还认识不到互联网媒体时代新闻的节奏已经快到了促使我们重新思考"什么是新闻""什么是好新闻""应该怎样写新闻"这些新闻学研究的基础性问题的地步。

第二章 场域理论与媒体转型
——以《南方都市报》智库转型为个案

一、引言

移动互联网时代,传统新闻媒体的转型道路充满了多样性。无论怎样转型、转向何方,媒体的探索道路都值得关注。从 20 世纪 90 年代直到 21 世纪初,《南方都市报》(简称"南都")的市场化转型在国内都是首屈一指的。进入移动互联网时代,旧的盈利模式被破坏,新的盈利模式尚未建立,《南方都市报》面临着沉重的经济压力,不得不为了适应技术革新和读者阅读习惯的变化而改变。作为一家地方媒体,它所选择的转型道路不同于中央级媒体,也不同于党报,而是从 2016—2017 年起,开始转型做智库,慢慢摸索自己的道路。本章以布尔迪厄(Pierre Bourdieu,又译"布迪厄")的场域理论为理论背景,考察《南方都市报》智库转型的背景、过程和后果。场域理论用于分析媒体转型的优势在于,场域之间的关系并非一成不变的,而是时刻处于变动之中,只有把媒介场置于政治场、经济场、文化场等其他场域的关系之中,我们才能理解媒介场的变化。

二、新闻常规研究及其局限

(一)新闻常规研究

20 世纪 70 年代既是欧美发达国家电视业的黄金年代,也是新闻生产社会学研究的黄金年代,不仅仅是在实行商业电视体制的美国,在奉行公共电视体制的英国,同时期也涌现出了一大批经典著作,可以看成是新闻社会学研究的第一波高峰，影响深远，很多作品被奉为经典。

虽然怀特（White）的把关人研究被认为开启了从社会学角度研究媒体组织之门①，但是整个 50 年代只有零星研究关注过媒体组织②。70 年代的这一波新闻社会学研究并没有延续早期研究的兴趣，而是运用新的社会理论，重新审视新闻生产中的制约因素和生产特征。这些研究的共同特征包括：（1）虽然研究者采用的理论资源包括了社会建构论、批判理论、符号互动论、功能主义等，各不相同，但是大多数研究都以"媒体组织"作为研究对象，从组织、科层和专业主义角度关注新闻生产的制约因素，论文中充满了关于权力、影响、意识形态等概念的讨论③；（2）这一波研究关注新闻的生产者——记者，即使研究媒介文本和新闻作品，其着眼点也在于推断记者的态度和观念，而不是就媒介文本做出评价；（3）从研究方法来看，这一波研究基本都采用了质化的参与观察和访谈法（或者民族志——很多情况下这些方法是相同的），量化方法（如内容分析）在研究中居于相对弱势的地位；（4）与研究方法选择相呼应，研究者基本选择一个或多个媒体组织作为研究的田野地点，所选择的田野地点除了工作产品和工作流程的差异（比如电视台与杂志社、全国报纸与地方报纸）之外，其雇佣模式和工作内容（比如都关注硬新闻的生产）高度雷同。

在这一波研究中，"新闻常规"（news routine，也有人译为"新闻惯例"）是研究者关注的重点之一。从组织社会学的角度来研究媒体机构，在学者们笔下，新闻常规并无严格定义，只是被宽泛地用来指记者在新闻工作中重复出现、约定俗成的习惯性社会实践。为了保证新闻生产稳定流畅地进行，不

---

① WHITE D M. The gatekeeper：a case study in the selection of news. Journalism quarterly，1950，27：383 - 390.

② BREED W. Social control in the newsroom：a functional analysis. Social forces，1995，33：326 - 55；LANG K，LANG G. The unique perspective of television and its effects：a pilot study. American sociological review，1953，18：168 - 183.

③ PATERSON C，LEE D，SAHA A，et al. Production research：continuity and transformation//PATTERSON C，LEE D，SAHA A et al. Advancing media production research. London：Palgrave MacMillan，2016：1 - 19.

至于某一天因稿件不够没法填充版面，或稿件太多造成人力浪费，新闻机构发展出一套常规，以帮助记者应付充满不确定性的新闻事件和社会现实，新闻生产因而也得以"驯化"瞬息万变的社会现实。所以，研究者笔下的新闻常规起初是为了提高组织生产效率而日积月累形成的习惯性规范，它并无强制力，也无须明文规定，新入行的记者也是从工作实践中慢慢掌握了这一套常规，从而成为熟练记者。

最让研究者着迷的是，新闻常规无意间导致了新闻生产的特殊后果，从而使得媒体机构成为合法化现实的工具。第一，新闻的"事件导向"（event-orientation）导致了新闻生产中对于时效性的重视，同时抑制了新闻对社会结构和长期后果等话题进行公共讨论的机会。[①] 第二，新闻室的劳动分工形成了一张新闻网（news net）[②]，记者被分配到不同的地理空间和报道线路（news beat）[③]，哪里最容易稳定地供给新闻素材，新闻机构就给哪里分配记者，那些不在这张新闻网上的社会事件则难以被媒体捕捉到，因而难以被报道出去。第三，记者与消息源的关系也需要遵循新闻常规，比如什么样的消息源才是可信的、为什么需要双重核查（double check）、如果在截稿之前无法证实事实那么应该怎么报道等，所以官方消息源经常被认为是重要新闻事件的"第一定义者"（the primary definer）。[④] 第四，媒体机构内部需要维系不同部门之间的平衡，各部门之间不能抢对方的线索和消息，既要保护好自己的地盘不被插足，也不能入侵同事的地盘，版面安排是平衡和妥协的产物，并非总是按照所谓新闻价值来排版。第五，新闻叙事的语言有一套潜在的模板，倒金字塔和5W写作就是一种人人必须掌握的模板，电视新闻记者

---

① SCHLESINGER P. Putting 'reality' together：BBC news. London：Constable，1978.

② TUCHMAN G. Making news：a study in the social construction of reality. New York：Free Press，1978.

③ FISHMAN M. Manufacturing the news. Austin，TX：University of Texas Press，1980；ROCK，PAUL. News as eternal recurrence//COHEN S.，YOUNG，J. The manufacture of news：deviance，social problems and the mass media. London：Constable，1981：64-70.

④ Hall S，CRITCHER C，JEFFERSON T，et al. Policing the crisis：mugging, the state and law and order. London：Macmillan，1978.

也明白一段新闻里需要远景、中景还是近景的镜头，某个人物镜头应该是仰拍还是俯拍。第六，记者们倾向于继承前任记者的标准来确认自己的新闻判断和选择，从而确立了新旧职业群体之间的传承，形成所谓职业记者的"新闻敏感"（news sense）。①

新闻常规的优势在于，一方面，它减轻了记者工作的负担，从组织层面降低了新闻生产过程中的不确定性，从而降低了生产新闻的成本。另一方面，塔奇曼认为新闻常规会造成媒体偏向官方立场，从而合法化正当化社会现实，并且以美国妇女运动为例批判新闻常规阻碍了大众媒体报道妇女运动，妇女运动一旦为了争取媒体报道而接纳新闻常规的要求，那么就失去了原有的激进潜力。② 即使报道那些令人大吃一惊的非常规新闻（what-a-story），记者也会套用既定常规做法，而不是发展出全新的工作流程，比如，按照既定常规将新闻要素和新闻当事人进行分类，从而再次重复熟悉的模式化新闻。③ 因此，常规亦阻止了新闻机构的创新，媒体成为社会现实的维护者而非挑战者。对媒体机构而言，因循守旧是更保险的实际做法，创新伴随着风险和不确定性，并不足取。

与新闻常规研究相关联的另一个研究重点是关于新闻客观性的研究。索罗斯基（Soloski）指出："客观性是最重要的职业规范，由此产生了新闻专业主义的其他标准，比如新闻判断、对消息源的选择和新闻线路结构。"④ 客观性是一套"策略性的仪式"⑤，它拥有自己一整套完整的规范，比如平衡地报道冲突对立的双方、新闻与评论从版面上进行区分，等等。通过这套仪式，新闻机构避免了打官司的风险，新闻生产能够不受干扰地顺利进行下去，跟

---

① ERICSON R，BARANEK P，CHAN J. Visualizing deviance：a study of news organisation. Milton Keynes，UK：Open University Press，1987：348.

② TUCHMAN G. Making news：a study in the social construction of reality. New York：Free Press，1978.

③ BERKOWITZ D. Non-routine news and newswork：exploring a what-a-story. Journal of communication，1992，42（1），82 - 94.

④ SOLOSKI J. News reporting and professionalism：some constraints on the reporting of News. Media，culture and society，1989，11：207 - 228.

⑤ 同②.

其他新闻常规相结合，客观性的诸多做法也使得权威消息源能够优先出现在版面上，而非主流的声音则被排斥在重要版面之外。

总之，20世纪七八十年代的新闻社会学研究认为，"新闻生产的组织前提混合了客观性的职业意识形态，常规性地将权势者的声音置于优先地位，进一步强化了新闻的标准化和意识形态化本质"①。这一波研究成果至今经常被引用，但是，在80年代之后，除了零星研究偶尔能够与这一波"黄金年代"的新闻社会学研究进行理论对话，大多数研究无论从发表数量还是引用量上都急剧下降，以至于我们今天讲起新闻社会学研究，最重要的研究成果还是这一波著作。

（二）新闻常规研究的局限

随着时代发展和学术研究的步步推进，越来越多的学者认识到新闻常规研究的理论盲点和研究方法的不可持续性，造成了新闻社会学中常规研究地位的下降。

首先，新闻常规研究过分关注组织层面新闻生产的变化，功能主义色彩浓厚，记者被视为只知道遵从组织常规的被动个体，他们的能动性（agency）和自反性（reflexivity）被研究者忽视了，新闻作品成为个体理性计算组织常规规则的结果。针对霍尔（Hall）将官方消息源定义为新闻事件的"第一定义者"（the primary definer），施莱辛格（Schlesinger）提出"战略性的信源竞争"（strategic source competition）的观点，将消息源视为竞争性的场域，认为"最优先的群体仅凭最有利的地位并不能保障一种优先的解释权。相反，如果他们获得了这种保障，那是由于在一个有缺陷的场域内成功的策略运用"②。

其次，从研究方法上，随着社会环境和学术氛围的变化，长期参与观察

---

① COTTLE S. Ethnography and news production: new（s）developments in the field. Sociology compass, 2007, 1（1）: 1-16.

② 王敏. 从"常规"到"惯习"：一个研究框架的学术史考察. 新闻与传播研究, 2018（9）: 68-80.

式的民族志数量锐减，已经很难重拾昔日辉煌。多明戈（Domingo）在评价瑞夫（Ryfe）的《新闻业能存活吗？对美国新闻室的内部考察》（*Can Journalism Survive? An Inside Look at American Newsroom*）① 一书时感慨："这很可能是我们所知道的最后一本关于新闻室的民族志著作了……（因为）花费数月混在记者身边，理解他们的实践、价值观和期望很快就不足够用来分析新闻业的演进。"② 瑞夫则回应："**我没有花费数月，我耗费数年。**……在五年的时间里，我大概在新闻室里耗费了两年半的时间。"③（楷体加粗系笔者所加）根据瑞夫的不完全总结，在 20 世纪 70 和 80 年代，新闻生产研究领域里至少有 14 个重要研究采用了民族志的方法，而且基本上都在美国和英国进行。不含论文写作和等待发表的时间在内，仅仅是参与观察和田野工作这一项，最保守的估计，塔奇曼在 10 年（1966—1976）里就耗费了一年半至两年的时间④，甘斯（Gans）在四年（1965—1969）里则耗费了整整 12 个月⑤。经历了 20 世纪 80 年代之后的低潮，近年来运用民族志的新闻生产研究零星出现，但是就投入的时间而言，这些研究还是无法跟黄金年代的早期研究相提并论。例如，博奇科夫斯基（Boczkowski）在三年（1997—1999）的研究时间里在三家电子媒体新闻室总共待了一年⑥，安德森（Anderson）花了一年（2008）中的七个月待在费城媒体界⑦，厄舍对《纽约时报》的研究则是

---

① RYFE D M. Can journalism survive？an inside look in American newsroom. London：Polity Press，2012.

② DOMINGO D. 'Can journalism survive？an inside look in American newsrooms'，book review. Digital journalism，2014，2（1）：115.

③ RYFE D M. The Importance of Time in media production research//PATTERSON C，LEE D，SAHA A，et al. Advancing media production research. London：Palgrave MacMillan，2016：38.

④ TUCHMAN G. Making news：a study in the social construction of reality. New York：Free Press，1978.

⑤ GANS H. Deciding what's news. New York：Pantheon，1979.

⑥ BOCZKOWSKI P J. Digitizing the news：innovation in online newspaper. Cambridge，MA.：MIT Press，2004.

⑦ ANDERSON C W. Rebuilding the news：metropolitan journalism in the digital age. Philadelphia，PA.：Temple University Press，2013.

建立在 2010 年五个月的民族志的基础之上①。因此，瑞夫总结说，当前的新闻社会学研究的田野工作通常只有几个月的时间，而且整个研究时长被压缩，几乎不再有耗费好几年的民族志了。

造成民族志研究锐减的原因是多方面的。

第一，跟黄金年代的新闻民族志研究环境相比，当前的研究环境对研究者进入新闻室施加了诸多限制。为了能够进入《纽约时报》做研究，厄舍耗费数月跟报社律师团敲定合同细节，她放弃了对消息源方面的研究，同意报社审读出版前的研究手稿。我国研究者在进入新闻室阶段似乎并无太大困难，即使"线人"（informant）知道研究者的目的在于做研究，也不会想到让研究者先跟报社签合同。媒体机构每天来来往往大量实习生，很多研究生都是依靠熟人介绍而以实习生的身份获准进入媒体机构，实习生跟媒体机构没有成文合同，只有口头协议。② 但是，获准进入并不意味着研究者在媒体机构里可以自如地跟记者们进行交流，也不意味着研究者可以毫无障碍地获得内部观察机会，记者们对外来研究者充满戒备心，不愿意向外人泄露自己的独家消息源，不愿意花费额外时间指导业务不熟练的实习生，只有当实习生证明了自己具备一定的业务能力（比如独立找到一个选题、完成一次采访、写完一篇稿件等）后，记者们才愿意接纳他。③

第二，当前传统媒体正处于危机之中，相比 70 年代在大众心目中的声望，早已江河日下，因此，传统媒体机构更加不愿意把自己的生产后台展示给外部研究者。诚如瑞夫所言："当处于声望和权力的顶峰时，CBS 新闻制作者允许甘斯进入媒体机构，这是一回事；当媒体机构面临危机时，它允许

① USHER N. Making news at the New York Times. Ann Arbor：University of Michigan Press，2014.

② 李赛可. 在希望的田野上步步深入：基于地方新闻网站红网之民族志研究的反思. 新闻记者，2017（5）：34-44；刘颂杰. 新闻室观察的"入场"与"抽离"：对财新团队参与式观察的回顾及思考. 新闻记者，2017（5）：45-53.

③ 张伟伟. 田野调查的身份转变与调适：新闻生产田野观察的方法学反思. 新闻记者，2017（5）：26-33.

研究者进入，又是另一回事。"① 笔者就有过类似经历。笔者曾经向一家都市报总编辑提出研究申请，他是笔者大学时的师兄，认识二十多年，然而，人情抵不过现实考虑，他一口回绝："我们这里都快揭不开锅了，人才纷纷流失，你来干什么？"他的潜台词是：既然你是我的朋友，那么，我们的窘迫日子就不要拿出去丢人现眼了。曾经有好几家媒体机构的编辑记者跟笔者交流过，欢迎笔者去他们那里"做调研"，他们的出发点无一例外都是："我们报社面临危机，你能帮我们想想办法吗？"然而，笔者的想法仅仅是观察、记录和解释，既没有兴趣也没有能力帮助媒体机构解决它们眼前的生存问题，这当然令笔者成为不受欢迎之人。

第三，瑞夫、伯克维茨和刘（Berkowitz and Liu）都指出，在当代美国和西欧学术界，学术生产的压力迫使研究者们不得不放弃了民族志。② 1995 年，美国四年制大学里的职位有一半以上都是终身教职，到了 2011 年，这一数字下降到三分之一，然而同一时期，大学博士毕业生的数量在稳步增长。僧多粥少的现实表明了巨大的竞争压力。美国大学新闻传播学院的年轻助理教师如果想在六年内获得终身教职，那么需要差不多每年发表两篇期刊论文（接受匿名评审的时间不计在内），五年出版一本书，申请终身教职的第六年还需要准备出版第二本书。③ 选择做民族志研究，田野工作至少需要一年之内的六个月，这令年轻学者很可能在申请终身教职时无法完成论文数量要求，因此，为了拿到终身教职，年轻学者们更乐意选择能够迅速发表论文的研究方法，而非民族志。

我国的情况与此类似。目前国内学者已经完成的几项民族志研究莫不是在研究生阶段完成的学位论文。④ 伯克维茨和刘认为，除了研究生之外，具

---

① RYFE D M. The importance of time in media production research//PATTERSON C, Lee D, Saha A, et al. Advancing media production research. London：Palgrave MacMillan, 2016：38 - 50.

② BERKOWITZ D A, Liu Z. Studying news production：from process to meanings//PATTERSON C, LEE D, SAHA A, et al. Advancing media production research. London：Palgrave MacMillan, 2016：68 - 78.

③ 同①38 - 50.

④ 张志安. 编辑部场域中的新闻生产：《南方都市报》个案研究（1995—2005）. 上海：复旦大学, 2006；刘颂杰. 严肃新闻何以可能：转型社会"价值共同体"的作用："财经/财新"团队个案研究. 广州：中山大学, 2014.

备从事民族志条件的另外一拨研究者就是住在研究地点附近、已经获得终身教职的资深学者。① 但是，目前我国资深学者尚无人继续用民族志方法研究媒体机构。

2009 年，一家省级电视台地面频道总监通过同学关系找到笔者，希望笔者能够进入这家频道进行研究，他开放了自己所有的资源权限，允许笔者自由出入办公室，允许记者外出采访时带着笔者和笔者的研究生，要求所有员工配合笔者的访谈和工作表，帮笔者联系他的上级寻求访谈机会。这是绝佳的研究机会。但是，最终笔者采用的研究方法是访谈和文献资料研究法，没能采用民族志。对笔者来说，进行民族志研究面临的最大困难就是空间和时间限制，这家频道距离北京几百公里，作为大学教师，笔者每个学期每周都有固定课时，不能做到每周一飞，研究生也不愿意以实习生或研究员的身份长期进驻该频道。

其实，总监主动联系笔者进行研究，他的目的是为该频道开播 10 周年庆典写一本经验总结性的著作，该频道从收视率、广告收入、影响力等方面来看，在当地都是成功的电视频道，身为总监，记录频道的成功就是记录自己的工作成就，也就是说，笔者接受了这个研究机会，作为交换，笔者需要满足总监开出的条件。因此，频道里每个工作人员都知道笔者是为开播 10 周年庆典而来，每个人都跟笔者谈他们工作的成绩和骄傲，避而不谈他们的失误、错误和不光彩之处，这跟笔者的研究立场当然有出入。杰尔马克和可汗（Jerolmack and Khan）指出，单纯以访谈为基础的研究是有缺陷的，研究者会忘记，"人们所说的话，经常不能用来预测他们的行为"②，即田野研究里研究对象的言行往往会出现矛盾和不一致，而参与观察式的田野研究能够避免这一缺陷。

---

① BERKOWITZ D A, LIU Z. Studying news production: from process to meanings//PATTERSON C, LEE D, SAHA A, et al. Advancing media production research. London: Palgrave MacMillan, 2016: 68-78.

② JEROLMACK C, KHAN S. Talk is cheap: ethnography and the attitudinal fallacy. Sociological methods & research, 2014, 43 (2): 178-209.

第四，较之其他研究方法，民族志所面临的学术伦理问题更棘手。我国已有的几个用民族志方法研究的媒体机构，研究者都公开了自己的田野地点，即使在论文里没有公开指明田野地点，同行读了文章，也会明白研究地点是哪家媒体哪个网站，也就是伯克维茨和刘所说："参与观察法很容易暴露研究对象的个人隐私，研究成果公开发表之后，研究对象容易面临风险。"①

笔者在写作和发表 2009 年那次研究的相关成果时，深深感到了匿名的不容易。该频道所有的新闻都是本省和本市新闻，如果研究报告里涉及任何具体的新闻文本，那么很容易就被好奇的同行辨识出是哪一家电视台哪一个频道。在写作时，笔者力图隐去所涉及记者的具体可辨认的活动，比如某个记者曾经得过中国新闻奖，这个信息放入论文里，能够增强对记者专业性的认可，但是他因为哪一篇报道而获奖，以及他跟笔者讲述的获奖文章幕后的故事无论多么精彩有趣，也不能写到论文里。笔者拒绝引用一切公开发表的涉及该频道的文章——虽然那些都是可信的文献资料，这也使笔者陷入艰难的境地，因为记者的访谈资料只能彼此之间，或者跟内部资料进行交叉验证，不能跟他们的公开言行进行交叉验证。即使笔者如此谨慎，可在一次学术会议上，聪明的同行还是从文章里关于总监升迁的信息准确地判断出了这是哪一家频道。

匿名的论文尚且难以保护研究对象的隐私，那些公开研究地点的论文，写作者将会面临更严峻的伦理冲突。博士生写作博士论文时需要跟媒体机构签订保密协议，承诺部分内容在一定时限（通常是 10 年）内不公开发表——这意味着这样的研究成果只能用于获得学位，却不能用于评价研究者的学术成果，成熟的研究者当然不愿意耗费时间精力之后完成一份无法用于增加自己学术简历的成果。以《南方都市报》或财新传媒为研究对象，那么，研究

---

① BERKOWITZ，DANIE A，Liu Z. Studying news production：from process to meanings//PATTERSON C，LEE D，SAHA A，et al. Advancing media production research. London：Palgrave MacMillan，2016：68 - 78.

者还能够在论文里坚持对这些媒体及其具体工作人员的批评吗？如果只是一味地描述现状或肯定媒体表现，研究者的独立性又如何体现呢？更不用说，如果研究对象读了论文之后心生不满甚至是怨恨，研究者该如何评价自己跟研究对象之间的关系？从事新闻社会学研究，学术界跟实务界的距离并没有其他领域那么遥远，换句话说，在这个圈子里，经过几层人际网络，大家都是熟人，熟人怎么能受人恩惠然后转身批评昔日恩人呢？以后还想不想在这个圈子里做研究了？如果是选择调查法或者内容分析法来研究媒体机构，哪怕是以记者们的公开信或公开访谈为研究资料，研究者也不会面临如此严峻的"独立性与亲密关系"矛盾考验。

艾达·舒尔茨（Ida Schultz）认为，传统的新闻室民族志（newsroom ethnography）研究最大的问题是无法从理论和经验上去考察语境，也就是那些在民族志中"不可见"的结构，比如每天都会对新闻记者的新闻实践构成引导的政治经济维度。受限于各种条件，研究者实际上很难观察到新闻机构内部的高层管理运作，也就是那些真正地决定新闻生产的力量，有的来自新闻室内部，还有的是外部的、隐形的力量，但也同样重要地作用于新闻生产。[①] 随着越来越多的研究者认识到常规研究的局限性，新闻社会学开始呼唤新的理论概念和研究取向。进入新世纪以来，就连新闻常规研究的代表性学者塔奇曼，在反思新闻室民族志的一篇文章中也提出将过往新闻社会学研究的三个研究取向（approaches）——政治经济学取向、社会组织取向和象征互动论取向——整合起来，以弥补常规研究的缺陷。[②]

三、场域理论与媒体转型

（一）场域（field）与惯习（habitus）

新闻常规研究从突破和超越结构功能主义范式出发，强调组织的相对独

---

① 王敏．"场域—惯习"框架下的新闻生产：一个研究范式的学术史考察．新闻界，2018（3）：32－39.

② TUCHMAN G. The production of news//KLAUS B J. A handbook of media and communication research：qualitative and quantitative methodologies. London：Routledge，2002.

立性，但是它过分强调媒体组织机构对个人的约束，忽视了个人能动性以及个人对组织常规的挑战，组织成为新的社会结构从而限定了个人，在"能动性与结构"（agency vs. structure）的二分法中，常规研究又滑向了重视结构忽视能动性的方向。因此，新闻社会学研究需要既关注新闻常规也关注新闻反常规非常规，既关注组织控制也关注个人反控制的新的研究取向和理论概念。进入 90 年代，法国社会学家布尔迪厄的场域理论为新闻社会学研究提供了新的思路和理论。

布尔迪厄选择了"场域"这一带有空间隐喻色彩的术语来表达自己对社会结构和社会关系的看法，"从分析的角度看，一个场域可以被定义为在各种位置之间存在的客观关系的一个网络（network），或一个构型（configuration）"[①]。布尔迪厄最早用"场域"概念来考察法国知识界与艺术界，在他看来，场域是各种社会力量进行互动和斗争的场所，它并非一个物理空间，而是一种社会关系网络。"场（域）是力量关系的场所（不仅仅是那些具有决定意义的力量），而且也是针对改变这些力量而展开的斗争的场所，因而也是无止境的变化的场所。"[②]

跟阿尔都塞的"意识形态国家机器"、福柯的"规训秩序"相区别，布尔迪厄的场域是斗争的领域，其中既有统治也有抵抗，然而最终的结果，场域往往实现了社会再生产和文化再生产，很少成为革命的场所。[③] 重视社会关系，从关系的角度研究社会现象，不仅是布尔迪厄反思社会学的重要特征，也成为运用场域理论考察新闻媒体时的重要研究思路。

场在某种程度上独立于外在环境，有其内在的发展机制，因而具有相对自主性。同时，场域与外在环境之间也存在着某种联系，比如文化场里的

---

① 布尔迪厄，华康德．实践与反思：反思社会学导引．李猛，李康，译．北京：中央编译出版社，1998：133 - 134.

② 包亚明．文化资本与社会炼金术：布尔迪厄访谈录．上海：上海人民出版社，1997：149.

③ 斯沃茨．文化与权力：布尔迪厄的社会学．陶东风，译．上海：上海译文出版社，2006：140 - 141.

位置与经济场里的位置存在着对应关系，即不同场域之间存在着同构性。场域是多重的，布尔迪厄论述过学术场、政治场、新闻场、文学场、经济场、权力场等不同场域，各个场域之间的界线是动态的边界（dynamic border），某一个场域被包含在另一个场域之内，或者两个场域互有重复。场域理论强调社会关系，一方面，行动者（agent）在场域中受到社会结构的制约，处于特定位置，另一方面，行动者为了争夺场域中的合法性和权威地位而展开竞争，场域里充满了权力斗争。"当一个历史学家和一个记者谈话的时候，并不是一个历史学家和一个记者在说话，而是一个在社会科学场中占据了决定位置的历史学家和一个在新闻场中占据了决定位置的记者在谈话。最终，是社会科学场和新闻场在说话。"①

行动者在场域中的位置不是根据他们的贡献而决定的，而是由不平等的资本分配所决定的，场域中的斗争围绕着特定资本进行，比如知识分子场域争夺文化资本，商业场域争夺经济资本，科学家场域争夺科学资本，等等。随着场域的复数化多元化，布尔迪厄把经典马克思意义上的经济资本概念扩展到了文化资本、社会资本等领域。多重场域之间存在着高度匹配，每一个位置的变化都会改变行动者在当下场域及其他场域中的位置变化，不同场域之间的边界也因此发生变动。场域里的社会关系因而并非静止固化，而是充满了变动，行动者进入场域的前提就是接受场域的斗争和变动，变动的社会环境和社会现象正是合适的场域理论的研究对象。

场域中的行动者被简单地区分为"正统"和"异端"两大类，前者掌握了合法化系统的再生产，后者挑战了前者的合法化地位。两类行动者虽然对立，但是他们在场域合法化过程中所采取的行动策略却辩证地联系在一起。布尔迪厄谈到了三种场域策略：保守、继承和颠覆。"保守的策略常常被那些在场域中占据支配地位、享受老资格的人所采用；继承的策略则尝试获得进

①　布尔迪厄. 政治场、社会科学场和新闻场//本森，内维尔. 布尔迪厄与新闻场域. 张斌，译. 杭州：浙江大学出版社，2017：33.

入场域中的支配地位的准入权，它常常被那些新参加的成员采用；最后，颠覆的策略则被那些不那么企望从统治群体中获得什么的人采用。颠覆策略通过挑战统治者界定场域标准的合法性而采取了多少有些激进的决裂形式。"①当一些行动者采取一种策略的时候，就促使另一些行动者采取相应的另一种策略，可以说，一种策略的采用产生了另一种策略。场域理论对社会关系的重视在行动者策略分析中再一次得到了展现。

场域理论不可避免地涉及了布尔迪厄的另一个重要概念——惯习（habitus，也有人译为"习性"）。受伯格和卢克曼（Berger and Luckman）社会建构论的影响，为了强调能动性与社会结构相互渗透相互成就的现实，布尔迪厄超越二分法，提出了"惯习"概念。惯习指的是"可持续的、可转换的倾向系统，倾向于使被结构的结构（structured structure）发挥具有结构能力的结构（structuring structures）的功能，也就是说，发挥产生于组织实践与表达的原理的作用，这些实践与表述在客观上能够与其结果相适应，但同时又不以有意识的目标谋划为前提，也不以掌握达到这些目标所必需的操作手段为前提"②。他曾用"文化无意识"（cultural unconscious）、"塑造习惯的力量"（habit-forming force）、"心理习性"（mental habit）等术语来表述惯习，惯习类似索绪尔"语言与言语"这对概念中的言语，类似乔姆斯基的"生成语法"概念，强调的是客观社会无意识内化的结果。然而，惯习并非用于描述个人的主观意识或心理情感，它是行动者的行为风格和行为模式的重要组成部分，一方面，惯习具备重复性和惰性，另一方面它也具备创造性和建构性，在历史化和外在化的实践中，生产和促生了大量的社会实践。③惯习概念因而为研究社会现实的变动提供了理论资源。

惯习是"在特定历史条件下，在个人意识中内化了的社会行为的影响的

---

① 斯沃茨．文化与权力：布尔迪厄的社会学．陶东风，译．上海：上海译文出版社，2006：145.

② 同①116－117.

③ 高宣扬．布迪厄的社会理论．上海：同济大学出版社，2004：116－117.

总结果"①。它来自长期实践经验，跟行动者所处的社会历史条件和环境有关，已经积淀为个人的内在的秉性系统和精神面貌，持久存在并影响着个人行为，赋予个人行为以特定的历史意义，同时又在个人的社会实践活动中表现出来。惯习既是主观精神状态，又外化在客观行动之中，是个人与社会、主观与客观、内在与外在的惯习的中介物和转换环节。② 基本社会存在条件被吸纳或内化成为惯习，惯习与过往历史相关联，人们将历史与当下联系在一起，行动者在当下场域中的活动遵循着惯习；惯习又能够自我调整、自我创造，随着社会结构和社会关系发生变化，行动者又发展出新惯习取代旧惯习。

惯习并非是机械的例行的社会集体心理和行为，相反，它具备发生和建构能力，相对稳定，却也存在着变动的可能性，对于有利自身的因素，它"抱有强烈的同化和归并倾向"；对不利自身的因素，它则"尽可能排斥或加以改造"③。惯习看上去存在着矛盾性，然而，这恰好体现了它的强大与稳定，它并不回避社会现实的挑战，反而通过吸纳挑战、同化挑战而维系了自身，并且最终维系了统治阶级的政治再生产与文化再生产。惯习因而在社会实践中得到了强化，这跟布尔迪厄的社会学理论重视实践性一脉相承。

(二) 场域理论与媒体研究

1996 年，布尔迪厄出版了《关于电视》一书，正式提出"媒介场域"(media field，也有人译为"新闻场域")，将场域理论引入媒体研究领域。他"对新闻场域的讨论，在很大程度上只不过是他对其他文化生产分析的一种镜面反射而已"④。针对法国电视产业自 20 世纪 80 年代以来私人化、商业化进程中出现的煽情化、庸俗化风气，布尔迪厄以"媒介场域"概念为核心，发展了新的新闻社会学研究取向，他认为，面对经济场域已然增长的影响和

---

① 高宣扬. 布迪厄的社会理论. 上海：同济大学出版社，2004：121.
② 同①124.
③ 同①133.
④ 张斌. 场域理论与媒介研究：一个新研究范式的学术史考察. 新闻与传播研究，2016 (12)：38－52.

渗透性，新闻的自主性减弱了，新闻媒介作为统治权力的行动者正在削弱其他文化生产领域的自主性，因此也损害了科学知识生产和艺术创新的最佳社会条件。[①] 新闻媒介适应了商业化需求，丧失了自主性和批判性，提供了反民主的象征暴力符号。

布尔迪厄认为，社会是围绕处于经济权力和文化权力之间的基本对立而建构的。每个场域在"经济的"和"政治的"两极之间复制更大的社会区隔（societal division），围绕着代表经济和政治资本的"他律极"（heteronomous pole）（也是场的外力）与代表场域特有的具体资本（如文化资本）的"自主极"（autonomous pole）之间的对立而建构。文化生产场域被划分为两个部分：有限生产（restricted）的场域（为其他生产者进行生产，是该场域中最靠近文化极的部分——如文学期刊、前卫艺术与音乐等）和规模生产的场域（为一般受众进行生产，是该场域中最靠近经济极的部分——如大众娱乐等）。媒介场域主要位于规模生产的场域，更靠近他律的经济和政治之极[②]，因此，媒介场的特征是"高度的他律性，……它是自主性很弱的一个场域"[③]。

政治场、经济场、文化场、媒介场等全体场域彼此竞争，其中媒介场域担任了独特的中介（mediating）角色，其他场域的活动经过媒介场而向公众开放，公众通过媒介场与其他场域发生联系，公开性使得媒介场域积极地影响了当代社会的权力关系，当然媒介场的权力也深刻地受制于经济场和政治场。各个场域之间紧密交叠，当媒介场越来越商业化，与经济场更加同一的时候，每一个场域中他律极的力量也因此而增强，这使所有的场域都产生了趋同进化，推动它们更加靠近更大的权力场中的商业极。[④]

为了展示媒介场域中的社会结构如何与能动性相互联系、相互纠缠，

---

① 本森．比较语境中的场域理论：媒介研究的新范式．韩纲，译．新闻与传播研究，2003（1）：2-23.

② 同①3.

③ 本森，内维尔．布尔迪厄与新闻场域．张斌，译．杭州：浙江大学出版社，2017：8.

④ 同③9.

布尔迪厄以新入行的记者编辑为例做了说明：新入行的行动者只有展示自己与众不同才能确立自己在场域中的地位，因此他们有可能成为推动变革的力量；与此同时，新入行的记者编辑处于职业链底端，刚刚填补了空缺职位，为了保住自己的工作而小心翼翼，工作竞争压力增大，也很可能循规蹈矩，遵从常规，立场趋于保守。归根结底，新记者（或新手）与老记者（或成熟记者）的行动策略不同，这是由他们在场域中所处的位置（position）和所拥有的资本不同所致。阿卡多（Accardo）因而强调，我们有必要考察场域中的新人的社会背景及阶级出身是什么，他们在何处求学和接受职业训练，他们如何在工作中得到升迁。[①] 按照布尔迪厄的理论，那些拥有高文化资本或高经济社会资本的记者最可能有改变场域的动机和能力。布尔迪厄一直关注教育的社会后果，对媒介场来说，高等教育和职业训练究竟在何种程度上提升了媒介场域的自主性？或是仅仅增强了经济场和政治场对媒介场的控制？布尔迪厄对新闻学院培养专业新闻工作者持谨慎的批判态度。

布尔迪厄关注媒介场内外的权力关系，对新闻常规研究多有批评。在他看来，常规研究并没有深入透视其背后的权力关系。常规并不是中性化的新闻实践，而是隐含了编辑部权力层级决定的价值判断。[②] 比如，"硬新闻"是最强势的新闻类型，占据了最重要的新闻版面和最多的采编资源，其制作者大多是男性，他们收入更高，在编辑部的地位也更高；与之相对的是"软新闻"，其制作者大多是女性，收入更低，在编辑部的地位更低，重要的新闻版面和采编资源往往也不会分给女记者。新闻业非常熟悉的"新闻价值"判断，在布尔迪厄眼里从表面上看来属于不证自明的职业惯习，实质上由一系列位置关系所决定：该新闻与当天其他新闻相比较所处的位置、报道该新闻的记者在编辑部权力层级中的位置、该媒体在全国甚至全球媒介场中

---

① 本森．比较语境中的场域理论：媒介研究的新范式．韩纲，译．新闻与传播研究，2003 (1)：2-23.

② 王敏．"场域—惯习"框架下的新闻生产：一个研究范式的学术史考察．新闻界，2018 (3)：32-39.

所处的位置。① 通过对场域位置的分析，我们才能看懂新闻价值如何被建构、又如何在新闻实践中得到呈现。

如表 2-1 所示，本森将媒介场域理论与新闻社会学研究领域内的其他理论相比较，认为布尔迪厄的媒介场域理论至少在三个方面对新闻社会学研究贡献良多。②

首先，场域理论聚焦于中观层面，为传统上割裂的宏观的新闻媒介"社会"模式（诸如政治经济、霸权、文化和技术理论）和微观的"组织"研究路径架设了理论与实证合而为一的桥梁，将媒介场域放置在与更大的权力场域的关联中，解释外部力量如何转化到（translate）媒介场域半自主的逻辑中。

其次，相对于要么过分关注新闻机构、要么过分关注受众（但很少同时集中于这两者）的那些研究，场域理论侧重于两者间的联系与互动，挑战了"被动受众 vs. 互动受众"这种二分法，坚持新闻生产和接受的平行关系。一方面，商业电视偏好戏剧性的、情感强烈的新闻故事，削弱了少数群体、弱势群体表达意见的渠道，商业电视更少生产政治新闻，因而受众倾向于对商业电视进行非政治化解读；另一方面，受众与新闻生产者来自同一社会环境，他们的品位和立场具有同构性，即使没有商业电视，受众也倾向于对新闻进行非政治化解读——新闻生产者与受众相互调整（mutual adjustment），更像是国际标准舞里两名舞者相互配合翩翩起舞，而非"说服"（persuasion）与"抵抗"（resistance）的关系。

再次，场域理论强调媒介变化的过程，媒介场域内部如何产生变化，以及媒介场域自身如何能引起更大的外部社会场域产生变化。场域的结构变化有两个基本来源：内部驱动力与外部驱动力。当新的行动者进入场域并在其中发挥作用时，旧惯习与行动者的社会位置之间不匹配，成为场域变动的内

---

① SCHULTZ I. The journalistic gut feeling：journalistic doxa, news habitus and orthodox news values. Journalism practice，2007，1（2）.

② 本森. 比较语境中的场域理论：媒介研究的新范式. 韩纲，译. 新闻与传播研究，2003（1）：2-23.

部驱动力；跟媒介场紧密相关的其他场域的变化，能够从外部影响媒介场的变动，媒介场的变化因而受到历史的社会的变动的影响。布尔迪厄的媒介场域概念在解释处于变动中的新闻业以及新旧媒体之间的复杂关系时更具灵活性。

表 2 - 1　　　　　　　　　场域理论与其他研究模式

类型	对新闻媒介行为的主要影响	媒介信息的生产与接受关系	是否侧重于媒介和社会变化	媒介的社会效果
文化	民族文化，符号系统	被动的受众；强大的媒介传递民族文化	否。侧重再生产	反映/加强民族文化
技术	技术种类（电视与报纸等）	被动的受众；技术变革意识	是。但仅跟随技术的戏剧性变化而变化	改变意识与社会关系
政治经济	资本控制	被动的受众；资本主义的媒介传递亲资本主义的信息	否。侧重再生产	资本再生产
霸权	经济—政治体制	被动的受众（但保持"抵抗"和"重新编码"的能力）	是。侧重再生产	霸权再生产
组织	机构限制	不关注受众	不关注变化	限制或扭曲提供给公众的信息范围
场域理论	调停外部经济和政治影响的半自主新闻场域；唯一聚焦于"中观"层面的具体的新闻利益	抛弃被动—主动二分法；媒介生产者和受众同质相连产生"布道"效应	是。媒介场域和经济、人口及技术变化互动与可能产生变化的其他场域发生联系	改变（或再生产）社会等级；破坏科学知识生产的最佳社会条件；破坏政治场域中的民主"理性"

资料来源：本森．比较语境中的场域理论：媒介研究的新范式．韩纲，译．新闻与传播研究，2003（1）：12.

21世纪，新闻业进入互联网时代，移动互联网对传统新闻业造成冲击，新闻生产的各个环节发生了深刻变化，新闻生产从单一的传统编辑部阶段进入多平台、移动化、智能化的新闻生态系统阶段，研究者们再次进入新闻制作的现场，从场域理论的角度研究数字化转型过程中的新闻业。新一波研究呈现出如下特征。[①]

（1）新闻生产研究去组织化。新闻生产已经不再局限于编辑室这个物理空间，而是完全可以在虚拟化的网络空间中进行。因此，在网络化新闻生产的语境下，研究者运用布尔迪厄的媒介场概念，突破单一编辑室的地理和空间限制，在更大的社会系统中考察新闻生产，尝试将对个体新闻记者、新闻记者的采访路线（news beat）和媒介组织进行研究的经验数据与更大的权力系统结合起来，同时强调宏观因素（政治、经济和文化）、微观因素（记者个人和职业特征等），以及中间程度组织的、专业的和意识形态的空间。

（2）重思新技术条件下新闻业的自主性。研究者们吸取了"场域－惯习"理论对社会结构和个体能动性的双重关注，反对新闻业服务于社会权力机构这一简单粗暴的结论，部分修正了布尔迪厄对"结构"的偏向，将研究重心更多地转向新闻生产的个体行动者，探寻数字化背景下新闻业的适应性变化，尤其是新闻职业和从业者的个人身份角色认同的变迁。

（3）重视场域视野下传统新闻生产与网络新闻生产之间的紧张关系。许多学者都不约而同地观察到，惯习的"滞后现象"导致传统新闻生产与网络新闻生产之间的冲突与紧张关系，在新闻场域内形成所谓的"变革语境"与"职业语境"的碰撞，传统新闻工作者经常不适应网络时代新的工作环境和受众需求，新闻业的转型过程充满了曲折、冲突和不愉快。同时，智能新闻时代，记者很可能被改造成计件工作的流水线工人，由此导致专业记者群体及其所肩负的公共职能走向衰亡，这对于新闻业而言，无疑是一场深刻的危机。

（三）场域理论与中国媒体转型

场域理论将新闻业及其转型置于更大的系统环境中加以考察，反对媒介

---

① 王敏. 从"常规"到"惯习"：一个研究框架的学术史考察. 新闻与传播研究. 2018（9）：68－80.

中心主义（media-centrism）。布尔迪厄强调，要始终从实践逻辑出发来理解社会现象，他在知识场域研究过程中形成的"历史建构"意识同样适用于对媒介场域的分析："对知识场域的研究首先需要对知识生产的社会历史条件进行分析，要求对知识场域与其他场域（尤其权力场域）的关系做出历史性的把握；其次，辨析知识场域的内部规则与资本在社会历史实践中的构成，并勘定不同的知识分子在知识场域中的成员资格与位置，对其惯习引导下的特定行动做出解释。"[①]

从研究方法的角度来看，"许多场域个案研究看起来都近似于盎格鲁美国人的新闻编辑室组织人类学的传统。……（虽然）场域理论在强调经验性研究和日常新闻实践的兴趣上与组织分析的路径有相似性，……（但是）至少在原创上，场域理论不同于标准的组织文化，因为它更加系统性地尝试将对个体新闻记者、新闻记者的采访路线（news beat）和媒介组织进行研究的经验数据与更大的权力系统结合起来"[②]。

本章采用场域理论，以移动互联网时代的《南方都市报》转型做智库为个案，考察其转型的背景、过程及影响。对当代中国媒体转型研究来说，场域理论最大的贡献可能在于它强调关系性，即把媒介场置于与政治场、经济场、文化场等其他场域的互动之中来考察，反对静止的媒介中心主义，承认媒介场缺乏自主性、在高度他律的同时又凭借公开性而影响其他场域。本章的研究资料基本来自新闻报道、媒体从业人员的公开讲述、会议材料和研究性文章等公开材料。

四、传统媒体为何转向智库

（一）创新之路的突破：走向智库化转型

每逢新的传播方式兴起，传媒业可能就要面临着一波更新迭代。在传统

---

① 刘擎. 当代中国知识场与公共论争的形态特征//许纪霖，罗岗，等. 启蒙的自我瓦解：1990 年代以来的中国思想文化界重大论争研究. 长春：吉林出版集团有限责任公司，2007：256.

② 本森，内维尔. 布尔迪厄与新闻场域. 张斌，译，杭州：浙江大学出版社，2017：15.

媒体日渐式微的情形下，它不得不摸索着走上转型之路。从已有的媒体转型案例来看，传统媒体转型的侧重点更多地在于新闻生产，包括如何适应新媒体时代做出受众喜闻乐见的新闻产品；如何让优秀的新闻产品落地，到达社会网络的每个角落，以获取最大流量和影响力。有研究者从新闻产品生产和分发的角度指出，移动化、社交化、智能化是传统媒体转型的三条路径，这三大方向也体现了当下传统媒体通过"媒介融合"进行转型的新媒体化过程。[①] 其中移动化是指媒体产品迁移的基本方向，无论是产品形式、产品结构还是产品思维都需要进行转换，超越自身的媒体客户端，充分利用多种分发平台，此外，移动化也意味着对短视频等网络形式的侧重；社交化指的是一方面要改变媒体往日严肃冰冷的形象，进行语态创新，另一方面还应注重互动性和参与性；智能化指的是利用技术驱动内容生产的革命，例如可利用数据分析进行选题策划和传播。

　　然而，这几条转型路径中也存在诸多困境。目前，以手机为代表的移动终端已经成为人与外部世界建立连接的最重要信息通路，代替了原先以传统媒介为主的信息获取方式。现在社会信息传播的"最后一公里"渠道是人际关系渠道，这导致传统媒体在既有社会传播渠道的"失灵"。即使许多传统媒体逐渐开通了客户端、微博、微信公众号等平台渠道，但这种"＋互联网"模式并不是在生产方式、影响力构成上的创新，而是简单加法。[②]

　　如果仅仅是与新媒体在移动端进行内容竞争，那么传统媒体的优势略显不足。总体而言，从传统媒体融合转型的绩效评估来看，教训多于经验，传统媒体更易受制于传统思维和路径依赖。[③] 孟瑶认为媒体融合未取得预期成效的原因在于尚未打破固有模式，国内传统媒体的管理基本是在事业单位内进行的，与互联网媒体具有根本性差异，有些媒体仍然将重心放在传统业务

---

　　① 彭兰. 移动化、社交化、智能化：传统媒体转型的三大路径. 新闻界，2018（1）：35-41.

　　② 喻国明，弋利佳，梁霄. 破解"渠道失灵"的传媒困局："关系法则"详解：兼论传统媒体转型的路径与关键. 现代传播（中国传媒大学学报），2015（11）：1-4.

　　③ 李彪. "互联网＋"时代传统媒体融合转型的痛点. 编辑之友，2015（11）：51-55.

上，对新媒体的融合流于形式。①

虽然单从新闻采写的业务能力上来说，传统媒体相比新媒体可能有些优势，但这种优势也在逐渐缩小，因此传统媒体要想在新闻生产、分发业务的规模和影响力上赶超新媒体可能性较小。郭全中提出新媒体在内容上已经成为真正的主流媒体，在财经、文体和娱乐方面，新媒体自行制作的内容占总内容比例超过 70%，甚至有很多传统媒体依据新媒体的报道进行报道。另外，新媒体已经成为舆论热点产生的主阵地，广告收入也处于飞速增长的状态。② 传统媒体对新媒体的发展规律缺乏科学认识，一味秉持"内容为王"的理念，即使采取"全媒体记者"的转型方式，也并不能行得通，因为并非所有人都能成为"通才"。

在这样的背景之下，媒体智库化或许是媒体转型的另一条可行路径：将业务重心由原来的新闻生产向智库生产转移，在规避新闻生产及分发途径上的劣势的同时，能够充分发挥自己与社会资源、政府官方链接的优势，以及制作优质深度内容的专业能力，转而将工作重心放在为社会提供公共性服务上。

其实，国外一些媒体更早地意识到了自身所具备的智库属性。耿磊梳理国外媒体智库时主要将其分为三种类型：第一类是智库型媒体，常年关注某些垂直领域，掌握该领域一手资料并积累了丰富的专家资源和行业数据，在业务性质和成果上呈现出智库的特点；第二类是运营相对独立的研究机构，依托媒体资源组建；第三类是媒体内部的研究开发部门，主要为媒体自身发展服务。国外媒体智库具备两方面特征，一是很多实力较强的媒体都从事智库性质的分析工作，二是媒体对于这些分析成果倾向于公开以扩大自身的影响力，因此国外媒体呈现出泛智库化趋势。③

无论如何，不管是强调构建媒体型智库还是强调媒体的"智库属性"，探

---

① 孟瑶.传统媒体融合新媒体的转型发展之路.传媒论坛，2020（23）：48-49.

② 郭全中.传统媒体的新媒体转型：误区、问题与可能的路径.新闻记者，2012（7）：14-19.

③ 耿磊.国外媒体智库现状.新闻战线，2018（3）：45-47.

索智库化转型都为传统媒体的转型提供了一种新的可能性。智库生产不仅能为媒体创造经济收入，更是打造品牌影响力的有力支撑，这是区别于以数量取胜的新媒体的一个突破口，尤其是在资源和人脉积累上，仅有少数新媒体能与传统媒体相匹敌。

（二）中央媒体与地方媒体的智库化转型

国内媒体智库化转型的具体情境相比国外还是有所不同。一方面，我国传统媒体的新闻及内容生产从制度层面来说并不完全是独立运作，因此在面临是政策解释宣传还是客观研究这一问题上，媒体智库和隶属于行政机构的官方智库面临同样的尴尬。[①] 另一方面，中央媒体与地方媒体的智库建设也必定面临不同的情况，中央媒体智库在脑力资源方面具有其他媒体不可比拟的优势，其所掌握的人才资源很大一部分也是来自传统智库的专家、团队，其针对的问题也是立足于国家紧要的大政方针，实际解决问题的能力并未得到新的需求刺激，只是针对有限的问题，增添了更多的智库解决供给，与传统智库形成竞争关系。

而地方媒体的智库发展则面临相反的局面，其智库建设中出现了人才缺失和资金不足的情况。地方媒体智库化转型的另一个挑战是如何让传统新闻从业人员转变为智库人才。以媒体原有的培训体系可能难以实现智库人才的自主培养，这将进一步制约他们的智库化转型之路。因此，在地方媒体的智库生产中，与中央媒体智库在根本上不同的一点是智库研究人员的配比。央媒智库的专家型人才资源丰富，从内容性质上说，与传统智库没有太大差别，或者可以说，央媒智库更像是在媒体的架构之下重新搭建了一个传统智库，从事智库生产的仍然是原来的那批专家学者。而地方媒体的智库建设大多数基于本报记者的转型，从记者直接转岗到研究员工作，他们并未经过系统的学术化培训，智库生产的经验是从报告调研、分析、撰写过程中一步步摸索而来的。

---

① 郑雨茜，安琪，于园园．媒体智库化转型的困境与问题．青年记者，2020（14）：106－107.

总的来说，中央媒体智库具有其他地方传统媒体不可比拟的优势，在人才资源、资金和平台影响力等方面都不输传统智库，具有不可复制的特殊性；而地方媒体在人才资源和资金上都处于劣势地位，在转型过程中处境更显艰难，但也因此，改革的决心和力度往往更大，其智库转型经验对于传统媒体的转型来说可能更具借鉴性，尤其是身处其中的传统新闻从业者将迎来什么样的工作机遇和身份转变，是否能摆脱传统的新闻生产的思路，能否提供一套可复制推广的经验做法，这些问题都值得进一步探讨。

五、传统媒体如何做智库

（一）参与城市治理：一种智库化转型的可能路径

《南方都市报》是较早进行智库化转型的地方媒体机构之一。早在 2016 年，当时的南都报系党委书记、总裁任天阳在南都 20 周年庆活动上就首次向外界阐释"换一种方式"战略①，开始尝试挖掘数据资源的潜力，但这同时意味着报社要放弃一部分传统的新闻生产内容。到 2018 年成立南都大数据研究院之时，《南方都市报》的智库生产已基本迈入正轨，此时已推出数据新闻、榜单报告、民意调查、鉴定测评等多样化的数据产品，为智库生产积累了一定经验和资源。② 对于这一转型思路，在 2019 年的"智媒赋能治理高峰论坛"上，当时的南都报系党委书记梅志清表达了这几年促使报社转型的内在逻辑："当前，技术正如此真切地深刻地改变并将继续迅猛地改变媒体的生存逻辑，没有一家媒体可以包打天下、无处不在。"

为了适应这种全新的生产思路，报社对传统的编辑部门进行改革，以组建"工作室"的方式让记者和编辑协同作业，共同发掘和包装数据产品，这种"一条龙服务"的工作模式为智库化转型早早打下了基础。③ 或者说，《南方都市报》在人事管理制度上进行的改革打破了科层制，趋于扁平化管理，

① 南都 20 周年庆：换一种方式定义南都. 南方周末，2016 - 12 - 29.
② 席莉莉. 都市媒体智库化转型路径研究. 广州：暨南大学，2019.
③ 汪金刚. 南方都市报智库化转型研究. 新闻与写作，2020（9）：100 - 104.

以团队作业的形式来组成不同的专题小组（垂直领域），这种组织结构更适合从事智库生产。

从组织架构来看，2018 年成立的南都大数据研究院内部分设产品部、技术部、民调中心、商业数据部、数据项目运营部，其中产品部负责智库内容的生产，技术部提供底层的技术支撑以及包装服务，运营部负责产品的市场运营。①《南方都市报》将多位资深新闻记者和编辑直接转入"研究员"序列从事智库生产。2018 年年底，南都曾宣布要推动全员课题化，20％的采编做公共新闻、80％的采编转向新闻与研究并重，让成熟的采编团队就地转型为课题研究小组，形成"一套人马，两种职能"，也就是说，南都大数据研究院的课题中心与原有南都采访中心的人员架构基本是重合的，只是在新的采访中心内部形成了多个专项课题组。与此同时，报社的工作考核方式也发生了变化，实行"采编生产＋课题研究"双重考核制度。发展到 2019 年，南都再提出将废除计件制薪酬体系，在大数据研究院之外的部门也全面推广全新的岗位序列、能力层级、区间年薪制。②

2019 年，《南方都市报》在智库内容生产中的收入过亿元；2020 年，《南方都市报》营收近 5 亿，利润连续三年增长，接近历史最好时期。其中，《广州城市治理榜》是南都智库生产较为典型和成功的案例，该报告诞生于大数据研究院成立之前，可以说是在智库方向上率先进行尝试的"先锋队"之一，从 2014 年至今，每年发布一次。2019 年，《广州城市治理榜》还获得了首届"中国城市治理创新奖"优胜奖，是入选案例中唯一来自媒体的案例。

《南方都市报》这类地方传统媒体要向智库化转型，必定要放弃部分原来的主要受众，转而投向受众面更窄、精英化的、为社会治理或咨询服务的深度内容。2019 年 12 月"南都智库产品发布周"系列活动期间，《南方都市

---

① 王海军，王卫国. 强化双轮驱动 构筑五大序列：南方都市报智媒转型的机制创新和考核管理. 中国记者，2020（2）：98-100.

② 杜一娜. 南都：将废除计件制薪酬体系，适度放弃同题竞争. 中国新闻出版广电报，2019-12-11.

报》举办了"智媒赋能治理高峰论坛",从这一命题可以看到报社对于自身定位的重新思考,媒体的未来发展方向可能是为城市提供精细化服务,参与到社会治理共同体建设中来。时任南都报系党委书记、总裁梅志清在论坛上谈到对于机构媒体未来发展的六个判断:"资讯生产传播优势在弱化;算法要由主流价值观驾驭;大众媒体也需要垂直生产;协同治理功能是新增长极;精准用户私域流量是蓝海;技术赋能是充分必要条件。"[①] 从中可以窥见《南方都市报》的智库化转型究竟意味着什么。

《南方都市报》在智库化转型过程中深度参与到城市治理的各个环节,也从侧面印证了其在社会功能上实现的转变。周培源提到"治理"一词主要涉及治理活动的三个基本概念,即国家治理、政府治理和社会治理。[②] 其中,社会治理是媒体可以深度参与并发挥重要社会功能的环节,在政府、组织机构和社会公众等核心主体之间协调关系,实现协同化治理,还可通过媒体融合渗透精准传播,实现精细化治理,以及发挥媒体专业精神,推动科学化治理。从地方媒体的角度来说,参与到区域性社会治理的机会也比较多。张康之认为,在多元社会治理力量并存的条件下,政府的管理者角色受到了挑战,原先单一的管理者与被管理者的简单线性关系变成了复杂的网络关系。[③] 主体多元化条件下的社会治理实际上再次重置了关系网络的社会资本,传统媒体在这个关系网络中有机会找到落脚点,重新找回话语权,而智库转型是一个很好的契机。

尽管《南方都市报》的智库化探索才刚刚开始,但从目前的发展来看,这条转型路径确实为南都带来了初步的成功,也得到了社会的一些认可。同样是在 2019 年,南都大数据研究院入选了 2019 应用新闻传播十大创新案例,评审委员会的评议是:主流都市报融合转型存在普遍挑战和困难,建设"中国最好的报纸"的《南方都市报》,靠数据业务的整合运营走出了一条都市报

---

① "智媒赋能治理"高峰论坛举行 南都智媒转型 2.0 版面 . 新京报,2019 - 12 - 07.

② 周培源 . 从社会治理到国家治理:主流媒体的角色功能变化 . 青年记者,2020 (27):41 - 43.

③ 张康之 . 论主体多元化条件下的社会治理 . 中国人民大学学报,2014 (2):2 - 13.

融合转型的新路径①。不过，将转型的侧重点放在智库生产上并不代表完全放弃了新闻生产，相反，在"抛弃"了以量取胜的思路后，南都更加强调新闻生产必须产出"优质内容"。梅志清就表示过，"我们的智库产品是对公共内容产品链条的延伸。好的新闻产品不一定是好的智库产品，但好的智库产品一定可以产生出好的新闻产品"②。也就是说，走智库化转型之路同样也能催生出优秀的新闻产品，保留住最根本的媒体属性。

（二）《南方都市报》智库产品案例研究：参与城市治理案例——《广州城市治理榜》

2014 年，《南方都市报》首次推出《广州城市治理榜》，根据设置的指标体系，利用公共数据、政府数据和民意调查数据，以第三方视角从多个角度评价广州政府治理能力和水平。如今，《广州城市治理榜》已经走过七个年头，经过迭代升级，成为《南方都市报》的代表性智库产品。当地政府部门在工作决策和提升治理能力的过程中会参考这份智库成果，随着榜单影响力的扩大，还有不少部门会注重自身在榜单上的排名，主动找差距补短板，力求在下一年的榜单上表现得更好。③

2019 年 6 月，《广州城市治理榜》入围首届"中国城市治理创新奖"，也是全国唯一入围的媒体项目。深度参与《广州城市治理榜》的一位课题负责人表示，媒体智库参与城市治理的亮点在于我们搭建的是协同共治平台，通过榜单评价、论坛对话、案例评选，让公众平等参与城市治理，"比如，我们让群众票选十大民生实事，让市民参与广州桥下空间改造设计，这些都实实在在推动广州在共建共治共享的社会治理新格局上走在全国前列"④。

随着社会各界对这份榜单越来越重视，越来越多的政府部门、行业协会

---

① 2019 应用新闻传播十大创新案例揭晓，南都大数据研究院入选！. 南方都市报，2019 - 11 - 30.

② "智媒赋能治理"高峰论坛举行 南都智媒转型 2.0 版面. 新京报，2019 - 12 - 07.

③ 黄超，刘岸然. 内容乃营销之基：南方都市报"新闻＋政务服务商务"运营探索. 青年记者，2021（4）：16 - 17.

④ 赵安然. 我在南都做研究. 南方传媒研究，2020（2）：142 - 147.

和企业等愿意与南都进行合作，为其提供经核实的官方数据。此外，南都也会根据每年广州关注的重大社会议题和政策变化趋势来调整榜单内容。例如从 2018 年开始，《广州城市治理榜》与水务局开展合作引入广州水务数据，增设子榜单"河长榜"①。这一举动顺应了当年对河湖治理保护的重视，"河长榜"这一榜单的设立可以说是恰逢其时。截至 2018 年 6 月底，全国 31 个省（自治区、直辖市）已全面建立河长制，打通了河长制"最后一公里"②。2020 年《广州城市治理榜》又新增数字经济和城市活力评价维度，这次新增设的子榜单与广州城市发展战略的调整紧密相关。2020 年，广东省发展改革委员会公布《广州人工智能与数字经济试验区建设总体方案》，提出建设广州人工智能和数字经济试验区，正式将人工智能与数字经济升级为城市发展的双引擎之一。可以说，榜单的各个指标是根据城市的总体发展战略和社会治理重点议题来设置的，报社将原来所具备的新闻敏锐度运用起来，准确把握了参与社会治理的重点议程。因为紧跟"时事热点"，南都的智库生产相比传统智库来说可能操作节奏更快，生产周期更短，发布频率更高。

　　虽然《广州城市治理榜》是一份自发生产的、旨在提供公共性服务的智库产品，但期间做实地调研和落地发布活动等环节却给南都搭建起了丰厚的资源网络，吸引了潜在"客户"的同时也扩大了媒体自身的影响力。例如2017 年《广州城市治理榜》中广州市越秀区位列榜单第一名，这份榜单引起了越秀区的关注，之后越秀区政府邀请该课题组为越秀区定制研究报告，这是课题组接到的第一份"报告订单"。最终课题组以实地调研和问卷调查的方式完成了报告，越秀区还采纳了报告中的部分建议。③ 这一事例恰好说明了媒体在以一种创新的方式参与到社会治理之中。这一报告的牵头人、南方报业 2019 年度记者赵安然说："（这份报告）向政府给出更多真实的、群众的声音，暴露真实存在的问题，因此，报告给出的建议也是最有力、有用的，

①　汪金刚. 南方都市报智库化转型研究. 新闻与写作, 2020 (9): 100 - 104.
②　我国全面建立河长制. 新华社, 2018 - 07 - 17. http://newspaper. dahe. on/hnrbncb/ht-ml/2018 - 07/18/content _ 263901. htm.
③　尹来. 是一个"爱"做记者的人. 南方传媒研究, 2020 (2): 148 - 149.

成为越秀区改善公共服务的抓手，变成了区长在区政府常务工作会议上的 17 条工作部署，并且一一落地，促进了旧楼加装电梯、校内课后托管、居家养老等民生问题的解决，《越秀区人类发展研究报告》是《南方都市报》首个真正意义上的课题报告，让南都人尝到了做研究的成就感。"①

由记者和编辑等直接转岗过来的研究员在智库研究的专业性上比不得权威的学者专家，因此从外部召集而来的"临时专家团"是南都智库生产中非常重要的人才资源库。这些资源一般由资深记者在日常采访中建立稳定联系，或者通过线下调研活动建立合作关系，由此组成智库报告的智囊团。《营商环境榜》是《广州城市治理榜》的子榜单之一，该榜单的出炉是因为最近几年国家对于深化"放管服"改革优化营商环境的重视。2020 年，广州希望被世界银行列入评价中国营商环境的样本城市，在营商环境建设方面下了大力气。② 南都正是借助《营商环境榜》这个平台，通过采访、调研等方式将政府、企业、相关的研究机构和专家都调动了起来，转化为南都的人才资源库，并由此在营商环境领域深耕下去，将"营商环境"这一课题从《广州城市治理榜》拓展到了更广阔的天地，形成了一项常规性的研究课题。③

此外，南都搭建较成功且制度化运营下来的专家平台还有"南都教育联盟"，该联盟成立于 2017 年，是在省教育厅支持指导下，由《南方都市报》与各教育局、各高校、中小学校、相关教育学会、企业共同组建而成。④ 通过这一平台，南都能够更方便地联系专家，产出深度报道，或者邀请专家参与搭建教育评价指数，联手发布各类教育行业研究报告。

六、讨论

在《布尔迪厄与新闻场域》一书的中译本序言中，本森和内维尔提出，

---

① 赵安然. 我在南都做研究. 南方传媒研究，2020（2）：140-147.

② 有望列入世界银行评价，广州营商环境 4 月将迎"大考". 南方都市报，2020-03-10.

③ 尹来. 是一个"爱"做记者的人. 南方传媒研究，2020（2）：148-149.

④ 南都又有大动作！南都教育联盟重磅起航，一系列权威大数据发布，你的母校上榜没. 南方都市报，2017-04-02.

将场域理论应用于媒体研究，无论是中国还是其他国家，都面临着一些共同的问题：在何种程度和方式上政治、经济和文化权力的形式是对立或联盟的？在何种程度和方式上新闻记者的实践（正式或非正式的）会折射出在持续寻求自主过程中的外部压力？在何种程度和方式上生产和消费新闻内容的多元方式与植根于阶级、教育、职业、地区或其他类别的社会分层平行或相似？① 本章以《南方都市报》转型做智库为个案，尝试着与上述问题进行对话。

本森曾经指出，媒介场域理论有三个方面的问题。首先，布尔迪厄在具体场域研究中偏重客观结构，对主观功能关注较少。其次，场域理论认为生产者和受众之间存在着同源关系，强调信息由特定的生产者为特定的受众生产，意义即使不总是被完全同意，但也是能被理解的。然而在媒介实践中，意义的解码是多元的，且涵盖较多受众类别。最后，场域理论的相对主义色彩较浓，边界具有模糊性，不同研究者对场域的界定各有不同，不具普遍性，且现实中权力的类型多样，却在理论中被还原为单一经济资本，从而忽视了其他合法权利对新闻媒介的影响。②

（一）媒介场的他律化与创造性遵从

布尔迪厄认为，在商业化压力之下，媒介场的自主性越来越低，不断被他律化，不断被自身最他律的一极所控制。③ 由此，"知识分子在与这种规则的互动中形成了一种特殊的惯习，可称为'创造性遵从主义'（creative conformism）"。严格而保守地遵从意识形态标准是获得"政治正确性"资本的首要前提，但在资本竞争中，简单凭借"盲从"或"效忠"策略未必能够获得优胜位置，"个体要在场域中提升自己的位置仍然需要积极地介入，仍然需要高度的敏感性、创造性、智慧和战略……最具创造性的遵从主义者获得了

---

① 本森，内维尔. 布尔迪厄与新闻场域. 张斌，译，杭州：浙江大学出版社，2017：10 - 11.

② 张斌. 场域理论与媒介研究：一个新研究范式的学术史考察. 新闻与传播研究，2016（12）：38 - 52.

③ 同①45.

更多的资本而享有最高的特权；被动型的遵从者默默无闻；而那些'非遵从主义者'或者创造性失误的遵从主义者，则成为场域竞争的牺牲品"①。张志安以传统媒体时代《南方都市报》为个案，认为其媒介场域的生产策略恰好体现出这种"创造性遵从主义"的典型特征：将来自政治控制的、无法突破的安全底线"内化"为新闻生产的基本规则，但并不以"盲从"或"效忠"的姿态来获取政治资本，而是以"敏感性、创造性、智慧和战略"来争夺经济资本与政治资本。这种"创造性遵从主义"正是南都媒介场域历史建构过程中典型的生产惯习。②

　　进入移动互联网时代，当受众接触《南方都市报》的终端从报纸转向手机、当赢家通吃的平台取代了垂直分布的媒体时，人才和资源纷纷流失，《南方都市报》面临着转型压力。跟其他权力机构相比，媒体机构的权威性、经济收入从何而来？转型前后，媒介在场域中的位置、与其他权力场的关系有何变化？这始终是媒体转型的核心问题。

　　媒介场域是他律性较强而自主性较弱的场域，其与政治场之间相对紧密的联系为《南方都市报》这类传统媒体机构的转型提供了机遇。在互联网时代，传统媒体与新媒体在受众数量及舆论影响力的争夺中逐渐落于下风，盈利能力下降，因此传统媒体所能获得的经济资本也在逐步减少。为了扭转这一颓势，南都不断在尝试新的突破口。作为地方传统媒体，南都既有的优势是仍然掌握一定的社会资本，包括多年积累的人脉资源和在当地搭建的关系网，那么如何借助既有的社会资本来争夺其他资本？作为一家省级报业集团下属的市场化媒体，相比主报《南方日报》来说，《南方都市报》承担的政治宣传任务相对较少，因此南都在创刊之后的十余年发展历程中采取的是"不即不离"的关系原则，使其始终与权力场保持相对距离。③然而在近几年的转型战略中，南都有意"拉近"与政治场的距离来寻求转型契机。从南都的

---

　　①　张志安. 新闻场域的历史建构及其生产惯习：以《南方都市报》为个案的研究. 新闻大学，2010（4）：48-55.

　　②　同①.

　　③　同①.

智库转型方向来看，深度参与城市治理的策略即意味着政治服务功能的进一步加强。

从这一点来说，《南方都市报》自 2018 年以来的智库转型，跟它在 20 世纪 90 年代的市场化转型一样，都是在与政治场、经济场、文化场等其他场域的互动关系之中确立自己合适位置的结果。在 90 年代以来的市场化转型中《南方都市报》从全国媒体中脱颖而出，那么，当下的智库转型，《南方都市报》也被寄予厚望。移动互联网时代，《南方都市报》的转型策略和实际活动遵从了自己在既定媒介场域里的位置。它没有突破更没有试图挑战既定政治底线，它的智库活动也基本吻合一家省级媒体的定位，平行（省级）或向下兼顾（市区级）各个政府职能部门的活动。《南方都市报》的智库转型转而强化了我国媒体垂直化的权威体系，并把自己纳入相应的基层政府职能部门的活动之中，不仅保证了一定的经济收益，也重新建构了自己的政治地位。在我国，政治场是媒介场他律极的重要影响力量，媒体体现了政府意志，也是国家对社会实施控制的场域。

除了遵从的一面，《南方都市报》的智库化转型亦有其独特性和创造性，不同于一般的新闻生产或智库生产。在此前有提及，地方媒体的智库建设不同于中央媒体，地方媒体并没有足够的资金支持来重新引进一批专业的智库人才，它们考虑的是如何让报社现有的新闻从业人员在具体工作实践中实现效用最大化，因此不仅要推动报社转型，更要推动全员转型。正因为南都采用了原班人马从事智库生产和研究工作，新闻场域的生产惯习同样也延续到智库生产的流程之中，形成了一派"独特景象"。

无论是南都整体的智库建设要求，还是记者转向智库研究的具体实践，都不曾脱离新闻生产的逻辑。南都虽然走向了智库化转型，但仍然重视新闻生产，其采取的策略是智库与新闻生产"双轮驱动"，形成新闻与智库互相反哺的生产格局。以南都深圳新闻中心出品的《马上办》栏目为例，该新闻栏目自 2015 年 10 月创办，旨在搭建政府与群众之间的沟通平台，帮助解决当地的民生热点、难点问题。随后，该栏目内容升级并建立较为完善的评价体系，根据政府部门的办事效率、效果、民意反馈公开打分。① 该栏目就是智库与新闻生产双轮驱动的典型产品，在这种操作逻辑之下催生出"智库型报道""调研式采访"等新名词。

南都有多个智库产品的内容与新闻报道内容之间都存在密切联系，两者可以互相转化。一份数据内容可以反复挖掘使用，达到资源利用的最大化。新闻报道的数据可以收集起来做智库报告，智库报告的阶段性成果也可以写成新闻报道，但无论是新闻报道还是智库报告的公开发布，都是为了扩大媒体本身的影响力。从最终的传播效果来看，这种"新闻＋智库"的做法获得了一定成功，2016年6月，时任深圳市委书记马兴瑞致信点赞了《马上办》栏目，信中评价《马上办》"既盯住了民生热点难点问题，又盯住了党委、政府部门履职尽责情况，形成了从发现问题、解决问题到效果评价的良性循环"②。2018年5月，《马上办》栏目还入选了广东省新闻媒体优秀品牌栏目。③

此外，从记者转型当"研究员"的早期心路历程中也能看到一些传统采访报道经验的痕迹，并且，这些实现转型的"研究员"成功地将新闻报道经验融入智库生产之中。参与《广州城市治理榜》的一位资深记者在自述中说道："'营商环境'这四个字高大上，内涵更深不可测，我该怎么做？总要有个抓手吧，那还是从榜单测评做起、从调研报道做起，至少能把广州营商环境现状的'老底摸清'。"④ 从这些描述可以看出，记者起初对研究领域认识不足，在凭借自身多年的采访报道经验操作选题，之后才渐渐与研究机构、专家建立了联系，形成了可操作的指标体系。

（二）智库化转型的未来

在互联网时代，公众对媒介传播的依赖性其实在逐渐升高，公众获取信

---

① 南都《马上办》获评广东新闻奖．南方都市报，2021－07－28.
② 南都深圳大事记．南方都市报，2020－06－29.
③ 同②.
④ 赵安然．我在南都做研究．南方传媒研究，2020（2）：140－147.

息的主要途径仍然来源于媒介传播，只是不拘泥于传统媒体，新媒体在信息流通和互动中占有重要地位。在新媒体时代，政府和企业以常规工作信息和正面成就信息为主的宣传所能取得的效果与其设想之间存在差距，主流媒体的大力气宣传往往化作对社会影响甚微的"飞沫"，这是因为受众在新媒体时代获取信息更为主动，质疑精神更强，需要平等对话的空间。这一方面颠覆了政府控制媒体来操控社会舆论的管理方式，另一方面打破了传统的以政府为核心的一元化管理格局。[①] 此外，新媒体的蓬勃发展也产生了一些消极影响，如碎片化信息泛滥、利用网络大肆宣传不利于政府的非理性言论以及信息茧房的效应加剧群体极化等。[②]

在社会治理面临复杂挑战的今天，正因为新媒体与传统媒体在内容生产和制度体制上呈现出一定差异性，才为传统媒体的智库化转型提供了一定发展空间，从对"速度"的追求转为对"深度"的追求，试图以深度优质内容重新找回被削弱的话语影响力。[③] 当然，以地方媒体为代表的媒体型智库与传统意义上的智库还是有一定差异的，尤其是在发布的产品形态方面，媒体型智库的产品形式显得更加丰富。例如由南都首席编辑黄海珊牵头的粤港澳大湾区工作室，除了发布智库观察报告外，还基于已有内容资源打造了音频产品《湾区财富3分钟》，以及收费会员服务《湾姐朋友圈》；南都鉴定评测课题组则推出了"南都优选"小程序、南都质量公开课等衍生产品，进一步拓展了智库成果的运用场景。[④] 也许正是因为媒体在策划报道、宣发渠道上的专业优势，才使得智库产品的效用达到最大化。相比其他智库来说，媒体在传播力和连接力上更占优势。因此，考虑到其智库生产在内容、性质、意义方面都和传统智库有所不同，未来可能需要对此类媒体型智库给出新的解

---

① 黄河，王芳菲. 新媒体如何影响社会管理：兼论新媒体在社会管理中的角色与功能. 国际新闻界，2013（1）：100-109.

② 段连敏. 新媒体政治传播功能研究. 大连：辽宁师范大学，2019.

③ 席莉莉. 都市媒体智库化转型路径研究. 广州：暨南大学，2019.

④ 王海军，王卫国. 强化双轮驱动 构筑五大序列：《南方都市报》智媒转型的机制创新和考核管理. 中国记者，2020（2）：98-100.

读及定义。

　　媒体智库化在转型过程中呈现出的另一特点就是打破了"唯流量论"，智库生产的考核模式既摆脱了过去的计件薪酬制，也不受制于在互联网时代各家媒体拼命追逐流量的大环境影响。由于采编人员通常兼具"记者＋研究员"的双重身份，他们既可以通过高流量的新闻报道获得报酬奖励，也可以通过出品一份优秀的智库报告来获得社会的认可。媒体智库生产的重心在于参与社会治理和社会行动，以参与者的身份发挥影响力。因此，对于课题研究人员来说，如果这个报告成果能够精准地影响到政策制定者或者行业决策者，才真正体现了这份智库报告的价值和意义。[①] 对于参与智库化转型的新闻从业人员来说，他们有一套更全面均衡的综合评价体系，但也从另一方面表明，这套评价体系对他们的能力提出了更高的要求。

　　媒体拥有跟社会资源、政府部门长期打交道的经验，社会资本丰富，擅长制作优质深度内容，长期以来，我国媒体就具有社会责任感和承担了为公众服务的职能，因此，转型做智库，对《南方都市报》来说，门槛并不高，在各种可能的转型路径中，它结合自身资源，选择了一条跟新闻属性渐行渐远的道路。与专业智库机构相比，《南方都市报》转型做智库，是充分发挥了自身特色。它不再追求普罗大众的需求，转向社会精英人群；放弃以量取胜的流量思维，追求优质智库内容；追求去媒介化，深度参与社会治理。当然，我们很难现在就对《南方都市报》智库转型做出评价，然而可以看到，这一转型为其他媒体提供了多样化的选择和思路，成为当下我国媒体转型的现实路径之一。

---

　　① 王海军，王卫国．强化双轮驱动 构筑五大序列：《南方都市报》智媒转型的机制创新和考核管理．中国记者，2020（2）：98 - 100.

第三章 媒介化生存时代数字平台的制度创业及影响
——以快手扶贫为个案

贫困是一个全球性命题，消除贫困、振兴乡村是中国持续追求的发展目标。从 1978 年农村经济体制改革，到贫困县村的定位和精准扶贫方略的确立，再到"十四五"规划的巩固脱贫攻坚成果和推进乡村振兴，中国的扶贫政策、目标和路径伴随着社会经济发展不断做出调整。在平台经济快速发展的时期，数字平台也在消除贫困、推动城乡协同发展的进程中扮演着重要角色。在中国，快手无疑是与农村、农民、乡土文化联系最为紧密的平台。截至 2018 年年底，全国 800 多个贫困县中，每 5 人就有 1 人是快手活跃用户；2019 年，有 2 500 万人在快手上获得收入，其中超过 650 万人（约占 1/3）来自国家贫困县、村。① 基于上述用户特征，快手公司在 2018 年正式推出快手扶贫战略，作为代表性数字平台参与到全国扶贫事业中。

制度（institution）是历史发展过程中那些组织化的、稳定的社会模式，尤指社会共享的惯例、规范和行为准则，婚姻、休假、扶贫都是社会制度的例子。② 在中国的发展历史中，国家力量始终主导着制度变革，在扶贫领域

---

① 快手研究院. 被看见的力量：快手是什么. 北京：中信出版社，2020：174.

② JEPPERSON R L. Institutions, institutional effects, and institutionalism//POWELL W W, DIMAGGIO P J. The new institutionalism in organizational analysis. Chicago, IL: University of Chicago Press, 1991: 143 – 163.

也体现了同样的传统。① 但在媒介化生存时代②，当媒介作为一种新的结构性要素作用于日常交往与社会制度的运行时，以快手为代表的数字平台也不断卷入社会组织机制的制度变革中，成为制度变革进程中的重要行动者。数字平台以其可供性特征框定着个体间的交往模式与行动框架③，其"基础设施特征"④ 也使平台不断渗透至公共领域，形塑着多种社会制度的组织机制。

　　社会的平台化和平台的基础设施化是当下人类媒介化生存的现实表现。在此背景下，平台研究（platform studies）相应成为传播研究的热门主题。既有的平台研究多关注"平台"这一中立的、理想化的隐喻背后的剥削关系，批判数字技术的非民主色彩⑤，然而媒介化研究对于情境的强调也启发了研究者去关注数字平台在不同社会语境下的角色和行动潜力。对于任何媒介化的社会现实的理解都不能脱离具体历史环境，尤其是在转型期的中国，以快手为代表的数字平台对于社会中种种制度的影响就肯定与西方语境下的平台研究存在差异。

　　本章依托媒介化理论、制度理论和平台研究的理论资源，以快手扶贫战略为个案，考察媒介化生存时代数字平台进行制度创业（institutional entrepreneurship）的动机、策略，及其对扶贫领域社会组织机制的影响。在理论层面，国家与市场主体间的权力关系问题是传播政治经济学研究的经典命题。通过对快手扶贫战略的考察，一方面能够厘清数字平台、政治安排与底层用户之间的关系，理解它们在公共空间中的角色；另一方面，如果将数字平台不断基础设施化、渗透进公共领域的进程视作一次社会组织机制的制度

　　① 易柳. 改革开放 40 年中国扶贫政策的演化与前瞻：立足国家层面政策文本的分析. 西南民族大学学报（人文社会科学版），2018（4）：183-191.

　　② LIVINGSTONE S. On the mediation of everything：ICA presidential address 2008. Journal of communication，2009，59（1）：1-18.

　　③ 杨馨. 媒介的"下沉"与奠基：媒介化社会的政治经济学批判. 新闻界，2020（2）：60-68.

　　④ DE KLOET J，POELL T，ZENG G，et al. The platformization of Chinese society：infrastructure，governance，and practice. Chinese journal of communication，2019，12（3）：249-256.

　　⑤ NIEBORG DB，POELL T. The platformization of cultural production：theorizing the contingent cultural commodity. New media & society，2018，20（11）：4275-4292.

变革，那么本章对于快手扶贫战略的阐释就能够拓展关于社会转型与媒介引发的制度变革之间关系的理解，勾勒出数字平台在制度变革进程中的行动者角色，解释由平台推动的制度变革得以实现的条件、行动策略及广泛的社会意义。

一、文献回顾：媒介化生存与平台的制度创业

（一）媒介化生存：媒介如何作用于制度变革

媒介化（mediatization）描述的是一种传播研究的认识论转型，即突破传播形式与内容的二元对立，不再仅将媒介视作传递信息的工具性角色，而是考量媒介作为一种制度化力量如何渗透进其他社会场域、作用于社会文化的制度变迁。[①] 这一理论的预设是，在信息化社会中媒介具有更强的内生影响力，能够塑造社会现实、框定社会交往的模式。[②] 与传统的媒介强影响论不同，媒介化研究并不试图分析被中介的传播对公众意见有怎样的影响，或是主动的受众对媒介的接触和使用满足了何种个体需求，而是认为物质性的媒介已成为社会和文化实践得以运行的结构性条件，因此研究者应从媒介本身出发，分析作为社会先验形式的媒介如何融入其他社会制度、施加影响并推动制度变革的过程。[③]

媒介化研究的制度化传统将媒介视作独立的、单方向影响其他社会系统的制度性力量，它为研究者提供了思考媒介化社会如何区别于前媒介化时期的视角，但也被批评具有技术决定论色彩；而媒介化研究的社会建构传统则侧重对媒介建构的文化环境的社会文化分析，关注不同媒介形式及其可供性特征塑造下的语境化结果。[④] 在此视角下，媒介并非作为独立的制度单方面

① 胡翼青，杨馨. 媒介化社会理论的缘起：传播学视野中的"第二个芝加哥学派". 新闻大学，2017（6）：96-103.

② DEACON D，STANYER J. Mediatization：key concept or conceptual bandwagon. Media，culture & society，2013，36（7）：1032-1044.

③ HJARVARD S. The mediatization of culture and society. London：Routledge，2013：3.

④ 戴宇辰. 走向媒介中心的社会本体论？：对欧洲"媒介化学派"的一个批判性考察. 新闻与传播研究，2016（5）：47-57.

影响其他制度；媒介化的影响根植于现实语境，且媒介与其他制度的互动建构了新的文化环境。社会建构传统的代表人物克罗茨（Krotz）将媒介化研究与行动理论和文化研究结合起来，将普遍存在的媒介化过程视作与全球化、商业化、个体化并列的第四种社会发展变化的元过程。① 在社会建构传统下，一方面，媒介可供性影响了社会交往实践；另一方面，人类行动者对媒介规则的回应也成为社会惯习，创造了新的制度化实践。②

无论是媒介化研究的制度化传统或是社会建构传统，本质上指向的都是当下普遍的媒介化生存现状。研究者从量和质两个层面解释媒介化研究视角对传播研究的意义：在量的层面，媒介化研究关注被中介的传播在时间和空间等维度的扩张态势；在质的层面，媒介化研究关注特定媒介形式对社会文化制度变迁的塑造力量。由此，人类社会发展的历史过程即是一个不断媒介化的过程。③ 在中国，近年来媒介化生存的表现即是人们对淘宝、快手、滴滴等平台的依赖。这些平台内嵌的制度化规则也与人们的日常生活和社会情境产生互动，生产出区别于前平台时代的社会交往文化，变革了关于日常生活的制度。

（二）平台社会与数字基础设施：平台如何嵌入社会制度

数字技术的发展推动了社会的平台化（platformization）和平台的基础设施化（infrastructuralization）。基础设施是维系社会生活运转、广泛共享的公共服务系统，典型的基础设施包括电力和通信网络、道路交通等物质工程设施。在数字平台加速发展的时期，微信、美团、滴滴等平台也日益成为维持日常生活运转的基础资源，成为新型数字基础设施。

当作为数字基础设施的平台日益渗透到现代社会的经济、政治和文化系统中，以往关于基础设施的基本功能和民主潜能的讨论则需要再次围绕数字

---

① HEPP A. The communicative figurations of mediatized worlds: mediatization research in times of the 'mediation of everything'. European journal of communication, 2013, 28 (6): 615 - 629.

② COULDRY N. Theorising Media as Practice. Social semiotics, 2004, 14 (2): 115 - 132.

③ COULDRY N, HEPP A. Conceptualizing mediatization: contexts, traditions, arguments. Communication theory, 2013, 23 (3): 191 - 202.

平台展开。① 范迪克（van Dijck）等提出了"平台社会"的概念，用以描述数字平台崛起时期媒介技术对社会制度化实践和公共价值的影响。② 平台不仅将个体和组织联系起来，更重要的是平台决定了人与人、人与组织之间的交往模式，并在此过程中建构了新的经济关系、社会关系和价值体系。面向多边市场的平台、作为技术架构的平台和作为文化生产空间的平台，都使得包括大众媒介、公民组织和国家机构在内的所有行动者反思和调整他们在公共空间中的角色。③ 相互连接的数字平台共同构成了"平台生态系统"（platform ecosystem），以数字基础设施的形式融入既有社会制度，支撑着社会生活的运转；不同平台的可供性也塑造了平台社会的独特交往模式，重塑着既有制度的组织机制。

在平台社会中，市场、公民社会和国家三类社会主体均被卷入重塑种种社会制度的进程。首先，以科技公司为代表的市场主体是社会平台化、平台基础设施化的首要推动者。科技公司以提供低廉便捷的技术服务的方式实现本公司平台覆盖率和影响力的扩张，将平台融入基础设施系统、替换其中不符合现代生活要求的部分。由此，数字平台及其运营公司逐渐渗透至公共领域，把关信息分发，参与资源配置，影响公共政策的制定和执行。④ 其次，普通公民、非政府组织等公民社会成员也是平台社会中的重要行动者，他们对数字基础设施的创意使用使弱势群体具备了更多发声机会和社会参与的资源，凝聚的集体力量也更具可见性，由此，平台也影响了社会参与的制度。⑤ 最后，国家以政策和法律的形式监管平台的运行，规制平台社会中有违公共

---

① PLANTIN J, PUNATHAMBEKAR A. Digital media infrastructures：pipes，platforms，and politics. Media，culture & society，2019，41（2）：163－174.

② VAN DIJCK J，Poell T，DE WAAL M. The platform society：public values in a connected world. Oxford：Oxford University Press，2018：4，16，24.

③ NIEBORG D B，POELL T. The platformization of cultural production：theorizing the contingent cultural commodity. New media & society，2018，20（11）：4275－4292.

④ GILLESPIE T. The politics of 'platforms'. New media & society，2010，12（3）：347－364.

⑤ VAN DIJCK J，POELL T，DE WAAL M. The platform society：public values in a Connected World. Oxford：Oxford University Press，2018：151.

利益的行为，干预作为数字基础设施的平台对社会制度的影响。① 此外，国家有时也与平台达成合作关系，通过鼓励平台的创业实践带动社会经济发展②，此时，平台对社会制度的影响实际上符合国家的阶段性发展目标。

（三）作为行动者的平台：平台的制度创业

制度是历史发展过程中那些组织化的、稳定的社会模式，可从象征元素、社会活动、物质资源三维度来理解：在象征元素层面，制度指社会共享的惯例、规范和行为准则，包括认知的（cognitive）、规范的（normative）和规制的（regulative）三类；社会活动是象征元素的实践表征，常规化的社会活动能够生产或修正某项制度；物质资源指维系制度稳定所需的人力、物力和象征资源。③ 婚姻、休假、选举投票都是社会制度的例子，它们的共同点（也即社会制度的特征）在于，三者都提供了行动的表演脚本，是稳定的社会程序，也是意义和结构的生产系统。④

传统的制度研究关注制度力量对制度连续性和组织同构性的影响，即将制度作为一种稳定的解释性要素分析制度影响下的社会实践。但此种视角忽视了个体和组织的能动性，行动者并非总是被动接受制度环境的束缚，个体、组织的创造性实践能够修正既有制度，引发行业变革、社会变革。迪马乔提出了制度创业（institutional entrepreneurship）的概念，描述个体或组织如何在既有制度环境下，凭借自身资源修正或创造新制度的过程。⑤ 只要行动者调动了必要资源、运用种种策略说服更多个体采纳新制度，无论最终制

① VAN DIJCK J. Governing digital societies：private platforms，public values. Computer law & security review，2020（36）：1-4.

② LIN J，DE KLOET J. Platformization of the unlikely creative class：Kuaishou and Chinese digital cultural production. Social media+society，2019，5（4）：1-12.

③ SCOTT W R. Institutions and organizations：ideas and interests. Los Angeles，CA：Sage，2013：57-58.

④ JEPPERSON R L. Institutions，institutional effects，and institutionalism//POWELL W W，DIMAGGIO P J. The new institutionalism in organizational analysis. Chicago，IL：University of Chicago Press，1991：143-163.

⑤ DIMAGGIO P J. Interest and agency in institutional theory//ZUCKER L. Institutional patterns and organizations. Cambridge，MA：Ballinger，1988：3-22.

度是否被修正，行动者的有益尝试都可被视作制度创业的过程。对应到媒介化生存时代，科技公司及其运营的数字平台实际也成为制度创业者，在既有经济、政策和文化环境下，不断开发新型商业模式、改造社会交往模式、影响文化价值体系。腾讯、快手等科技公司掌握前沿技术，具有充分的人力资源和资金储备，且已形成一定规模，敢于投资风险较大的商业项目，它们具备典型的创业者特征。[①]

场域特征和行动者的社会位置是影响制度创业的两大因素。[②] 首先，在场域特征方面，技术变革、监管变动都会扰乱场域内部的惯例和共识，刺激新观念和新模式的提出；场域危机的出现，例如资源的紧缺，会导致行动者迁移到新场域，成为制度创业者；场域内部较高的异质性、较低的制度化水平也会激发更多创业行为。其次，在行动者的社会位置方面，行动者自身的资源储备会影响制度创业的结果。

在场域特征和行动者的社会位置均符合制度创业条件的情况下，行动者面临的功能压力、政治压力和社会压力是导致制度创业的直接因素。[③] 功能压力指制度效用不佳导致的绩效不佳的压力，行动者会希望通过制度变革提升绩效；政治压力源自社会权力结构和利益分配模式的变化，创业者会希望使场域制度更适应政治制度的发展目标，政治合法性更强，特别是高度依赖国家政策和资金支持的组织，其制度化实践会跟随政治场域的制度变迁不断调整；社会压力源自社会群体分化、法律和社会期望的变化等现实，会使行动者依据社会环境的变化推进制度变革，提升社会合法性。

制度创业的过程可划分为三阶段：提出制度愿景、动员民众、鼓励采纳和维系新制度。[④] 第一，在制度愿景的提出阶段，制度创业者的目标是阐明

---

① 李加鹏，吴蕊，杨德林. 制度与创业研究的融合：历史回顾及未来方向探讨. 管理世界，2020 (5)：204-219.

② BATTILANA J, LECA B, BOXENBAUM E. How actors change institutions: towards a theory of institutional entrepreneurship. The academy of management annals, 2009, 3 (1): 65-107.

③ OLIVER C. The antecedents of deinstitutionalization. Organization studies, 1992, 13 (4): 563-588.

④ 同②.

当前制度的弊端和新制度的优势，使制度变革更具吸引力。在此阶段，创业者可采用诊断式（diagnostic）、预测式（prognostic）、激励式（motivational）的话语框架传递制度愿景。第二，在动员民众的阶段，制度创业者的目标是寻找盟友、动员更多行动者支持新制度。在此阶段，创业者一方面可采用话语策略定义盟友和对立群体，以讲故事的形式调动情感支持、获取盟友信任；另一方面也可以调动经济、社会和符号资源，展示制度变革的可行性。第三，在鼓励采纳和维系新制度的阶段，创业者的目标是巩固新制度的合法性、鼓励民众进行新制度相关的实践。此时，创业者可以借助大众媒介说服采纳新制度，或采用直接参与的策略，凭借自身资源参与政策法规的制定，或与其他社会组织、政府建立合作，进一步实现新制度的"制度化"①。

二、作为代表案例的"快手扶贫"及研究方法

自 2018 年起，快手公司正式推出快手扶贫战略，逐步开展包括幸福乡村带头人计划、快手大学扶贫培训、福苗电商扶贫等项目，探索"短视频、直播＋扶贫"的发展模式。自推出以来，快手扶贫战略受到多方关注，不仅引发了贫困县区民众和全国快手用户的议论和参与，也得到了官方话语的肯定。

本章将快手平台推出的扶贫战略及其社会影响视作媒介化生存时代一次由数字平台推进的扶贫领域社会组织机制的制度变革。回顾中国的发展历史，在扶贫领域，始终是国家力量自上而下地组织着扶贫工作，主导着扶贫事业相关组织机制的制度变革：在扶贫目标方面，政府先后制定了"解决温饱""两不愁、三保障"②的治理目标；在扶贫模式方面，政府也主导了从体制变革到政策扶贫，从开发式扶贫到精准式扶贫的模式转变。③但在平台经

---

① 尚妤 . 商业模式创新与制度变革：合法性导向下的制度创业过程研究 . 中国科技论坛，2020（6）：161 - 167.

② "两不愁"就是稳定实现农村贫困人口不愁吃、不愁穿；"三保障"就是保障其义务教育、基本医疗和住房安全。这是农村贫困人口脱贫的基本要求和核心指标。

③ 贺雪峰 . 中国农村反贫困战略中的扶贫政策与社会保障政策 . 武汉大学学报（哲学社会科学版），2018（3）：147 - 153.

济快速发展的时期，以快手为代表的数字平台也在扶贫事业中扮演着重要角色，作为新型数字基础设施，组织着自下而上的、平台化的扶贫实践，补充和拓展了国家的扶贫制度和成果。在下文的分析中，笔者展示了这种来自平台的自下而上的扶贫实践背后的政治、经济与社会动因及其影响。

区别于国家层面宏观的扶贫制度，快手平台的扶贫实践体现出如下特征：首先，快手以算法和流量提升农民博主和贫困地区的可见性。2018 年 9 月，快手启动幸福乡村 5 亿流量项目，计划在 2018—2020 年间给予国家级贫困县 5 亿元的流量资源倾斜，提升优质农村特产、文旅资源和乡村文化的可见性。其次，快手以平台和社区的交往属性提升帮扶意愿。区别于传统的定向扶贫制度，在快手上普通民众对贫困县区博主的帮扶并非一对一进行，而是通过"一个主播带货、全国用户购买"的形式。这一方面提升了贫困县区特产的市场覆盖面，另一方面，主播与受众的准社会互动也能提升购买意愿，带动优质特产售卖。最后，快手作为平台可供性的定义者培育农民博主，实行精准开发式扶贫制度。快手推出的幸福乡村带头人计划在全国挖掘了 100 位乡村快手用户，通过提供线上线下的教育与商业资源，帮助其理解平台算法与流量的分配规则，培育他们的视频制作和个人推广能力，并鼓励入选的带头人传递习得的经验，带动所在县区发展。整体而言，区别于国家层面更为宏观的、从物质资源补助和基础设施发展入手的扶贫制度，快手的扶贫制度更多地体现了数字平台的可供性特征，也在平台的制度化实践的影响下生产了新的微观层面的扶贫行动空间和扶贫文化。

本章聚焦快手扶贫战略从提出到推广的整个过程，参照普兰廷（Plantin）等[1]、陈玉洁和邱林川[2]关于中国数字平台的研究，采用质性的混合研究方法得出结论。

---

[1] PLANTIN J, DE SETA G. WeChat as infrastructure: the techno-nationalist Shaping of chinese digital platforms. Chinese journal of communication, 2019, 12 (3): 257 - 273.

[2] CHEN J Y, QIU J L. Digital utility: datafication, regulation, labor, and DiDi's platformization of urban transport in China. Chinese journal of communication, 2019, 12 (3): 274 - 289.

首先，笔者收集了快手与扶贫相关的各类公开文本、内部资料与行业报告进行政治经济视角的分析与批判话语分析。对数字平台的政治经济分析是平台研究的代表性研究方法，研究者从历史的、规范的两条脉络出发，探究平台、国家、用户之间的权力关系以及平台对社会生活的影响①；批判话语分析则旨在将文本中的策略性话语与其根植的社会结构勾连起来，通过对文本中的话语本身、文本的生产和消费实践、文本背后的社会文化环境三层次的考察，阐释策略性话语体现的意识形态与权力特征②。

具体而言，本章收集的文本资料如下：第一，快手公司发布的扶贫战略相关资料，包括快手平台中快手扶贫官方账号发布的内容、快手研究院发布的《快手扶贫报告》《快手是什么》《快手企业社会责任报告》《快手幸福乡村带头人计划》等文本。对这些公开文本的批判话语分析有助于理顺快手推进制度变革的动机、过程和策略，勾勒快手平台的行动者角色。第二，大众媒介尤其是主流媒体关于快手扶贫的报道，对于媒体报道的话语分析能够揭示作为市场主体的快手公司与宏观政策环境、政治安排之间的关系，以及快手推进制度变革的接受度、合法性水平。第三，民众关于快手扶贫战略的讨论和实践，涵盖了快手农民博主、普通快手用户及其他社会群体在快手、微信、微博、知乎等主要社交媒体平台中的讨论。对于民众讨论和实践的考察能够揭示快手扶贫的社会评价和影响力，衡量此次制度创业的完成度和社会意义。

其次，研究者也采用了参与式观察的研究方法，于 2020 年 10 月至 2021 年 2 月在超过 30 次的快手扶贫直播活动中停留，以文字、截屏形式记录扶贫主播与用户的互动以及研究者的体会；同时，笔者也多次购买扶贫产品、访谈了 5 位曾在快手扶贫直播间下单的用户，了解快手扶贫项目对普通用户的影响。此外，在通过对上述文本、影音资料的批判分析和参与式观察得出初步结论后，笔者又访谈了 1 位快手扶贫部门的实习生，旨在验证核实研究所

---

① NIEBORG D B，HELMOND A. The political economy of Facebook's platformization in the mobile ecosystem：Facebook messenger as a platform Instance. Media，culture & society，2019，41（2）：196-218.

② FAIRCLOUGH N. Media discourse. London：Edward Arnold，1995.

用文本资料和研究所得结论的可靠性。

三、环境、动机与变革的"政治"：快手制度创业的背景

制度创业是一个复杂的政治过程，行动者需要充分评估场域环境和自身社会位置，理顺制度变革的动机，寻求多方支持，才能推进有效的制度创业实践。理解快手公司为何推出扶贫战略，首先需要理解中国数字平台场域的发展特征。在本土平台中，从使用频率、用户规模、在日常生活中的角色三方面评价可以看到，微信和淘宝是代表性的具备数字基础设施特征的平台，微信是水平聚合型平台，淘宝是垂直型平台。[①] 与淘宝相似，快手也是典型的垂直型平台，短视频和直播是快手的核心业务。但与微信和淘宝不同的是，快手并不提供如微信小程序一样的可编程应用拓展服务，可链接的外部场景和服务较为有限；同时快手也不具备如微信支付、支付宝两大移动支付系统为各自平台带来的用户黏性提升的潜能，无法像微信、淘宝一样通过业务组合将自身发展为日常生活中不可或缺的数字入口。在此行业竞争背景下，为进一步争夺用户资源，拓展应用场景，从垂直型"短视频、直播社区"进化为更具公共服务性质的数字基础设施，快手尝试突破现有业务范畴，创新商业模式，寻找区别于微信、淘宝等平台的发展路径。

本土数字平台场域的竞争环境刺激了快手公司突破既有的平台发展制度，而平台自身的社会位置也限定了快手公司作为制度创业者的行动框架。与知乎、豆瓣等典型的具有精英和小资气质的平台相比，快手在媒体、学界和公共舆论中一直是"下沉市场巨头"。在公开访谈中，快手 CEO 宿华称快手的用户定位是"老百姓"[②]；在全国 800 多个贫困县中，每 5 人就有 1 人是快手活跃用户[③]。此种用户特征决定了快手的制度创业必须围绕"老百姓"

---

① PLANTIN J, LAGOZE C, EDWARDS P L, et al. Infrastructure studies meet platform studies in the age of Google and Facebook. New media & society，2018，20（1）：293 - 310.

② 张研，申俊涵. 快手 CEO 宿华：快手的用户定位是"社会平均人". 21 世纪经济报道，2017 - 04 - 16.

③ 快手研究院. 被看见的力量：快手是什么. 北京：中信出版社，2020：174.

展开。然而离开快手的界面，跳出平台中展现的粗糙的底层群众生活，快手公司所在的商业大厦实际配有健身房、咖啡馆，数以万计的程序员和运营人员必须保持高效才能支撑平台运转。正是作为科技公司的快手及其储备的人力物力资源才使得快手的制度创业具有可能性。

扶贫战略的推进首先需要专门的组织部门，快手在 2017 年设置了企业社会责任部门"快手行动"，后又在 2019 年设置了快手扶贫办公室专项负责扶贫项目。而 5 亿流量的资源倾斜、幸福乡村创业学院的运转、幸福乡村影响力基金的投放，仅靠人力资源难以维系，更重要的是快手公司的物质资源提供保障。尽管快手的幸福乡村计划的确为贫困县区带去了更多就业机会与商业资源，但截至目前快手尚未公开报告扶贫战略是否也为其带来了经济收益。快手扶贫办公室的实习生谈到，扶贫办公室是"花钱的部门"，快手公司每年会拨给该部门一定数额的款项组织扶贫活动，但这些活动"目前不指望营收"（访谈于 2020 年 12 月 26 日）。

在数字平台场域的竞争形势和快手公司的社会位置均符合制度创业条件的情况下，快手平台面临的功能压力、政治压力和社会压力是导致制度创业的直接因素。[①]

首先，在功能压力方面，尽管在 2020 年快手平均日活已突破 3 亿，成为国内代表性的短视频平台，但其于 2020 年年底提交的招股说明书也显示，2017—2019 年快手公司的净利润并未实现持续增长，2020 上半年甚至净亏损 63.48 亿。[②] 由此可以看出，快手公司实际持续面临功能压力，也因此需要不断探索创新平台的发展路径。但无论是短视频、直播或是电商业务，快手公司都并非数字平台场域唯一的行动者，抖音、虎牙、拼多多等平台在上述三项业务领域均占据重要市场份额。在此背景下，快手需要结合自身特征探索独特的制度模式以实现竞争优势。扶贫战略的推出是快手公司近年来的一次

①　OLIVER C. The antecedents of deinstitutionalization. Organization studies，1992，13（4）：563 – 588.

②　快手上半年亏 63.48 亿. 新浪财经，2020 – 11 – 06.

重要的制度创业实践，作为科技公司的快手进入国家扶贫事业意味着该平台开始走进公共领域，从垂直型的"短视频、直播社区"进化为更具公共服务性质的数字基础设施。而数字平台的基础设施化发展不仅能够提升特定平台在日常生活中的重要性，使平台从发挥特定功能的在线社区转化为社会生活运转的底层架构，而且也能凭借基础设施角色进一步巩固和拓展平台的用户覆盖面，间接提升平台的社会影响力和长期经济收益。①

其次，快手面临的政治压力和社会压力也使得扶贫战略的推出具有必然性。无论是在媒体、学界或是公共舆论中，快手一直被贴着"土味""low""低俗"的标签②；2018 年，快手也因平台上的内容"有违社会道德"被广电总局约谈，广电总局责令其立即下线"低俗、暴力、血腥、色情、有害问题节目"，将根据快手的整改情况采取后续措施③。在此背景下，结合其用户特征推出的快手扶贫战略则是消解快手面临的政治压力、体现企业社会责任感的有效行动。2018 年是中国脱贫攻坚三年行动的第一年，也恰好是快手公司政治和社会合法性危机达到最高点的一年。同年 9 月，时任快手科技副总裁、后任快手扶贫办公室主任的宋婷婷于国家级贫困县云南永胜县召开的发布会上宣布实施"5 亿流量计划"。这一发布会是与财政部扶贫办公室合作召开的，后又入选了国务院扶贫办公室发布的扶贫案例蓝皮书，得到多家主流媒体的报道。在后续公开发布的文本中，快手强调对自身的定位是"一家深具社会责任感的互联网公司"，其推出的"幸福乡村带头人计划"是"国内首个关注乡村创业者的互联网企业社会责任项目"④。由此可以看出，快手扶贫相关的实践在应对社会声誉危机与政治压力方面已初步取得成效。

① PLANTIN J, PUNATHAMBEKAR A. Digital media infrastructures: pipes, platforms, and politics. Media, culture & society, 41 (2): 163 - 174.

② TAN C K K, WANG J, WANGZHU S, et al. The real digital housewives of China's Kuaishou video-sharing and live-streaming app. Media, culture & Society, 2020, 42 (7 - 8): 1243 - 1259;马涌. 正视"基层文娱刚需". 人民日报, 2017 - 04 - 11.

③ 国家广播电视总局责令"今日头条""快手"整改. 人民网, 2018 - 04 - 04.

④ 快手幸福乡村带头人计划. 快手宣传册, 2020.

四、从话语到行动：作为制度变革者的快手

快手突破既有数字平台发展路径、参与扶贫领域制度变革的过程是一个由话语和行动共同建构的过程。在提出制度愿景、动员民众、鼓励采纳和维系新制度三个阶段中，作为行动者的快手平台分别采取了诊断、预测、激励、定义等话语策略，以及调动媒体资源、间接参与的行动策略，逐步将自身纳入国家扶贫事业中，作为数字基础设施组织着自下而上的、平台化的扶贫实践。

在制度愿景的提出阶段，快手主要采用多种话语策略提升扶贫战略的合法性。快手首先采用诊断式话语，揭示制约贫困县区发展的问题所在。快手扶贫办公室主任在媒体采访和企业宣传文本中提出，如果能让贫困县区进一步"被看见"、提升当地文旅特产资源的变现率、推进"造血式"扶贫，则能进一步强化扶贫效果。[①] 于是，可见性、变现率、内生动力三个问题被有效识别，为制度创业者后续的话语和行动提供了框架。

在公开发布的快手企业社会责任报告等文本中，作为制度变革者的快手又进一步以预测式话语传递快手扶贫区别于既有扶贫实践的独特之处。其中，对快手算法的普惠性、数字社区的连接性、快手大学培训项目的强调实际提供了化解上述三方面扶贫"困境"的有效措施。宿华在多次访谈中提出，快手区别于其他平台的特征即为快手算法的"普惠"价值观。解决贫困问题本质上要解决资源分配不平等的问题，而在数字平台场域，受众注意力是核心资源。与其他平台的算法逻辑不同的是，快手追求的是将注意力资源像阳光一样洒到所有用户的身上，而非如聚光灯一般投射于少数群体。此种算法的普惠性能够增强底层群众的可见性，让以往缺乏物质资源的群体以获取注意力资源的形式改善生活境况；在快手等平台中的线上社区也能够超越空间隔阂，将全国民众联系起来，"让内容找到'知音'"，让贫困县区的文旅、特

---

① 快手研究院. 被看见的力量：快手是什么. 北京：中信出版社，2020：173-194.

产资源对接到感兴趣的民众，从而实现资源变现率的提升；快手大学、幸福乡村创业学院等项目也能够培育农民博主的短视频制作能力和对平台规则的适应能力，为贫困县区博主提供更多的商业资源，从而推进从帮扶式到内生式扶贫模式的转变。①

此外，快手也进一步采用激励式话语描绘预期实现的制度愿景。在《焦点访谈》对快手扶贫的报道中，快手副总裁提出了扶贫战略预期实现的社会影响，即希望幸福乡村计划培育的 100 个带头人能带动 100 个家乡、100 个地区、10 000 户贫困家庭的发展。② 由此，从诊断式话语识别现存问题，到预测式话语强调新制度优势，再到激励式话语描绘制度愿景，作为制度变革者的快手在话语层面已经为其扶贫战略的推出奠定了合法性基础。

在动员民众的阶段，快手一方面采用定义盟友群体、激发情感支持的话语策略提升快手扶贫战略的接近性、吸引力，另一方面也调动经济、社会和符号资源向民众展示扶贫事业平台化的可行性和良好前景。

首先，快手在其社会责任报告中提出，快手的履责对象包括用户、政府、社会和行业；快手将借助算法和平台影响力，提升用户的"幸福感""助力政府改善社会问题""助力解决社会、行业面临的可持续发展问题"③。而快手扶贫战略的推出也是其向用户、政府、社会和行业履行社会责任的表现。在多次公开访谈中，快手扶贫办公室表示扶贫战略能够有效提升贫困县区用户的收入，帮助政府推进扶贫和乡村振兴事业，也能助力解决就业问题，探索"短视频＋消费扶贫"的数字平台发展路径。④ 因此，上述四类主体都将成为快手扶贫战略的获益方，它们也理应支持快手扶贫战略的推广实施。

其次，以宿华为代表的快手管理层也常使用情感策略，以讲故事、对比等话语形式激发公众对快手平台及各项战略的情感支持。宿华在访谈中说，

① 快手 2019 年企业社会责任报告 . https：//www.kuaishou.com/csr/2019.
② 这些快手主播上《焦点访谈》了，长达 8 分钟 . 南方都市报，2019 - 06 - 11.
③ 同①.
④ 快手宣布启动"万村主播培养计划"培养全国贫困乡村带头人 . (2019-10-15)[2021-11-22]. https：//www.sohu.com/a/347114296_162522.

快手的"使命"是"用有温度的科技提升每个人独特的幸福感"①。他将快手与其他科技公司区分开："公司有几种，有一种是解决一个社会问题，去挣更多的钱，还有一种是去挣很多钱，去把这个问题解决得更加好，我们希望我们是后者。"② 在此类诉诸情感支持的话语策略的建构下，快手平台及其推出的扶贫战略就有了"温度"，能让普通民众"更幸福"，能为乡村振兴和扶贫事业贡献力量。

此外，快手在扶贫战略的宣传推广过程中也调动了经济、社会和符号资源，展示扶贫制度的平台化何以成为可能。快手扶贫战略对农民博主的培训和流量倾斜都离不开经济资源的支撑；快手扶贫战略相关的发布会和活动邀请了地方政府与扶贫社会组织参与③，为扶贫项目的落地提供了社会资源支持；此外，快手还计划成立乡村振兴研究院，通过学术研究探索快手推进的扶贫事业平台化的良好前景。

在鼓励采纳和维系新制度阶段，快手一方面借助大众媒介向公众传递快手扶贫相关的信息、鼓励更多社会群体在平台中参与和支持扶贫项目，另一方面也采取与政府部门合作的行动策略，进一步将数字平台纳入宏观扶贫制度。④ 成长于快手的代表性幸福乡村代言人，如四川阿坝州的张飞、河南泥塑村的泥巴哥，都得到了新华网、人民网等主流媒体的报道，以鲜活的个体故事的形式进入了公众视野；与此同时，快手也积极在社交媒体中宣传其扶贫项目，通过邀请如宝石 Gem 等网红参与幸福乡村带头人直播，吸引更多民众参与扶贫活动。

快手也与政府部门尤其是基层政府展开合作，发起了如"乡村振兴官"项目、"百城县长直播助农"等活动，推进基层扶贫实践的平台化。"乡村

① 宿华. 用"有温度的科技"提升大众幸福感. 新京报，2018 - 11 - 07.
② CEO 访谈录：快手的价值在 600 年后，才会显现出来. (2017 - 08 - 09) [2021 - 09 - 18]. https://www.sohu.com/a/163316187_122441.
③ 快手"幸福乡村带头人计划"带动千余贫困户增收. 光明日报，2019 - 12 - 17.
④ 尚好. 商业模式创新与制度变革：合法性导向下的制度创业过程研究. 中国科技论坛，2020 (6)：161 - 167.

振兴官"项目为地方政府提供线上和线下培训,帮助它们理解如何借助快手与民众展开互动、拓展区域经济发展模式。以 2020 年在河南浚县举办的培训会为例,此次培训邀请了浚县副县长、商务局局长、400 名驻村干部,以及快手培育的浚县幸福乡村带头人和快手讲师,帮助当地政务人员理解如何借助短视频和直播提升政务能力、推动地方特产流入全国市场。① "百城县长直播助农"则直接邀请包括广西、云南等 50 个市县的县长在快手上直播带货。以云南场为例,云南共有 20 个县参与直播活动,县长共直播约10 小时,观看人次超过 3 000 万;全国范围内的快手县长直播活动累计销售额达 2 亿元。②

五、超越剥削与宰制:快手如何实现多方共赢

制度创业在结果层面往往涉及利益冲突,新制度满足了制度创业者的需求,却也损害了受益于旧制度的行动者的利益,因此制度变革总会受到多方阻力。但快手平台的此次制度创业在结果层面却实现了多方共赢,因此,尽管经典的政治经济视角的平台研究所提示的平台、用户、国家间的剥削与宰制关系在快手中依然有迹可循,但本章无意探讨平台资本主义生产的控制关系在此案例中的具体体现,因为无论是对于数字平台、政府、农民主播或是普通用户来说,快手的扶贫战略实际都达到了"做大蛋糕"的效果,上述行动主体均能从此次制度变革中获益。也正因为如此,快手能够作为代表性平台加入国家扶贫事业中,以提供数字基础设施资源的形式组织着自下而上的、平台化的扶贫实践。

对于快手平台来说,扶贫战略的推出首先消解了快手的政治合法性和社会合法性危机。2018 年前后,快手的"低俗"声誉危机要求快手公司结合其用户特征在政治上向主流话语靠拢,向公众展现企业的社会责任感。在此背

---

① 快手"乡村振兴官"项目培训会在河南浚县举行. 河南经济报,2020 - 12 - 19.

② 三千万人围观"百城县长直播助农"云南专场收官. (2020 - 07 - 05)[2021 - 10 - 21]. http://tech.cnr.cn/techgd/20200731/t20200731_525188720.shtml.

景下，快手扶贫战略应运而生，也相应取得成效。在主流媒体报道中，对快手平台的评价从"有违社会道德"① 变为"脱贫攻坚新力量"②、"积极响应国家号召"③；快手平台的两位扶贫书记——打造"忘忧云庭"的张飞和打造"浪漫侗家七仙女"的吴玉圣也入选央视新闻"2019 扶贫天团"，他们借助快手平台带动当地经济发展的路径获得了主流话语认可④。与此同时，快手组织的扶贫直播等活动也有效改善了其社会声誉。在微博、微信、知乎、快手等社交媒体平台中，在快手扶贫相关信息下，"公益事业必须支持"（微博用户）、"这才是真正的正能量平台"（微信用户）、"好样的支持你"（快手用户）、"效果非常棒"（知乎用户）等留言体现了普通用户对于快手扶贫战略的肯定。

　　在消解合法性危机的同时，扶贫战略的推出也进一步加速了快手平台从垂直型短视频、直播社区进化为更具公共服务性质的数字基础设施的进程。快手平台基于自身短视频、直播的核心业务和庞大的用户覆盖面，有条件组织大规模扶贫直播活动，电商带货的帮扶模式直接带动了贫困县区民众的增收。对于农民博主和地方政府来说，快手为他们提供了免费便捷的技术支持、强大的曝光率和直接的经济效益，且相较于教育扶贫、健康扶贫等长线程的扶贫模式，快手的扶贫效率和成果更为迅速直观，有效地补充了国家层面的体制扶贫和政策扶贫的结果。而直接受益的农民博主、地方政府和购买到廉价货品的普通用户也在此过程中增强了对快手的依赖，由此，快手得以实现平台覆盖率和影响力的扩张，成为国家扶贫事业的有机组成部分，发挥着基础设施的作用。而快手平台与地方政府展开的"乡村振兴官""百城县长直播助农"等合作项目也使得作为科技公司的快手进入政治场域，通过培训基层政务人员借助快手与民众展开沟通的能力和习惯，进一步将快手平台融入既有基础设施系统，成为兼具政治合法性与公共服务性质的数字基础设

---

① 国家广播电视总局责令"今日头条""快手"整改. 人民网，2018 - 04 - 04.
② 央视焦点访谈肯定快手扶贫创新实践：正成为脱贫攻坚新力量. 政知见，2019 - 06 - 11.
③ 快手扶贫在路上：用有温度的科技提升每个人独特的幸福感. 半月谈，2019 - 11 - 18.
④ 快手两位扶贫书记入选央视新闻"2019 正能量天团". 央广网，2019 - 12 - 31.

施，进而保障了平台的长远经济效益和影响力，同时也打通了区别于滴滴、淘宝等平台的独特发展路径。

对于政府来说，作为科技公司的快手推出的扶贫战略及其取得的扶贫成果顺应了国家的社会治理目标，通过基层政府与快手的合作，国家将商业化数字平台纳入社会治理系统，因此国家主体也是此次制度创业的受益者。根据党的十九大的规划，2020 年是全面建设小康社会的收官之年，届时中国农村将实现全面脱贫。但国家统计局数据显示，截至 2019 年年底，全国仍有551 万人尚未脱贫①，"今后两年脱贫攻坚任务仍然艰巨繁重"②。在此背景下，于 2018—2019 年推出、落地的快手扶贫实践顺应了国家层面的扶贫发展规划，快手公司也成为打赢脱贫攻坚战的重要社会力量。以快手与财政部、湖南省平江县政府联合举办的平江辣条扶贫义卖活动为例，辣条之乡平江县曾是国家级贫困县，但因缺乏宣传，平江的特产辣条并不如卫龙等品牌的知名度高。在平江辣条入选快手福苗电商扶贫计划后，在为期一周的直播中，该县特产辣条销售额达 694.8 万元，相当于 2018 年一整年的电商销售额。③截至 2020 年 7 月，快手的福苗电商扶贫项目 6 次落地，帮助类似平江县的 40多个贫困县推广地方特产。2019—2020 年，有 664 万贫困人口在快手上增收。④ 快手的扶贫实践直接帮助老少边穷地区推广地方特产、提升经济收入，其作为平台运营者的"互联网思维"和强大的流量把控能力有效地拓展了国家层面的开发式扶贫成果。

对于农民主播来说，快手扶贫项目给予的流量、教育与商业资源则为他们创造了新的生活机会。快手 ID 为"品优鲜果（80 后农二代）"的黄琴是快手电商扶贫的受益者之一。黄琴是来自四川眉山的贫困户，她在快手上手挤橙汁、爬树摘果的展示赢得了观众的信任，仅 2018 年，黄琴就在快手上卖出

---

① 2019 年全国农村贫困人口减少 1 109 万人. 光明日报，2020-01-24.
② 2019 年，习近平这样推进三大攻坚战. 新华网，2019-12-11.
③ 快手扶贫在路上：用有温度的科技提升每个人独特的幸福感. 半月谈，2019-11-18.
④ 2020 快手扶贫报告：664 万贫困地区用户在快手获得收入. 中国新闻网，2020-10-17.

超过 80 万元的爱媛橙。① 快手的扶贫项目不仅让像黄琴一样的个体农民主播脱贫，其推出的幸福乡村带头人计划也通过培育更多的乡村创业者为整个贫困县区创造脱贫致富的机会。来自云南的王娇夫妇入选了快手的这一计划，他们先是在快手上直播售卖自家芒果，粉丝数增多后，他们又收购了当地 63 家散户果农的芒果帮助售卖，其中近半数是贫困户。在 2018 年为期三个月的芒果销售期中，王娇夫妇在快手上卖出超过 8.5 万公斤芒果，帮助当地散户果农每户增收 1 万元。②

除了帮助农民博主创收，快手的扶贫电商直播也为普通用户带来便利。黄琴、王娇等果农在当地果园的直播使全国民众了解到偏远山区的特产，一键下单、直播拼单的购买模式也使快手用户能够足不出户、以低廉的价格购买全国优质特产。笔者访谈的一位经常在快手扶贫直播间下单的用户表示，相较于淘宝等电商平台中以图片形式展示的特产，快手直播间中农民主播在田间地头的展示、县长直播的背书，都让地方特产的质量更有保障："眼见为实，而且县长出来带货应该不会骗人的"（访谈于 2021 年 1 月 28 日）；短视频、直播带货模式除了能刺激即时消费，也能够增强用户与博主之间的情感依赖，另一位访谈对象告诉笔者，有时自己并不需要直播间售卖的商品，"但是这些农民太不容易了，那么卖力地吆喝，下一单也没多少钱，就支持一下"（访谈于 2021 年 2 月 1 日）。这样的用户与博主间的良性互动也不止为农民博主带来收益、为普通用户带来便利，快手平台也从中获得流量和经济效益，进而保障了后续扶贫项目的实施。

六、结论与讨论：媒介化生存时代的平台与技术的温和赋能

聚焦快手扶贫战略从提出到推广的整个过程，本章依托媒介化理论、制度理论和平台研究的理论资源，勾勒了媒介化生存时代以快手为代表的数字平台在推进社会组织机制的制度变革进程中的行动者角色。研究发现，制度

---

① 把贫困地区的山货变成"网红"，快手是怎么做到的？. 刺猬公社，2019 - 05 - 05.
② 王娇和高玉楼：告别 996，现在的生活是芒果加蜂蜜. 新京报，2019 - 04 - 25.

创业是一个复杂的政治过程，为了实现快手公司在数字平台场域的竞争优势，它必须结合自身用户特征，寻找独特的平台发展路径；另一方面，快手持续面临的政治与社会合法性压力也驱使其向主流意识形态靠拢，承担更多社会责任。在此背景下，快手扶贫战略应运而生，作为制度创业者的快手平台也相应采取了种种话语和行动策略描绘快手扶贫的制度愿景，逐步加入国家扶贫事业中。通过为农民主播、基层政府提供免费的技术、流量和商业资源支持，快手扶贫项目直接推进了地方扶贫事业的进程，适应了国家层面的扶贫发展规划，也因此消解了平台的合法性危机；而直接受益的农民博主、基层政府和购买到廉价货品的普通用户也在此过程中增强了对快手平台的依赖，使得快手的用户规模、使用频率、在社会生活中的重要性均有提升。

快手平台在扶贫事业中的行动者角色也影响了扶贫领域社会组织机制的制度变革，平台逐渐成为新型数字基础设施，作为代表性社会力量，组织着自下而上的、平台化的扶贫实践。首先，快手扶贫战略的推出补充了长久以来以体制变革和政策扶贫为核心的自上而下的扶贫思路[1]，体现了社会力量在扶贫事业中的行动者角色。国家层面宏观的土地制度变革和扶贫政策能够为贫困地区发展奠定基础，但我国庞大的民众数量与有限的财政资源之间的矛盾也使得国家层面的扶贫目标需要设置为"两不愁、三保障"这一较为基础的层面，能够实现大范围脱贫，但很难保障致富。而以快手扶贫战略为代表的自下而上的扶贫思路能够与国家层面的扶贫制度形成补充，由社会力量组织推进的扶贫事业无法保障全国性、覆盖式的脱贫，但其提供的技术支持与商业资源能够培育起一批乡村带头人，以一户致富的方式带动小区域的发展。其次，国家层面扶贫的重点在于建设基础设施、发展农业生产和健全社会保障[2]，这些方面均需要大规模财政资源投入；相比之下，快手扶贫的重点在于提供数字基础设施（即平台和流量）、电商推广农副产品和培养区域

---

[1] 易柳. 改革开放40年中国扶贫政策的演化与前瞻：立足国家层面政策文本的分析. 西南民族大学学报（人文社会科学版），2018（4）：183–191.

[2] 贺雪峰. 中国农村反贫困战略中的扶贫政策与社会保障政策. 武汉大学学报（哲学社会科学版），2018（3）：147–153.

带头人，这些方面仅需要平台倾斜流量、提供教育资源，成本较低，扶贫模式容易复制推广，且即时效果更为明显。因此，通过扶贫战略的推广，快手进一步加速了扶贫事业的平台化进程，贫困县区特产的宣传、贫困农户的增收、基层政务的治理、扶贫效果的检验，都愈发围绕着数字平台展开，这也进一步强化了媒介化生存的现状。

通过对快手扶贫的制度创业过程和影响的研究，本章也展示了一个媒介化生存背景下平台逐渐将自身纳入数字基础设施系统的案例。当下，人们对于电商购物、短视频直播、线上会议的依赖都是普遍的媒介化生存的表现。其背后相互连接的数字平台共同构成了"平台生态系统"，愈发成为与电力网络、道路交通等传统基础设施类似的维系现代社会运转的数字基础设施资源。快手仅凭借"短视频、直播＋电商"的核心业务无法成为平台生态系统中不可或缺的组成部分，但通过扶贫战略的推广，其得以成为区别于抖音、淘宝的独特平台角色：通过加入国家扶贫事业，快手平台为其短视频、直播的娱乐性业务增添了公共服务的色彩；通过为农民主播提供教育与商业资源、为基层政府提供电商扶贫培训，快手也增强了基层民众和政府对于自身平台的依赖。由此，快手得以成为平台社会中合法性较强、具有公共服务性质且平台定位具有异质性的数字基础设施，在娱乐、购物、社交、扶贫等社会领域，为日常生活的运转提供基础资源。

但当数字平台日益渗透到经济、政治和文化系统的运转中，研究者也需要反思，作为新型数字基础设施的平台发挥着怎样的基础功能，带来了何种民主潜能，以及如何区别于传统的基础设施系统、形塑着平台社会的交往实践与公共价值体系。本章从基础设施的视角考察数字平台在公共空间中的角色，响应了近年来互联网研究的"基础设施转向"①。这一视角一方面关注数字技术的结构性作用，阐释隐形的基础设施条件如何限定了人们的行动框架，在平台研究中具体体现为平台可供性的结构性力量；另一方面，基础设

---

① MUSIANI F，COGBURN D L，DE NARDIS L. The turn to infrastructure in internet governance. Basingstoke：Palgrave Macmillan，2016.

施也是被结构的结构，同样受到政治与经济系统的影响，在平台研究中则可体现为国家与市场规则对作为数字基础设施的商业化数字平台的影响。① 沿着这一思路，本章也希望透过快手平台及其扶贫战略的影响，探索中国语境下作为数字基础设施的平台在公共空间中角色的复杂性。

既有的平台研究往往讨论"平台"隐喻背后的剥削关系和平台可供性的控制力量，从平台资本主义的视角阐释商业平台与政治话语的合谋，进而批判数字技术有限的民主色彩，但本案例的结论有所差异——通过考察快手平台作为制度创业者提出和推广的扶贫战略及其社会影响，本案例展示了在转型期的中国这一社会语境下，数字平台、政治主体与底层群体间权力关系的复杂性，以及平台和数字技术在公共空间中的温和"行动赋能"角色。

第一，在快手扶贫案例中，平台与政治主体间存在协商、互惠的关系，平台通过加入扶贫事业协商其身份的合法性、进入基础设施系统，而国家也受益于平台带来的扶贫成果。

第二，就平台与农民主播间的关系而言，并非不存在政治经济视角下的剥削或宰制关系，农民主播同样也需要进行情感劳动、受制于平台规则、响应着主流话语。但对于受到平台支持的"最美乡村代言人"来说，他们意识到作为"工作"的主播活动的重要价值，在平台资源的支持下，通过主播行动，不仅有机会改变个体命运，甚至能带动整个贫困县区的发展，因此，他们乐于与平台达成合作关系，参与到平台的制度创业中。

第三，在本案例中，数字技术和平台并非作为底层群体政治表达的麦克风而出现，农民主播也并没有试图借助快手平台展开具有政治意味的话语抗争。相反，我们看到的是数字技术带来民主潜能的另一种模式，即通过赋予底层群体改变生活状况的资源和机会，促使他们展开脱贫致富的自救行动。这是一种更为温和的、行动层面的民主潜能；数字技术和平台带来的并不是表达的均等，而是通过为底层群体提供新的行动空间、展开新的制度化实践

---

① FLENSBURG S, LAI S S. Mapping digital communication systems: infrastructures, markets, and policies as regulatory forces. Media, culture & society, 2020, 42 (5): 692-710.

的资源来赋能底层群体改变生存境遇。联系到孙（Sun）^① 关于农民工新媒体赋权的研究，她发现新媒体并不能调动底层群体政治参与的积极性，农民工买手机往往是为了通信或娱乐，而不是借助数字技术进行政治表达，因此，当"表达均等"实际并非多数底层群体的政治诉求时，快手扶贫案例中体现的数字技术和平台的温和"行动赋能"的社会意义在当下的中国似乎更为重要。

本章以快手扶贫战略为例，虽然初步探究了媒介化生存时代数字平台在公共空间中的行动者角色，以及用户、平台与政治主体间权力关系的复杂性，但也存在一定的局限性。首先，政治经济视角下的平台、国家与用户间的控制关系在快手案例中的确存在，但受制于篇幅，本章无意就此展开讨论，而是以快手近年来重点推行的扶贫战略为切入点，去呈现用户、平台与政治主体间权力关系的复杂性，及此种复杂性背后的政治、经济与社会因素。未来研究可从更宏大的视角将控制、剥削关系与受益、反抗关系结合起来，立体地呈现数字技术与平台对社会的影响。此外，本章对于个体命运的关注仍有不足，在未来更长时间的范围内，快手扶贫战略对入选的农民博主具体会产生何种影响？作为地方网红，农民主播的媒介化生存是否也会带来社会身份方面的危机？这些都是值得未来研究探讨的话题。

---

① SUN W. Subaltern China：rural migrants，media，and cultural practices. Lanham，MD：Rowman & Littlefield，2014．

第二部分

内容

这一部分关注移动互联网时代我国媒体内容出现的变化。

自20世纪90年代以来，我国报纸新闻的情感性因素发生了什么样的变化？能否设计一套指标用于测量中文新闻的情感性因素？作者以中国新闻奖文字作品为个案做了解析。

新冠肺炎疫情来势汹汹，在这种背景下我国媒体的新闻隐喻有什么新变化、新特点？实现了哪些正向和负向功能？

移动互联网时代，我国新闻评论的论证结构出现了什么样的变化趋势？能否量化地测量这一变化趋势？

第四章　情感性因素的表现及变迁
——对我国报纸新闻中情感性因素的研究

一、导言

一谈到我国报纸，我们头脑里就会浮现出熟悉的"人民体""新华体"等写作风格。那么，我国报纸新闻的写作特点是什么？"人民体""新华体"跟欧美新闻业的写作风格相比有什么区别和相似性？学者们从不同角度纷纷进行了总结。① 过往的研究往往聚焦于中外新闻媒体关于同一个新闻事件或报道种类的对比，或者比较中外新闻在导语、内容表达、价值观等方面的差异。② 相较于中外新闻写作的相似性，二者的差异性引起了学者们更多的关注。

近年来，情感性在新闻里的运作成为欧美学术界关注的热点话题之一，"新新闻学""文学新闻学"等提法层出不穷，究其原因，跟情感性作为客观性的对立面出现而被认可有关。③ 长期以来，欧美新闻界坚持"客观事实"与"主观情感"的两分法，前者受到尊崇，后者则被贬低。客观性曾被看成

① 文有仁. 漫谈"新华体". 新闻爱好者，2001（5）：10-11；王君超. 是耶非耶新华体. 报刊之友，2002（4）：4-9；刘勇.1978年以来中国报纸新闻文体的演进史：基于范式变迁的视角. 中国地质大学学报（社会科学版），2010（4）：82-87.

② 顾建明，王青. 中美报纸新闻评论表达方法的比较. 新闻大学，2011（2）：97-102；许梦婷，巩雪. 从中国新闻奖和普利策新闻奖看中美新闻价值观差异. 编辑之友，2012（9）：88-91；蒋晓丽，刘波. 中美突发事件新闻报道中情感话语比较分析：以CNN和新华网对"温州7·23动车事故"和"康州校园枪击案"为例. 西南民族大学学报（人文社会科学版），2015（2）：153-157.

③ PANTTI M. The value of emotion：an examination of television journalist's notions on e-motionality. European journal of communication，2010，25（2）：168-181.

欧美新闻业的基石，然而近年来，欧美学术界反思客观报道的缺陷，开始关注传统上一直被忽视的新闻的情感性因素及其功能，这种现象也吻合了欧美社会整体的"情感转向"思潮。①

在新闻业研究中，经常跟情感（emotion）放在一起讨论的是新闻事实和观点，情感是被建构的内在感受（inner feelings），口头报告、行动、个人反应都能体现我们的情感。本章在普遍经验的基础上使用情感或情感性（emotionality）来表达媒体文本中跟客观报道相对的主观情绪的表达特征。欧美新闻业研究从挑战客观性与主观性两分法的角度出发，考察欧美新闻中的情感性因素；我国坚持党报体制和党报原则，认可新闻的主观性，强调新闻的战斗性和倾向性，重视新闻媒体的宣传、鼓动、组织作用，因此，情感性在我国新闻界的地位跟其在欧美新闻界的情况不同。

一方面，我国媒体也采用倒金字塔结构、强调新闻的 5W 要素、新闻文本中大量容纳一手信源和直接引语，做到了尊重新闻规律，"用事实说话"②，从这一点上看中外媒体在新闻写作方面存在着一致性。另一方面，中外媒体写作也存在着很多不同，因为传达党和政府的权威声音是我国媒体的重要职能，这使得我国媒体语言形成了自己的特点：立场鲜明、态度不含糊、直接表达自己的观点、重视对读者的鼓舞激励和正面影响。因而，我国媒体语言里充满了大量主观信息和情绪表达，在涉及国计民生、大是大非的问题上，媒体秉持的并非中立立场，而是建设性立场。

欧美新闻业长期忽视的新闻的倾向性、主观性一直是我国媒体所强调的重要内容之一。因此，当欧美学者讨论新闻文本有没有以及是否应该再现情感性因素时，我国学术界已经就这些问题达成了共识，我国学者更感兴趣的是：新闻的情感性因素包括哪些分类？怎样测量新闻的情感性因素？这构成

---

① STENVALL M. Presenting and representing emotions in news agency reports：on journalists' stance on affect vis-à-vis objectivity and factuality. Critical discourse studies，2014，11（4）：461-481.

② 张威. 比较新闻学：方法与考证. 广州：南方日报出版社，2003；崔茜. 我国新闻客观性复兴的研究与分析. 当代传播，2009（5）：78-81.

了本章的研究问题。在社交媒体影响力上升、机构媒体权威性下降的今天，这个研究问题不仅具有理论意义，也格外具有现实意义。

较之客观事实，情感、观点及立场等主观性内容更容易在社交媒体上获得扩散和影响力。我国很多媒体的微博和微信账号也开始尝试在传统新闻写作方式之外容纳更多的情感性因素，拟人化、夸张表达、强烈语气词、故事化、多媒体和互动性等表达方式更多地出现在机构媒体的客户端里，客户端新闻与报纸新闻的表达方式呈现出显著差异①。在传统新闻业转向数字新闻业和互联网新闻业的当下，理解我国传统报纸新闻中情感性因素的分类和再现方式，有助于增强我们对新闻叙述风格及功能的理解，也有助于记者们探索从报纸新闻转向互联网新闻的新型表达方式。本章是从新闻文本的角度出发进行的一次探索性研究，试图初探我国新闻文本中情感性因素的再现手段。在研究过程中笔者借鉴了英文学术界的研究成果，发展出一套测量新闻报道情感性因素的指标，并采用这套指标测量 146 篇作品中获中国新闻奖（1993—2018）一等奖的报道作品。通过对比国外学者关于美国普利策奖的研究成果，笔者发现中美媒体在再现情感性因素方面既有差异也有相似，中美媒体的异同由其各自的媒介体制所决定，反过来又强化了各自的媒介体制。

二、我国媒体与新闻的情感性

我国媒体强调宣传功能和舆论导向，情感性内容一直是报纸上的常见内容。早在 1948 年，在《对晋绥日报编辑人员的谈话》中，毛泽东就肯定了报纸"尖锐、泼辣、鲜明"的文风，并且强调："我们共产党人从来认为隐瞒自己的观点是可耻的。我们党所办的报纸，我们党所进行的一切宣传工作，都应当是生动的，鲜明的，尖锐的，毫不吞吞吐吐。这是我们革命无产阶级应

① 王海燕. 作为"策略化仪式"的新闻创新：对 10 家传统主流媒体新闻客户端及其报纸新闻的对比内容分析//"再造传统：媒介社会学的理论图景与多元想象"工作坊会议论文. 福州：2019.

有的战斗风格。"① 毛泽东为新华社亲自撰写的经典消息《我三十万大军胜利南渡长江》一文，不足 200 字的正文使用了大量修饰语来对比"英勇的人民解放军"与"国民党反动派"，我军"直取对岸""英雄式的战斗""坚决地执行"，对方"摧枯拉朽，军无斗志，纷纷溃退"。

在长期的新闻实践中，我国媒体逐渐形成了自己的叙述风格，"新华体"就是对这一文风的概况式总结。《宣传舆论学大辞典》从报道者的角度，定义"新华体"为"新华通讯社长期报道国内外新闻所形成的一种写作形式"②。然而，新华体并非是新华社一家所独有的报道风格，更准确地说，它"是我国新闻界在长期新闻实践中形成的一种有中国特色的共同的新闻写作体式……与其称之为'新华体'，倒不如称为我国新闻文体或文风更符合实际"③，它是"中国新闻界一种有代表性的文体"④。

在谈到新华体的文体特征时，新华社主办的《中国记者》曾经总结"它的文体必须……是激励人民奋发前进的。它为国家代言、为人民说话，是具有大报风格、大报气度的文体"⑤。新华社原社长穆青在总结新华体的特点时除了强调事实与时效之外，还特意强调"政治观点上是正确的，是和党中央保持一致的，提倡什么，反对什么，态度非常鲜明"⑥。

"新华体"坚持态度鲜明、导向正确，这使得记者经常在新闻中明确表明自己的观点和看法，无论是冲突性或突发性事件还是早有预案的常规性事件（如国庆节和奥运会），在新闻里经常能发现记者的态度和评价。记者乃至媒体的观点和态度不属于新闻的事实性内容，其中蕴含着大量主观判断，这些主观判断往往评价了新闻对象或事件的正面或负面社会影响，表达了记者和媒体的主观情感，因此，"新华体"在自己的日常实践中包括了大量情感性内容。

---

① 毛泽东. 对晋绥日报编辑人员的谈话//毛泽东选集：第 4 卷. 北京：人民出版社，1991：1322.

② 刘建明. 宣传舆论学大辞典. 北京：经济日报出版社，1993：247.

③ 文有仁. 漫谈"新华体". 新闻爱好者，2001（5）：10-11.

④ 新华社基本章体的形成与发展. 中国记者，1998（12）：17.

⑤ 同③.

⑥ 王君超. 是耶非耶新华体. 报刊之友，2002（4）：4-9.

"新华体"尊重新闻规律，时效性强、采纳倒金字塔结构、文字精练、主题重大，但是，"新华体"长期独大，固定化的写作造成了模式化和僵化，自上而下的单向灌输和夹叙夹议的语言风格造成了它在表达意见方面过于单一①，穆青曾经批评报道面过窄、业务性技术性太强、公式化概念化的东西太多②，即枯燥冗长、语言干瘪、形式僵化、可读性低等③。最深刻的反思和最积极的探索均来自新华社内部，穆青在 20 世纪 80 年代提倡"散文式写作"，即用散文笔法写新闻，建议"可以夹叙夹议，既有形象的细节描写，又允许有简短的议论和记者的感受……（改变）那一套令人生厌的新闻语言"④。经过数年探索，新华社 60 位记者于 1991 年出版了《新华社中青年记者散文式新闻选萃》一书，标志着"散文式新闻"写作风格在我国新闻界的确立。

"散文式新闻"改变了"新华体"的僵化形式，吸纳散文的结构与写法，形式多样，文字生动活泼，增强了新闻的可读性。⑤ 然而，"散文式新闻"改变的只是新闻的结构和语言表达，不但没有削弱反而增强了过去僵化的"新华体"的情感性要素。

首先，"散文式新闻"大量运用形容词和副词做修饰语，直接或间接表达了记者对于新闻人物的看法。以郭玲春《金山追悼会在京举行》这一获得 1982 年全国好新闻一等奖的散文式新闻名作为例，第一段 50 余字，开篇就点明了"千余名群众默默走进首都剧场，悼念这位人民的艺术家"，通过修饰语表达人民群众对金山的喜爱和怀念，以及对金山的评价，明确了全文的情感基调。

其次，"散文式新闻"抛弃了以往"新华体"的刻板与模式化，要求更直接地在新闻里表达记者的观察和感受。南振中曾经说过："记者要像散文作

---

①　张威. 比较新闻学：方法与考证. 广州：南方日报出版社，2003.

②　翟尔超. 关于新闻散文式的讨论情况综述//中国社会科学院新闻研究所. 中国新闻年鉴：1985. 北京：中国新闻出版社，1985：75－77.

③　王君超. 是耶非耶新华体. 报刊之友，2002（4）：4－9.

④　穆青. 新闻工作散论. 北京：新华出版社，1983.

⑤　李娟. 新闻文体"文学范式"的生成与型构：基于对"散文式新闻"的历时性考察. 未来传播，2019（4）：66－71.

家那样，学会运用自己的眼睛……要多用第一人称的写法，多写自己的所见、所闻、所感，使读者如临其境。"① 郭玲春的表述更直接："（在报道中，我）常常不加掩饰地表露自己的倾向。有时按捺不住，会直白地呼叫、张扬我的观点……希望自身的感受与读者一道分享。"②

"散文式新闻"引起了我国新闻界的激烈讨论，梁衡认为，"散文式新闻"有可能造成记者的"合理想象"和"内容失实"，从而削弱新闻的社会功能。③"散文式新闻"并没有改变新闻的事实性内容，而是增加了新闻的情感性内容，因此，梁衡的担忧意味着对新闻中情感性内容增多的担忧，"散文式新闻"加入了大量记者的主观观察和议论，很可能损害新闻真实。

20 世纪 80 年代所提倡的"散文式新闻"不仅倡导创新写作风格，也是我国新闻界思想解放的一次表现。④ 此后，"实录式新闻""大特写""思想性报道"等不同的新写作风格层出不穷，说明我国新闻界越来越重视记者的主观性和情感因素。进入新世纪，王海燕等人对 5 份中国报纸 2012 和 2013 年的报道进行内容分析，归纳了六种报道模式，按照标准化指数从高到低依次排列，分别是客观模式、干预模式、煽情模式、喉舌模式、监督模式和服务模式，这说明，"党报媒体在表现出高度的宣传报道特征的同时又高度地娱乐化、煽情化"⑤。尤其是样本里的《中国青年报》比其他党报和商业报纸都更强调人情味、趣味性和戏剧化，在揭露社会丑恶现象和报道突发灾难时，报纸重视私人生活的细节、个人化叙述和夸张的情绪化表达。大多数党报上最主要的消息来源是国家政府，而《中国青年报》上最主要的消息来源是普通人，普通人往往不能提供重要或全局性的信息，却能够依靠个人化故事和煽情表述来打动读者，因此，报纸把重视读者需求与满足宣传需求完美地结

---

① 南振中. 记者的思考. 天津：天津人民出版社，1993：286.

② 郭玲春. 郭玲春新闻作品选. 北京：新华出版社，1991：227，232.

③ 梁衡. 梁衡文集：卷6. 北京：人民教育出版社，2002：116，159.

④ 李娟. 新闻文体"文学范式"的生成与型构：基于对"散文式新闻"的历时性考察. 未来传播，2019（4）：66-71.

⑤ 王海燕，斯巴克斯，等. 中国传统媒体新闻报道模式分析. 国际新闻界，2017（6）：105-123.

合在一起，被称为"通俗官方媒体"（popular official media）更恰当。①

三、测量新闻情感性

既然情感性因素一直被包括在我国媒体新闻中，那么，怎样测量新闻的情感性呢？又怎样评估新闻中不同的情感性因素呢？这构成了本章的重点。中文学术界尚缺乏统一的关于新闻报道情感性因素的测量工具（由此可见过往研究多么忽视中文新闻里的情感性因素），因此，本章借鉴了英文学术界的研究成果，致力于发展出一套用于测量中文新闻情感性因素的工具。

有效测量新闻的情感性因素，在英文学术界也是一个新课题。马丁（Martin）和罗斯（Rose）提出，我们对他人和事件的评价可以区分成三类——表达情感、判断性质以及评估价值。② 在他们的基础上，学者们发展了不同的方法来考察新闻文本里的情感性因素。本章借鉴了瓦尔-约根森（Wahl-Jorgensen）和斯坦沃尔（Stenvall）各自的研究成果，将新闻报道表达的情感分成三类：感受（affect）、判断（judgement）和评价（appreciation）。③ 各分类之间的关系如表 4-1 所示。

表 4-1　　　　　　　新闻报道里情感性因素再现手段的分类

	新闻里的情感性因素			
	感受		判断	评价
	直接感受	间接感受		
表达主体	新闻人物或消息源		新闻记者	
客体对象	新闻人物或消息源自己	新闻文本里的其他人或者新闻事件	新闻人物（个人或群体）	非个人的实体（新闻事件）

① WANG H, SPARKS C, HUANG Y. Popular journalism in China: a study of China Youth Daily. Journalism, 2018, 19 (9-10): 1203-1219.

② MARTIN J R, ROSE D. Working with discourse: meaning beyond the clause. London: Continuum, 2003.

③ WAHL-JORGENSEN K. The strategic ritual of emotionality: a case study of Pulitzer prize-winning articles. Journalism, 2013, 14 (1): 129-145; STENVALL M. Presenting and representing emotions in news agency reports: on journalists' stance on affect vis-à-vis objectivity and factuality. Critical discourse studies, 2014, 11 (4): 461-481.

感受指的是新闻文本表达了新闻人物或消息源的情感态度，比如"3 000名围观的当地民众欢呼雀跃"①。出于分析的目的，按照新闻人物表达情感方式的不同，本章区分了直接感受和间接感受，直接感受表达自己，间接感受指向他人和新闻事件。

直接感受指的是新闻文本中表达了新闻人物或消息源自己的情感，可以采用直接引语形式，比如"总理说：'……（大家）非常不容易。我向大家表示致敬和感谢！'"②；也可以通过动作神态描写来体现新闻人物的态度感受，比如"虽然他们挺和蔼，阿金还是吓得哆嗦地说"③。

间接感受指的是其他人物或消息源在新闻文本中表达对人物的判断和评价，比如"学生们都说，他（注：指新闻主角孟二冬）的讲课深入浅出妙趣横生，经常逗得学生们哈哈大笑"④，以及表达新闻人物或消息源对某些事件的看法，比如"熊蕾说，西方主流社会的媒介对发展中国家抱有强烈的偏见"⑤。判断指的是记者在新闻文本里对个人或群体新闻人物的行为做出评价，比如"上海人民锐意进取，开拓创新，挥笔写下了壮丽的发展诗篇"⑥。评价指的是记者在新闻文本中对非个人的实体做出评价，比如"这次里程碑式的朝鲜半岛首脑会晤将在周二至周四举行"⑦。

三种情感再现手段之间存在着差异。感受的主体是新闻中的主角人物或消息源，而"判断"和"评价"的主体是新闻记者。新闻中的主角人物或消息源的情感态度必须经过记者的采访和写作才能出现在文本中。从这个意义上来说，新闻文本中的所有情感，即便是新闻人物自己的情感，也是被记者所建构的。有时候，记者的态度在新闻文本中隐而不显，记者的情感通过他所观察或解释的新闻人物或消息源的态度、行为来体现，在本章中，这属于

---

① 刘益清，吴洪，刘深魁. 23 年圆梦，福建晋江水流进厦门. 福建日报，2018-08-06.
② 海拔 4 161 米：总理跟我们合影. 人民铁道，2005-05-03.
③ 中国农家半世纪. 经济生活报，1999-02-02.
④ 走近孟二冬教授. 光明日报，2005-02-13.
⑤ NGO 全会代表批评西方新闻媒介缺乏公正. 新华社，1995-09-05.
⑥ 壮丽的发展诗篇：从数字看上海巨变. 解放日报，2002-09-28.
⑦ 朝韩领导人 55 年来首次会面. 新华社，2000-06-13.

情感性因素的"感受"层面。有时候，新闻文本中会直接表明"本报记者目睹了……（某个场面），一个突出的感受就是……（记者表明自己的看法）"，这属于"判断"或"评价"层面。

四、研究样本

新闻奖代表着新闻界认可和学习的模范，以激励后来者提供类似作品，获奖新闻都是某种新闻体制中高质量和优秀的作品，通过对新闻奖获奖作品的研究，我们可以管窥模范新闻业（exemplary journalism）的标准与规则。因此，本章选择我国新闻界最重要的官方新闻奖——中国新闻奖的获奖作品为研究对象。中国新闻奖自1990年设立，然而由于早期资料不易获得，笔者只找到了自1993年第四届之后的获奖名单和作品。

中国新闻奖在1995—1999年、2002年、2008年至2018年设立了"特别奖"，特别奖并不是每年固定出现，而且在1995—2018年的24篇特别奖获奖作品中，除了1篇消息以外，其余都是通讯，内容涉及模范人物、阅兵、纪念前国家领导人、我国在各个领域取得的重大成就等，内容和体裁决定了这些特别奖获奖作品意识形态色彩浓郁，情感性因素丰富，从样本的代表性来说，反而未必能够代表我国报纸新闻的普遍报道特征。因为本章是初探研究，从研究的可行性出发，笔者只选择了历年获得一等奖的文字新闻作品，这些作品比二等奖三等奖作品更能代表我国报纸新闻的特征。

根据中国新闻奖对获奖作品的分类，本章的样本包括消息、通讯、调查性报道、深度报道、系列报道等，评论类文章、新闻名专栏、网页设计等其他获奖作品不在本章样本之内。最后的样本总量为146篇获奖作品，发表时间从1993年至2018年，除两篇2014年一等奖作品因无法找到原作而被剔除，本章的样本囊括了第4届（1993年）至第29届（2018年）中国新闻奖一等奖获奖作品中的所有新闻类文字作品。

146篇一等奖作品的长度不等，最短的消息只有五六百字，有些系列报道包括多篇文章，总字数上万。如果容纳获奖作品全文进入样本，那么长文章很有可能比短文章容纳更多的情感性表达，既然本章的研究目的并不在于考察情感性因素在媒体新闻里的数量和再现强度，而在于探索媒体新闻如何再现情感性因素，所以笔者认为有必要在每一篇获奖文章中选择相同长度进入样本。同时，无论是消息还是通讯或调查性报道，一篇新闻的开头就确定了自己的报道对象和报道基调，对于消息而言，开头的重要性远超结尾，因此，本章选择了每一篇获奖作品的前三个自然段——如果获奖作品是系列报道，那么选择第一篇作品的前三个自然段——共计 438 个自然段进行考察，统计其中情感性因素的再现手段，并且交叉考察新闻类别与再现手段之间的关系。此外，有些获奖系列报道会包含诸如"编者按""编前语"之类的导读性文字，在本章里，这些导读性文字不被计入正文。如果一句完整的话里出现多处情感性叙述，那么多处情感性叙述被分别归类，最后，这 146 篇文章中的 438 个自然段共产生了 975 处情感性叙述。

笔者随机抽取 25 篇获奖作品交给另一名研究者进行独立编码，计算共同样本的编码员间信度，Cohen's Kappa 系数在 0.82 与 1 之间波动，变量"直接感受"和"评价"的编码员间信度系数最低，数值为 0.82，变量"判断"的信度系数为 0.83，变量"间接感受"的信度系数为 0.89，变量"媒体类型"和"报道体裁"的信度系数最高，数值为 1。

需要指出的是，在 146 篇获奖文章中，有 87.7%（共 128 篇）来自新华社、军队报纸、各级党报、行业报与专业报纸，8.9%（共 13 篇）来自各种晚报（其中《今晚报》有 2 篇、其余晚报各 1 篇），另外还有 2 篇获奖文章来自《楚天都市报》，《东方早报》《北京晨报》和《北京青年报》各 1 篇。都市报崛起是过去 40 年里我国新闻界的重大变化，然而什么是都市报？不同研究者难以取得一致意见。就本章而言，如果严格限制只有报头自称"都市报"的才算都市报，那么只有 2 篇获奖文章出自都市报；如果把市场取向的晚报、晨报、都市报都算成都市报，那么共有 18 篇文章出自都市报，在总样本里占 12.3%，这 18 篇报道断断续续出现在 14 个研究年份里。与此形成对比的是，21 篇获奖作品出自新华社一家，很显然，都市报在中国新闻奖一等奖里的分量并不重，本章难以将其置于"党报与都市报"的对比框架下进行探讨，因此为了行文的方便，本章将获奖作品统称为"报纸新闻"。本章以下所引用的媒体报道均出自这 146 篇获奖作品。

五、研究发现

（一）情感性因素再现的频率

表 4-2 总结了 975 处情感性叙述中出现各种再现手段的频率与百分比。平均每篇文章前 3 个自然段有 6.68 处情感性叙述；记者对非新闻人物的实体做出评价最多，共 547 处，平均每篇文章有 3.75 处；其次是记者对新闻人物或消息源做出的判断，共 173 处，平均每篇文章 1.18 处；新闻人物或消息源的间接感受和直接感受，平均每篇文章各有 1.08 处和 0.67 处。

表 4-2　　样本文章里情感性因素再现的频率与百分比（N＝975）

	感受		判断	评价
	直接感受	间接感受		
频率（百分比）	98（10.1％）	157（16.1％）	173（17.7％）	547（56.1％）
每篇文章里的频率（n＝146）	0.67	1.08	1.18	3.75

并非每一篇文章都平均出现这些情感再现手段。如表 4-3 所示，77.4％的样本文章里没有出现新闻人物或消息源的直接感受，58.2％的样本文章缺乏他们的间接感受。六成的样本文章没有出现记者的判断，然而只有 16.4％的样本文章没有出现记者的评价。综合表 4-2 与表 4-3，我们可以认为，在中国新闻奖的获奖文章里，情感性因素最经常地作为记者的评价而出现在文章里，大多数文章里都能找到记者的评价。有 70 篇文章（47.9％）既缺乏新闻人物或消息源的直接感受，也没有出现他们的间接感受，在这些新闻文本中，记者自己的情感直接取代了新闻人物的情感。

表 4-3　　样本文章里不采用情感再现手段的文章数量及百分比（N＝146）

	感受		判断	评价
	直接感受	间接感受		
文章数量（百分比）	113（77.4％）	85（58.2％）	88（60.3％）	24（16.4％）

（二）直接感受与间接感受

在研究美联社和路透社的新闻报道时，斯坦沃尔（Stenvall）又细分了直接感受与间接感受，认为最客观的情感再现手段是能够被观察到的直接感受和间接感受，相对而言，那些通过解释或建构而表达出来的直接感受和间接感受更加主观。① 被观察到的感受指的是新闻人物的情感活动不仅仅是个人内心活动，而且已经外在表现为某些行为和神态，从而被他人看到或听到，眼见为实，斯坦沃尔相信，这种情感性表达方式最接近客观报道的准则。

根据表 4-4，在所有新闻人物或消息源的感受中，能够被观察到的直接感受和间接感受加起来共占了 44.7%（114 处），被解释的直接感受和间接感受加起来共占 55.3%（141 处）。如果只是比较被观察到的感受与被解释的感受，那么我们会认为，在再现新闻人物的感受时，获奖文章并没有全然采用宣传模式，记者们在文章里也会采用能够观察到的神态、语气、心情、行为活动，而不是仅仅通过新闻人物的解释、评价和期望来表达他们的感受。

表 4-4　样本文章里新闻人物或消息源情感感受的分类（单位：处）

	直接感受		间接感受	
	被观察到的	被解释的	被观察到的	被解释的
数量（百分比）	25（25.5%）	73（74.5%）	89（56.7%）	68（43.3%）
总和	98		157	

（三）媒体类型与情感再现

不同类型的媒体，情感再现手段有区别。如表 4-5 所示，中央级媒体和省级媒体更多地采纳记者对新闻事件的直接评价，而忽视了新闻人物的感受；行业报既重视新闻人物的感受，也重视记者的评价；其他媒体（包括市级媒体和都市报）相对而言更多采纳了新闻人物的直接感受，更少采纳了间接感受，记者对新闻事件的评价较之其他三类媒体来说是最少的。此外，各类型媒体采纳记者对新闻人物的判断的比例差不多。

---

① STENVALL M. Presenting and representing emotions in news agency reports: on journalists' stance on affect vis-à-vis objectivity and factuality. Critical discourse studies, 2014, 11 (4): 461-481.

在再现情感方面，行业报跟我国传统的党报媒体高度一致，甚至更加突出。行业报里的获奖文章，每篇平均再现情感因素的次数达 8.83 次，远远超出了位列第二位的中央级媒体的 7.35 次。

表 4-5　　　　　　　媒体类型与情感再现的关系（篇/处）

	直接感受	间接感受	判断	评价	总篇数	平均每篇
中央级媒体	13/38	23/77	25/84	61/301	68/500	7.35
省级媒体	12/26	22/45	19/41	41/164	50/276	5.52
行业报	3/12	3/6	4/13	5/22	6/53	8.83
其他媒体	5/22	13/29	10/35	15/60	22/146	6.63
合计	33/98	61/157	58/173	122/547	146/975	6.68

（四）报道体裁与情感再现

如表 4-6 所示，不同体裁的获奖文章，平均每篇有 6.50～6.82 处再现了情感因素，可见报道体裁对于情感再现的影响并不大。从纵向来看，无论是哪种体裁的新闻，占据首位的情感再现手段都是记者的评价，尤其是在系列报道中，评价手段出现的机会远远超过了感受和判断手段。按照中国新闻奖的规则，获奖的调查性报道或深度报道都非单篇文章，而是配有评论、导读等文字的一组文章，因此被归入系列报道之下。系列报道需要耗费记者更多的采访时间，跟采访对象相处更久，能寻找到更多消息源，因此，可以预料的是，记者在写作中会投入更多个人的主观判断和评价。

表 4-6　　　　　　　报道体裁与情感再现的关系（篇/处）

	直接感受	间接感受	判断	评价	总篇数	平均每篇
消息	16/39	28/54	20/50	47/239	56/382	6.82
通讯	15/55	28/91	33/110	54/194	68/450	6.62
系列报道	2/4	5/12	5/13	21/114	22/143	6.50
合计	33/98	61/157	58/173	122/547	146/975	6.68

然而，在消息类文章中，新闻人物表达感受的再现方式远远低于通讯和系列报道，也就是说，跟通讯和系列报道相比，消息更多地用记者对新闻事件的评价而非新闻人物的感受来表达情感，反而是在通讯中，感受、判断和评价三种再现手段出现的机会差不多。

六、情感性因素的再现模式

(一) 美国记者再现情感因素的手段

美国普利策奖再现情感因素的手段跟中国新闻奖不同。美国记者们建立了一套"情感性的策略仪式"，主要做法包括：

（1）记者在新闻文本中不讨论自己的情感，而把情感劳动"外包"给新闻人物和消息源；

（2）记者在文本中描写新闻人物个人或集体性的情感；

（3）记者对情感的描述很少表现为直接或间接引语的形式；

（4）消息源经常讨论自己的情感；

（5）无论是记者还是新闻人物的情感表达，通常是负面的；

（6）记者叙述压倒性地采用轶闻趣事导语和个人化的讲故事风格，以此吸引读者；

（7）记者采用各种叙述手段——包括将常态与非常态事件并列来吸引受众的情感参与；

（8）情感投入受到肯定和赞扬。①

(二) 中国记者再现情感因素的手段

与美国记者再现情感因素的手段相对，中国记者再现情感因素的做法是：

（1）记者在文本中直接表露自己的观点和立场，对新闻人物和非新闻实体进行直接判断和评价，相对而言，新闻人物在新闻文本中的情感表露反而不如记者那么明显和强烈；

（2）在长篇通讯、调查性报道或系列报道中，记者经常描写集体性而非个人化的情感；

（3）无论是记者还是新闻人物的情感表达，通常是正面的，符合一贯的"正面报道为主"的新闻实践。

---

① WAHL-JORGENSEN K. The strategic ritual of emotionality: a case study of Pulitzer Prize-winning Articles. Journalism，2013，14（1）：129 - 145.

其具体特征如下：

1. 记者的情感，而非新闻人物的情感

我国媒体重视宣传功能，媒体的功能之一就是动员读者，因而需要激情洋溢的新闻报道，这意味着新闻的情感性更丰富。本章的数据支持了这一点，中国新闻奖的获奖文章更多地使用记者对新闻事件的评价和判断，而非新闻人物在新闻事件中的感受，记者的代入感和第一人称视角更强，这体现了媒体的宣传功能。

夹叙夹议是我国记者常用的叙述手段，在那些记者并没有亲赴现场采访而是根据消息源的情况介绍或者会议概要完成了写作的新闻作品中，很容易找到夹叙夹议的写作手法。例如，《基层科技创新遇"无米之炊"：去年我省 28 个县（市、区）财政研发投入为零》① 一文，开头第一句话就是作者的评价："用'无米之炊'形容我省部分县（市、区）科技创新开展之难毫不为过。"

即使记者亲赴现场采访，写出了新闻的画面感，记者的判断和评价也经常见诸笔端。例如《23 年圆梦，福建晋江水流进金门》② 一文，在描述了晋江水成功直供金门这一画面之后，记者直接抒写了自己的评价："这是一个历史性的时刻！"

涉及国家领导人活动的消息，通常认为记者在此类报道中的表达受限制较多，很难出彩。然而，在获奖样本中，记者也有机会发表自己的评价和判断。例如，《中国国家主席与艾滋病人握手》③ 一文，第一段就评价了领导人此举的意义："在'世界艾滋病日'前夕，国家主席胡锦涛 30 日下午走进北京一家医院与艾滋病人握手、交谈，用实际行动推进中国抗击艾滋病魔的斗争。"

记者在新闻中直接展示自己的判断和评价，这充分体现了媒体一以贯之

---

① 基层科技创新遇"无米之炊"：去年我省 28 个县（市、区）财政研究投入为零. 河北日报，2011-08-17.

② 刘益清，吴洪，刘深魁. 23 年圆梦，福建晋江水流进金门. 福建日报，2018-08-06.

③ 周效政，刘思扬，樊曦. 中国国家主席与艾滋病人握手. （2007-01-26）［2021-07-22］. http://www.xinhuanet.com/2gix/2007-01/26/content_5658400.htm.

的"尖锐、鲜明"的写作特色，跟媒体的指导性、战斗性密切相关，相对应地，新闻人物的情感在获奖文章中反而并没有那么突出。造成这种现象的另一个原因，可能跟媒体获取消息源的方式与美国媒体不同。媒体上的很多新闻线索来自各自的党委和政府机关，自上而下式的新闻线索被分配给媒体，记者接受命令来完成采访写作，因此在新闻文本中配合上面的命令、刻意强调新闻事件的价值和意义，这才算圆满地完成了被分配的任务。"命令型"新闻体制之下，新闻人物的价值如果不能被党和政府发掘，那么反而是被忽视的。

　2. 集体性、整体性而非个人化的情感

　146 篇获奖文章中有 68 篇出自中央级媒体、50 篇出自省级媒体，合计超过了 80%。这些媒体的目标读者是全国读者和全省读者，而非地方性或社区性读者，因此，不仅在报道选材方面要考虑更广泛的读者群体意见，而且即使具体到每一篇新闻的写作，记者也要考虑如何吸引差异化的读者群体，集体性的情感诉求取代了个人化的叙述风格，是媒体解决这一挑战所采取的手段。

　1993—2018 年新华社共有 21 篇报道获得一等奖，其中 11 篇是消息，10 篇是通讯或系列报道，另外还有 17 篇通讯获特等奖。跟消息这种文体相比，通讯的特点是篇幅长、内容丰富，完整交代新闻事件的前因后果，语言生动有趣，有时采用抒情、议论等文学手法，因此，通讯的感情色彩更加浓厚、感染力更强。[①]

　新华社的获奖通讯分成两类，第一类是针对某个社会现象（如群体性事件、自然灾害、国庆、地方政府奢侈腐化、新的党中央委员会诞生、世界和平、菜价上涨）的作品（共 8 篇），虽然写作由头是具体的新闻事件，但是获奖通讯并没有局限于就事论事，而是由具体事件扩展开、更多笔墨在于讨论整个社会现象出现的原因和影响，这种整体性、大局观的视野决定了这些通讯里的感情都是集体性而非个人化的。例如，2011 年获奖通讯《在痛定思痛

---

　① 杨锦章. 谈谈通讯的写作 第一讲 通讯写作的基本要求. 新闻知识，1996（3）：24-25.

中浴火重生：从瓮安之乱到瓮安之变警示录》的主旨是报道自 2008 年瓮安事件之后，当地政府采取各种措施解决干群矛盾成就斐然。全文分成"情为民所系""利为民所谋""权为民所用"三个小标题，揭示了瓮安县从大乱到大治的深刻变化。这篇通讯虽然采访了瓮安县某个具体政府的官员及普通群众，然而，文章里大量采用"广大党员群众""共产党人""公安干警""村民们""瓮安县城"等表述，结尾更加升华到"只要我们始终把人民放在至高无上的位置，就一定能闯关夺隘，到达胜利的彼岸！"这一主题，文章所表达的情感依然是群体性的，个人观点的表达从属于群体性的情感。

第二类获奖通讯是典型人物报道（共 2 篇）。虽然新闻主角都是具体鲜活的个体，然而新华社的获奖通讯依然会强调个体身上所蕴含的时代特征。2006 年获奖作品《英雄赞歌——记独臂英雄丁晓兵》一文，第一段强调了党和国家对丁晓兵的赞扬："2005 年 6 月 22 日，中共中央总书记、国家主席、中央军委主席胡锦涛在会见武警部队第一次党代会代表和第八届'中国武警十大忠诚卫士'时，与丁晓兵亲切握手，并勉励他说，你是党和人民的功臣，希望你保持荣誉，为党和人民再立新功。"文章把丁晓兵的事迹划分成了四个方面，配以四个小标题"出征——为了祖国""进攻——直面困难""突围——超越荣誉""敬礼——向着人民"，每一部分情感所针对的是丁晓兵所代表的时代价值，丁晓兵的事迹与时代要求相契合，才使得这篇通讯能够从众多典型人物报道中脱颖而出获得一等奖。

新华社的获奖消息往往凭借了历史性的时刻，题材重大是它们获奖的重要原因，例如加快经济发展、香港回归、抗洪救灾、韩朝领导人会晤、美伊战争、拉萨"3·14事件"、青藏铁路通车，等等。新闻重视历史性的瞬间，更看重其所蕴含的历史意义，关于青藏铁路通车的消息，第一句话就是"中国周六创造了历史"，第二段又写到"世界为之瞩目"（新华社，2006 年 7 月 1 日）。以小见大，是我国新闻界的常见做法，我国新闻界重视挖掘"小"事件背后的"大"意义，而历史意义指向的是整体性、集体性的情感，并非个人的情感再现。

3. 正面的情感

我国媒体历来重视正确的舆论导向，强调正面报道为主，"舆论导向正确，是党和人民之福；舆论导向错误，是党和人民之祸"。即使带有负面性的新闻事件，如犯罪新闻、法治新闻、天灾人祸报道等，媒体也会从建设性的角度去进行报道，挖掘其中的积极因素，比如 2010 年中国经历了干旱、洪涝、地震、台风等多次重大自然灾害，新华社获奖通讯《历史灾难中实现历史进步——2010 年中国自然灾害警示录》在正文里多次强调："中国人正是在自然灾害的磨难中创造了灿烂的中华文明""中华文明在一次又一次灾难的洗礼中，生生不息，永远向前，必将在迎接一次又一次挑战中创造新的辉煌"。"多难兴邦"一词在全文中总共出现了 5 次，当时流行的"科学发展"或"科学发展观"共出现了 6 次。自然灾害本令人伤感，然而中国新闻奖获奖文章重视的是对灾害的反思和预防，直面灾害，解决问题，即使文章中介绍了自然灾害带来的人财损失，其目的也在于讨论"怎样减少灾害损失"，预防灾难、减少损失、科学发展才是这篇文章的主旨。过去十多年里，中国曾经遭受过的特大自然灾害包括 2008 年汶川地震、2010 年玉树地震和舟曲泥石流、2017 年九寨沟地震等，每一次自然灾害，我国媒体都进行了大量报道，然而单纯再现灾难的新闻并不容易获得最高评价，将灾难转化成为众志成城的抗灾报道、给读者以光明和希望，才是媒体所看重的。

在总共 146 篇中国新闻奖获奖样本文章中，批评性报道或负面报道只有 9 篇，分布在 2002—2004、2007、2008（2 篇）、2010、2015—2016 等年份，内容涉及矿难、高价软件采购、奶粉、记者领"封口费"、公款旅游铺张浪费、高价药等。在这些负面报道中，媒体立场鲜明，丑恶现象被批评，被揭露的社会问题得到处理，新闻的情感基调因而依旧是正面和积极向上的。例如《贫困县刮起奢侈风——河南濮阳干部建豪宅机关盖大楼》（新华社 2007 年 2 月 27 日）这篇文章的开头写道："河南省濮阳县是省扶贫开发重点县。然而，近几年来，这个县刮起了一股奢侈风：县委县政府及一些县直机关竞相建起豪华办公楼，这些单位的'头头脑脑'们也纷纷搬进高档住宅。濮阳县刮起的这股奢侈之风引起了当地群众的不满。知情人士纷纷通过各自渠道向上级反映，有人干脆上网发帖揭露此事。""奢侈风""豪华办公楼""高档住宅"是记者对这一现象的评价，表达了记者的不满和批评。当地群众向上级反映或上网发帖揭露此事，记者的公开报道回应了群众诉求。该新闻在最后写到，在"有关部门"的介入下，"濮阳县纪委已将部分违规别墅查封，拟于节后公开拍卖"，这样一来，新闻开头所介绍的社会丑恶现象已经得到了遏制和部分解决，群众的不满得到了正面回应，批评性报道依然有着正面的结局。如果说，媒体通过正面报道强调以情动人、感染读者，而在负面报道中，媒体强调的是对负面现象毫不留情的批评，由此获得了读者情感上的支持，不仅为媒体赢得了口碑，也实现了大众媒体舆论监督的职能。

七、结论与讨论：中美新闻作品的比较

通过研究中国新闻奖一等奖文字新闻作品（1993—2018）的情感性因素，笔者发现获奖文章大量呈现了记者的直接判断和评价，相对而言新闻人物的情感感受则呈现较少。这种趋势在获奖消息中更为明显，在获奖通讯中，新闻人物的感受、记者的判断和评价三种情感再现手段出现的机会更为平均。在表达情感时，获奖文章更倾向于描写集体性、群体性的情感，而非个人化的情感；新闻中的情感通常是正面的，很少见到负面情感。我国主流新闻中情感性的再现手段跟美国普利策奖获奖样本截然不同，彼此都既是各自国家媒介体制的产物，同时也强化了既定媒介体制对媒体社会责任感和社会角色的要求。

新闻中出现记者的评价和判断，并不一定是属于我国媒体所独有的特征。瓦尔-约根森（Wahl-Jorgenson）通过对1995—2012年101篇美国普利策奖获奖新闻的分析发现，86％、88％、98％的文章分别出现了新闻人物的感受、记者对新闻人物的判断以及记者对新闻事件的评价。[①] 与这一数据相对

①　WAHL-JORGENSEN K. Subjectivity and story-telling in journalism：examine expressions of affect，judgement and appreciation in Pulitzer prize-winning stories. Journalism studies，2013，14（3）：305－320.

照，根据表 4-3，中国新闻奖共 146 篇获奖文章中，22.6%、41.8%、39.7%、83.6%的文章中分别出现了新闻人物的直接感受、新闻人物的间接感受、记者对新闻人物的判断以及记者对新闻事件的评价。

笔者未曾完整阅读瓦尔-约根森的样本，中英两种语言在新闻写作方面的差异也并非本章的研究目的，因此只能在此提出粗浅的分析。造成美国样本中的记者情感再现远高于中国样本的原因，第一在于研究目的和抽样方法不同。瓦尔-约根森反对客观性与主观性的两分法，她的研究目的在于论证，跟流行的客观性理念不一致，普利策新闻奖获奖作品中存在着大量情感性主观性表达，因此从第一个单词开始，正文里出现了第一处情感表述即入样，第二处及此后的情感表述不入样。相比之下，指导性、倾向性一直被认为是我国媒体的特色之一，本章的研究目的不在于论证中国新闻奖获奖作品中有没有情感性表达，因此没有全盘照搬瓦尔-约根森的研究方法，而是采纳了她关于感受、判断与评价的区分进行研究。本章选择了每一篇获奖文章的前三段，那些在后面段落里出现的情感性因素未能入样，如果本章也采用跟她一模一样的抽样方法，碰到情感性因素即入样，那么可以期待本章样本中的情感性因素出现的频率会升高。

第二，瓦尔-约根森样本文章的体裁跟中国新闻奖获奖作品不同。她的普利策奖获奖新闻样本只包括解释性报道、国际报道、全国性报道、调查性报道、特写以及公共服务类报道这几个类别，每年每类别各 1 篇获奖作品。她的样本文章的平均篇幅远远超过本研究的样本文章，本研究有 38.4%（56篇）的样本文章是消息。跟上一点相同，新闻的篇幅越长，记者能够发挥的空间越大，也更有可能容纳记者更多的主观情感。

第三，中美新闻写法有别。为了吸引读者，普利策新闻奖获奖作品更重视个人化的写作风格，经常使用特写手法，直接详细描绘记者观察到的新闻人物的活动和外表细节，用客观的观察来体现记者的情感判断，这一点在中国新闻奖获奖样本里并不多见（只有大约四分之一新闻人物的直接感受是通过观察而得来的），我国新闻报道在新闻人物和故事的细节方面仍需要多下功夫。例如，普利策奖作品会仔细描写新闻人物的外表，"柔嫩的双手""眼神黯淡""脸上带着恐惧与伤痕"等，有些描写虽然暗示了记者的判断，但是，在瓦尔-约根森的研究样本中依然被归入新闻人物的感受，记者的情感隐藏于细节所体现的文本深层意义之中；而我国新闻报道很少着力描写新闻人物的外表，对直接引语的采用也较美国同行更少，记者更倾向于在新闻报道中越过新闻人物，直接表达自己的判断和评价，这跟我国"新华体"所坚持的"尖锐、鲜明"的文风一脉相承，即使80年代所提倡的"散文式写作"也没有改变记者在新闻文本里直接发表观点夹叙夹议这一做法。

我国报纸新闻重视情感性因素，一方面是媒体社会职能和指导性、倾向性的需求；另一方面，也是为了引发读者的情感反应，吸引更多读者，读者从情感上在自己与新闻人物和记者之间建立联系，从而更加容易接受新闻的观点。就后一方面来看，中外媒体存在着相似性，瓦尔-约根森对普利策奖文本的研究①和欢（Huan）对中澳媒体的研究②都证实了后一点。中外媒体再现情感性因素的差异主要由于前一方面的差异所引起，媒体的社会职能和定位不同，造成了新闻叙述的差异。新闻里的情感性因素不仅增强了媒体的指导性、战斗性，也维系了媒体的社会影响力，从而巩固了媒体的权威性。在中国新闻奖获奖新闻的示范作用下，可以预料将来很长一段时期内，情感性因素将长期出现在我国的媒体新闻文本中。

当然，本章也存在着如下缺陷。第一，本章只关注了中国新闻奖获奖文章情感性因素的再现手段的方式，没有考虑过强度。那么有没有一种更加客观的方法来区分新闻中的情感性因素与煽情报道？这个问题在社交媒体流行的当下尤其显得重要。"后真相"时代，新闻的情感比事实获得了受众更多关注，机构媒体的社交媒体账号越来越强调情感因素，煽情甚至情感极化的新闻在社交媒体领域比比皆是。严肃新闻业肯定新闻里的情感、批评煽情报

---

① WAHL-JORGENSEN K. The strategic ritual of emotionality：a case study of Pulitzer prize-winning articles. Journalism，2013，14（1）：129-145.

② HUAN C. The strategic ritual of emotionality in Chinese and Australian hard news：a corpus-based study. critical discourse studies，2017，14（5）：461-479.

道，那么，煽情报道与严肃新闻业的界线在哪里呢？严肃新闻业如何在吸纳甚至扩充情感性因素的同时又保持公正性和公信力？

第二，由于样本量不足（最少的年份，中国新闻界只颁发了4篇一等奖作品，最多年份有8篇一等奖作品），本章没有讨论我国报纸新闻中情感性因素的历时性变化，没有将获奖作品置于新闻业变革这一社会背景下进行考察。跟1993年相比，2018年报纸新闻中的情感性因素出现了哪些变化？这二十多年里，新闻的情感性因素呈现出什么样的变化趋势？这些都是本章留给后续研究的问题。

第五章　战争隐喻、国家身体与家国想象
——基于语料库的新冠肺炎疫情报道隐喻研究

一、引言

"隐喻"（metaphor）一词可追溯至希腊文 μεταφορά（transfer），亚里士多德在《诗学》（*The Poetics*）中指出隐喻的四种形式，即从属到种、从种到属、从一物种到另一物种以及类推[①]，并强调隐喻基于特定社会群体共通的文化经验[②]。早期隐喻作为"装饰"文章的修辞策略受到学者关注，西塞罗、塞内卡和昆提利安均有相关论述。[③] 20 世纪 70 年代末，现代认知语言学将隐喻引入日常语境，认为我们思想和行为所依据的概念系统以隐喻为基础。[④]人们对繁芜庞杂的客观世界的感知能力有限，在接触陌生事物时习惯调动自身的经验加以理解，隐喻因而无处不在。究其本质，隐喻是指以另一事物来指称、诠释和建构当前事物。

在新闻报道中，隐喻不仅是一种修辞手段，更是勾勒受众脑海图景的符码，是媒体赖以构建意识形态、影响公众舆论的重要工具。[⑤] 凭借自身的不

① ARISTOTLE. The poetics. FYFE W H. trans. Cambridge：Harvard University Press，1965：1457b. 7.

② MORAN R. Artifice and persuasion：the work of metaphor in the rhetoric//RORTY A O. Essays on Aristotle's rhetoric. Berkeley：University of California Press，1996：385 - 398.

③ ZANKER A T. Greek and Latin expressions of meaning：the classical origins of a modern metaphor. Munich：CH Beck，2017：164 - 190.

④ 莱考夫，约翰逊. 我们赖以生存的隐喻. 何文忠，译. 杭州：浙江大学出版社，2015：1.

⑤ 甘莅豪. 媒介话语分析的认知途径：中美报道南海问题的隐喻建构. 国际新闻界，2011(8)：83 - 90.

可证伪性，隐喻成为新闻媒体建构框架的重要工具，荷载着媒体基于新闻立场和利益关系设定的修辞意图，对事实进行再现与重构，进而影响人们的思维及行动方式。[①] 作为将疾病概念化的话语工具，隐喻广泛应用于健康与公共卫生相关报道，用以阐释复杂的病因、病理与治疗过程，形塑民众对疾病的认知与态度，影响个体行为选择甚至公共卫生政策。[②] 纵观新世纪以来发生在我国的多起突发性公共卫生事件，因其事发紧急、蔓延迅速、具有高度不确定性，新闻媒体为唤醒民众对疾病威胁的风险感知、动员民众应对突发重大事件，常在话语策略中采用隐喻。

2020 年，新型冠状病毒肺炎来势汹汹，引发中华人民共和国成立以来在我国发生的传播速度最快、感染范围最广、防控难度最大的一次重大突发性公共卫生事件，迅速成为我国新闻媒体关注的焦点。在疫情信息传播格局中，党媒和市场化媒体等专业机构媒体成为主导力量，但两者的媒介构建与呈现方式仍有不同之处。实证研究指出，以《人民日报》、新华社为代表的主流媒体突出建设性新闻特色，旨在促成公共讨论、弥合社会裂痕和促进社会协同。[③] 市场化媒体的报道则相对更为客观和多元，除关注疫情形势外，还包括对地方政府的批评文章，对疫情语境机制的反思等。[④]

出于生动阐释抽象陌生的疾病议题、凝聚人心与促成合意的目的，疫情相关报道呈现出鲜明的隐喻特色，也潜移默化地形塑着人们对疾病的认知。在疫情防控形势严峻的当下，深入探究疫情主题报道中隐喻的表现形态与话语意涵，对于发挥新闻媒体在信息传播全局的积极作用尤为重要。此外，在国内既有研究对不同类型媒体同题报道的考察中，鲜有将具有意识形态色彩

---

① GRADY J, OAKLEY T, COULSON S. Blending and metaphor. Amsterdam studies in the theory and history of linguistic science series, 1999 (4): 101 - 124.

② WEINSTEIN A. Afterword: infection as metaphor. Literature and medicine, 2003, 22 (1): 102 - 115.

③ 栾轶玫，张雅琦. 新冠肺炎疫情报道中的信息呈现与媒体表现. 新闻战线, 2020 (3): 12 - 15.

④ 郑雯，李良荣，许愿. 重大公共卫生事件影响下我国传媒业新生态. 青年记者, 2021 (5): 65 - 67.

的隐喻视作一个窗口，结合隐喻与媒体类型变量进行研究是一创新之处。鉴于此，本研究基于概念隐喻理论（conceptual metaphor theory），运用语料库法探究新冠肺炎疫情相关报道背后的隐喻架构，并将其置于社会政治经济情景与脉络中，揭示不同类型的媒体运用隐喻的修辞意图及其与深层意识形态体系的关联，批判性地探析疫情隐喻的社会功能。

二、文献回顾

（一）概念隐喻理论

20 世纪 30 年代，理查兹（Richards）指出隐喻不仅是一种语言现象，还是人类思维的一种方式，强调隐喻意义产生于思想之间的交流，并据此提出隐喻互动理论。[①] 这一创见使隐喻跳出片段词汇层面的研究，在更宽广的语境中得到考察，学者们开始聚焦于隐喻运作的机制，发现人们通过唤起头脑中的基模来理解隐喻[②]。

莱考夫和约翰逊（G. Lakoff and M. Johnson）将概念隐喻分为结构隐喻（structural metaphors）、方位隐喻（orientational metaphors）和本体隐喻（ontological metaphors）三类。[③] 具体说来，结构隐喻指一个概念由另一个概念来进行隐喻建构，如"争论是战争"（argument is war）；方位隐喻多是与空间方位有关的概念，如"我很低落"（I'm feeling down）；本体隐喻则指将事件、活动、情感、想法等视作实体物质，拟人即一种典型的本体隐喻，如"通货膨胀把我们逼入死角"（inflation is hacking us into a corner）。莱考夫和约翰逊认为隐喻具有系统性和文化连贯性。[④] 本体和喻体并非随意被关联的词汇，它们的概念网络紧密相连，构成连贯、一致的认知系统，而此种连贯

---

① 束定芳. 理查兹的隐喻理论. 外语研究，1997（3）：25 - 28.

② ORTONY A. Metaphor and thought. Cambridge：Cambridge University Press，1979；HONECK R P，KIBLER C. The ubiquity of metaphor. Amsterdam：John Benjamins Publishing，1979.

③ 莱考夫，约翰逊. 我们赖以生存的隐喻. 何文忠，译. 杭州：浙江大学出版社，2015.

④ 同③.

性基于人们的文化经验，往往体现于价值共通的某一文化内部。

后续研究揭示了概念隐喻的运作机制即从始源域（source domain）到目标域（target domain）的跨域映射①，其中始源域指我们富于经验的简单事物，目标域则为较为抽象和陌生的概念。在这一跨域映射的过程中，始源域的关系、属性、知识和推理模式被一同投射到目标域。② 为进一步探究隐喻激活的思维结构，莱考夫将社会学家戈夫曼（Goffman）的框架理论引入认知语言学，认为思维都是通过概念隐喻来框定的，此处的框架指用以理解社会情境的、根深蒂固的认知结构。③

概念隐喻理论在新闻学研究领域有较多应用。新闻活动属于一种隐喻认知框架下的交流④，大众媒介构建的"拟态环境"并非外在世界的镜像再现，它们重新结构化事实以形成特定框架，深刻影响人们对周围环境的感知与行动，而隐喻在这一过程中扮演着重要角色。隐喻能够凸显目标域和始源域的相似侧面，遮蔽其他面向，借由想象性的连接，参与主体认同位置的形塑，建构共享的符号真实。⑤

过往关于新闻语篇的隐喻研究多聚焦于其传递的隐含意识形态。莱考夫研究隐喻对海湾战争的正当性建构，指出拟人化隐喻（state as person）凸显了作为集体的国家，遮蔽了种族构成、宗教对抗、政党团体等内部结构性因素。⑥ 库伯和贝达耶斯（Cooper and Berdayes）指出信息高速公路的隐喻叙事遮蔽了社会发展的其他可能性，将世界描绘为自主的经济力量，为大众营造

① LAKOFF G. The contemporary theory of metaphor. Metaphor and thought，1993（2）：202-251.

② LAKOFF G，TURNER M. More than cool reason：a field guide to poetic metaphor. Chicago：University of Chicago Press，1989.

③ LAKOFF G. Don't think of an elephant！Know your values and frame the debate：the essential guide for progressives. Hartford：Chelsea Green Publishing，2004.

④ 覃岚. 理解新闻：隐喻认知框架下的交流. 湘潭大学学报（哲学社会科学版），2017（5）：148-151.

⑤ 张玉佩. 当认同遇到隐喻：谈隐喻在认同塑造的运作. 新闻学研究（台湾），2001（64）：73-101.

⑥ LAKOFF G. Metaphor and war：the metaphor system used to justify war in the Gulf. Peace research，1991（23）：25-32.

一种无力感。① 鲁尔（Lule）关注新闻隐喻对战争的煽动作用，分析了 NBC 新闻在伊拉克战争前夕的报道，发现主要隐喻包括"萨达姆的游戏""白宫的耐心""销售计划"等，选择性地遮蔽了"谈判"等和平解决争议的角度。②

（二）新闻报道中的共同体想象

大众媒介是构建国族身份与共同体认同的重要场域。"唯有报刊，能在同一时间将同一思想灌注于无数人的脑海。"③ 报刊凝聚个体的分散力量形成社团，进而为构成社会的宏大共同体提供了可能。④ 安德森将"印刷资本主义"（print capitalism）视作国家和现代民族意识萌发的关键。⑤ 在新传播媒介缔造的"同质、空洞的时间"之中，星散四处的人们得以共享共时性民族经验，凝聚起成员之间互相联结的意象——"想象的共同体"。卞冬磊进一步探究了报纸如何实现民族国家从"想象"到"可见"的转变，一方面，阅读新闻的实践使国家主体获得了"日常的可见性"，另一方面，"阅读新闻"激发出"谈论国家"的实践，使之发展为"可描述的共同体"。⑥

近代中国知识阶层致力于培育"国民精神"、构建现代民族国家意识，而他们建构民族主义想象空间所依赖的物质基础正是大规模的新式印刷业。⑦ 民族共同体意识的觉醒往往处于与其他民族冲突对立的语境之中，周怡靓研究发现，《申报》将"大上海计划"置于民族复兴的宏大背景之下，通过强调国民身份、渲染华洋对立、重构自省式民族主义观念等方式激活中华民族的

① COOPER L，BERDAYES V. The information highway in contemporary magazine narrative. Journal of communication，1998，48（2）：109 - 124.

② LULE J. War and its metaphors：news language and the prelude to war in Iraq. Journalism studies，2004，5（2）：179 - 190.

③ 托克维尔. 论美国的民主. 朱尾声，译. 北京：中国社会科学出版社，2007.

④ 董天策，刘晓伟. 传播与"共同体想象"：托克维尔的传播思想探析. 南京社会科学，2013（9）：101 - 105.

⑤ 安德森. 想象的共同体：民族主义的起源与散布. 吴叡人，译. 上海：上海人民出版社，2005.

⑥ 卞冬磊. "可见的"共同体：报纸与民族国家的另一种叙述. 国际新闻界，2017（12）：34 - 52.

⑦ 姜红. "想象中国"何以可能：晚清报刊与民族主义的兴起. 安徽大学学报（哲学社会科学版），2011（1）：136 - 144.

共同体想象。① 兴起于清季民国的现代民族国家观念，在中华人民共和国成立初期才得以成规模、有体系地进入内陆腹地。王田通过聚焦《岷江报》《筑路报》对成阿公路修筑的报道发现，报道将微观筑路故事纳入宏大时空叙事之中，关联朝鲜战争、爱国卫生运动等国内外场景，将民族团结与"翻身做主人"的意象烙印于公路之上，从而形成构建现代民族国家的助推力量。②

国内新闻隐喻研究关注民族团结、集体认同与家国想象如何渗透于隐喻叙事之中，探究隐喻如何作为一种话语策略，实现官方话语与公众认知框架的自然衔接。王雪晔对西北多民族新闻报道进行框架分析，发现其隐喻多承载美学想象或诉诸身体，以"团结花""各心连心"等隐喻话语传递民族团结观念。③ 刘子琨、闫岩通过对汶川地震十周年纪念报道研究发现，媒体使用家庭隐喻将一地的灾害放大至整个民族层面，迎合国家宏大叙事，强化政治、文化和社会认同。④ 陈薇通过研究《人民日报》2000—2017 年间对海外撤侨行动的报道发现，透过"家国一体"的概念隐喻，媒体强化了民族文化和政治认同，实现了国家情感自然化的表达和权力关系的施行。⑤

（三）突发公共卫生报道的隐喻分析

疾病是具有多重意义的文化概念，其概念隐喻随医疗技术与社会发展而嬗变。经验医学时代常用超自然隐喻⑥，人们将疾病衍化成神魔般的幻象，并以祈祷和巫术等神灵主义医学指导医疗实践⑦。彼时传染性疾病常被道德化和污名化，隐喻成为社会歧视的语言工具。在我国西南地区流传的变婆故

---

① 周怡靓．"大上海计划"中城市共同体想象的报刊建构：以《申报》为中心的考察．新闻大学，2019（6）：32 - 44．

② 王田．新中国成立初期成阿公路修筑与现代民族国家构建：以《岷江报》《筑路报》相关报道为线索．西南边疆民族研究，2018（3）：74 - 84．

③ 王雪晔．媒介话语动员：建构民族团结的一种策略：基于西北多民族新闻报道的框架分析．新闻界，2017（3）：2 - 7．

④ 刘子琨，闫岩．创伤、战争、起点与新生："汶川地震十年"纪念报道中的叙事隐喻．新闻与传播评论，2019（6）：68 - 79．

⑤ 陈薇．被"标识"的国家：撤侨话语中的国家认同与家国想象．国际新闻界，2020（1）：136 - 153．

⑥ 陈子晨．疾病的概念隐喻及其社会心理效应．广东社会科学，2020（6）：204 - 214．

⑦ 刘振．神灵主义医学何以可能？．医学与哲学，2020（7）：22 - 26．

事，其情节隐喻着被驱赶和被活埋的两类病患的悲惨命运，折射出民间对病患的社会性排斥。[①] 19 世纪末，随着微生物学的发展，军事隐喻大举占领书写现代流行病的语言领地。[②] 蒙哥马利（Montgomery）将描述疾病的隐喻归纳为两类：生物军事主义（bio-militarism）与生物信息主义（bio-informationism）。[③] 前者将人体患病和治疗的过程喻为一场战斗，在科学流行话语中占据统治地位。[④]

病理过程充斥艰涩术语、不易理解，使用隐喻和类比能够有效提升医患沟通效果[⑤]，因而新闻媒体常用隐喻性思考界定、解释和评断疾病。然而疾病的隐喻是一把双刃剑，不当的隐喻可能误导大众对疾病的认知，将矛头引向病患本人。同样，过度的战争隐喻传达了恐惧、疏离感和被囚禁感[⑥]，被认为是医学上男性主义的强化[⑦]，削弱了患者的话语权，且不利于医生应对日益增长的慢性病[⑧]。基于对战争隐喻消极功能的批评，沃伦（Warren）提倡以照料模式（the caring model）替代战争隐喻，摒除治疗结果的输赢意义和医务人员的道德责任，将人们的关注焦点拉回健康本身。

在突发流行性疾病相关议题上，新闻隐喻发挥渲染紧张气氛、进行情感动员的作用，同时也展现出不同层面上权力关系的对弈。安纳斯（Annas）认为决策者和公共卫生官员采取军事思维，将病人的身体视为战场，以控制

---

① 龙圣，李向振. 病患：变婆故事的社会隐喻. 民族文学研究，2019（3）：5-15.

② BAEHE P. Susan Sontag, battle language and the Hong Kong SARS outbreak of 2003. Economy and society，2006，35（1）：42-64.

③ MONTGOMERY S L. The scientific voice. New York：Guilford Press，1996.

④ MONTGOMERY S L. Codes and combat in biomedical discourse. Science as culture，1991，2（3）：341-390.

⑤ CASARETT D，PICKARD A，FISHMAN J M，et al. Can metaphors and analogies improve communication with seriously ill patients？. Journal of palliative medicine，2010，13（3）：255-260.

⑥ PENSON R T，SCHAPIRA L，DANIELS K J，et al. Cancer as metaphor. The oncologist，2004，9（6）：708-716.

⑦ REISFIELD G M，Wilson G R. Use of metaphor in the discourse on cancer. Journal of clinical oncology，2004，22（19）：4024-4027.

⑧ FUKS A. The military metaphors of modern medicine//The meaning management challenge：making sense of health，illness and disease. Leiden：Brill，2010：55-68.

为中心，鼓励花费大量资源来取得胜利。^① 胡绍嘉研究发现，台湾肠病毒事件的新闻框架由战争隐喻主导，这一方面利于政府与民众合力应对疫情，另一方面易忽略传染病扩散的政经和社会因素。^② 科泰科（N. Koteyko）等指出，英国媒体、科学家和政策制定者使用旅程、战争与家庭隐喻提升风险管理效果，但这一措施遮蔽了禽流感威胁的复杂性。^③

多位学者研究了 2003 年 SARS（"非典"）疫情的新闻隐喻。沃利斯和内利希（Wallis & Nerlich）发现英国媒体并未采用常见的瘟疫或战争隐喻来建构 SARS，而是形容病毒为"杀手"，激活了"幽灵般的恐惧"，他们认为这与疫情距离英国遥远且具有高度不确定性有关。^④ 蒋和段（Chiang & Duann）对比了中国大陆与中国台湾三家报纸对 SARS 的命名策略和概念隐喻，认为媒体倾向于将 SARS 建构为政治问题而非医学问题，通过隐喻渗透自身的政治议程与意识形态。^⑤ 张薇等对比了 SARS 与 H7N9 疫情官方媒体报道的隐喻架构，指出 10 年来神秘生物体隐喻有所减少，媒体较多采用更鼓舞人心的主动出击型战争隐喻、更利于安抚公众心理的比赛隐喻。^⑥ 杨（Yang）研究 1946—2019 年《人民日报》疾病报道也发现，进攻性军事隐喻比防御性和军事过程隐喻更受青睐。^⑦

如上所述，既有研究将疾病的隐喻纳入历史文化考量，梳理了其演变过

① ANNAS G J. Reframing the debate on health care reform by replacing our metaphors. New England journal of medicine, 1995, 332 (11): 745 - 748.

② 胡绍嘉. 如果身体会说……：医疗报道语言中的人与身体. 新闻学研究（台湾），1999 (61): 1 - 29.

③ KOTEYKO N, BROWN B, CRAWFORD P. The dead parrot and the dying swan: The role of metaphor scenarios in UK press coverage of avian flu in the UK in 2005—2006. Metaphor and symbol, 2008, 23 (4): 242 - 261.

④ WALLIS P, NERLICH B. Disease metaphors in new epidemics: The UK media framing of the 2003 SARS epidemic. Social science & medicine, 2005, 60 (11): 2629 - 2639.

⑤ CHIANG W Y, DUANN R F. Conceptual metaphors for SARS: "war" between whom?. Discourse & society, 2007, 18 (5): 579 - 602.

⑥ 张薇，毛浩然，汪少华. 突发公共卫生事件官方媒体报道的隐喻架构分析：基于 SARS 和 H7N9 疫情报道语料. 福建师范大学学报（哲学社会科学版），2015 (2): 100 - 108.

⑦ YANG Z. Military metaphors in contemporary Chinese disease coverage: a case study of the People's Daily, 1946—2019. Chinese journal of communication, 2020: 1 - 19.

程与影响因素。具体到新闻语篇，多就重大疾病和传染病议题展开研究，关注隐喻如何渗透到媒体的议程与意图。就局限性而言，过往研究对突发公共卫生事件报道中隐喻的社会功能探究尚不深入，尤其是在社会心理层面，受众认知框架与媒体框架的互动亦未见解读，且多聚焦于研究官方主流媒体的新闻隐喻，结合市场化媒体的对比性视角尚有欠缺。

因此，本章以新型冠状病毒肺炎疫情报道为研究对象，基于概念隐喻理论，探究报道语料的隐喻结构，力图解答以下研究问题：媒体使用隐喻再现新冠肺炎疫情议题时呈现出何种特征？官方主流媒体与市场化媒体的隐喻结构有何不同？疫情报道中的隐喻具有哪些话语功能，折射了怎样的意识形态蕴涵，进一步形塑了怎样的社会认同？隐喻是否遮蔽了疫情的重要面向？

三、研究设计与方法

（一）研究对象

本章的研究对象是《人民日报》《财新周刊》和《三联生活周刊》三家媒体 2020 年 1 月 22 日—2 月 22 日期间以"新冠肺炎疫情"为主题的新闻报道。作为我国最重要的党报，《人民日报》发行量和影响力巨大，一直处于舆论的领导地位。《财新周刊》与《三联生活周刊》则是我国最早对新冠肺炎疫情进行专题报道的市场化媒体，财新网早在 2019 年 12 月 31 日就报道《武汉发现不明原因肺炎》，2020 年 1 月 23 日武汉封城前夕，两家媒体记者进入武汉，发回多篇一线报道。

这段时间内，根据国家卫生健康委员会的公开数据，全国每日新增患者数经历了从 131 例（1 月 22 日）到顶峰 15 152 例（2 月 12 日）又到 649 例（2 月 22 日）的转变，累计确诊感染人数从 571 例（1 月 22 日）快速增加到 76 936 例（2 月 22 日），此后疫情进入低增长时期，得到了初步缓解。本章选择的时间范围涵盖了流行病的暴发期和高潮期，科学家、公众、媒体对于一种全新的病毒所知有限，便于研究者结合疫情变化趋势分析新闻隐喻的使用情况。

（二）资料收集

本章以"疫情"作为标题及内文关键词，采用 WiseSearch 慧科新闻搜索研究数据库检索《人民日报》，获取 1 128 篇相关文章。《财新周刊》《三联生活周刊》已建立疫情专题，本章将财新 App 疫情专题中的所有报道、《三联生活周刊》官方微信公众号疫情专题中的所有报道以及 2020 年《三联生活周刊》杂志第 7 期《武汉现场》、第 8 期《武汉会战》封面报道纳入。随后，选择报道字数在 250 字以上且新闻内容围绕新冠肺炎疫情展开的文章，删去仅以疫情为新闻背景的文章，筛选后共得相关报道 1 110 篇，其中《人民日报》805 篇，《财新周刊》237 篇，《三联生活周刊》68 篇，共计约 197 万个字符，平均每篇 1 775 个字符。

（三）隐喻分析步骤

在隐喻研究领域，自上而下的内省式研究方法由于过多涉入研究者的假设与直觉而受到批评，相对而言，语料库方法拥有观察的系统性、解释的充分性和客观性等优势，近年来成为该研究领域中的主流趋势。因此，近年来语料库方法与隐喻理论相结合成为该研究领域中的主流趋势。[1] 因为目前国内外对隐喻语言的自动化处理仍处于起步探索阶段，尚未有较成熟的标注隐喻语料库，所以本研究主要采取人工语义分析的隐喻研究方法。

笔者先借助语料库分析研究工具 AntConc（version 3.5.8）建立全部报道文本的主题词表。生成主题词表需要一个参照语料库，本章使用的是 ToRCH2014 现代汉语平衡语料库，它由北京外国语大学许家金教授主持创建，取样涵盖新闻、通用、学术、小说四大体裁，具备较强的权威性。

然后，笔者参考斯蒂恩（Steen）等提出的隐喻识别程序，甄别特定语境中的词汇是否具有隐喻性，力求提升识别的准确性和完整度。具体方法如下：（1）通读语料库中全部新闻语篇，把握文章大意；（2）第一轮人工标注待核查的隐喻词并初步归类，这些词汇统一从始源域中抽取，如"战争""赛

---

① 柳超健，曹灵美. 国外基于语料库的隐喻研究：方法、问题与展望. 外语教学理论与实践，2017（1）：36－40.

跑"等；（3）第二轮核查并清洗隐喻词，在语料库中穷尽式检索待核查的词汇，结合上下文确定每一处的语境意义；（4）第三轮最终确定隐喻词，进一步对比始源域与目标域的相似性，确定该词汇映射的目标域，删去非隐喻性词汇，并补充前两轮中遗漏的低频隐喻词。接下来，对隐喻类型和使用频率等进行描述统计分析。

最后，根据查特里斯-布莱克（Charteris-Black）的批判隐喻分析法，笔者透视新冠肺炎疫情报道中的隐喻结构及其背后蕴含的意识形态。[①] 该方法具体包括三个步骤：（1）隐喻识别（metaphor identification），即从待分析的文本中筛选隐喻词汇；（2）隐喻阐释（metaphor interpretation），即洞察隐喻背后的语言认知因素并识别出概念隐喻；（3）隐喻解释（metaphor explanation），即探究隐喻的文本生产过程与修辞意图，将隐喻置于社会政治经济情景与脉络中，揭示其与深层意识形态体系的关联。

本研究采取再测法对隐喻识别的信度系数进行检测。在第一次编码完成后，编码员划分了 8 类主要隐喻类型，然后，从样本库中随机抽取 10%，共 110 篇，由编码员再次编码，通过 SPSS 软件进行一致性检验，Kappa 信度系数为 0.83，两次编码一致性较高。

四、研究发现

（一）新冠肺炎疫情报道中的隐喻概况

在深入文本之中考察隐喻特征之前，研究者先采用 AntConc 软件生成了所有样本的主题词表，以期初步了解疫情报道中的隐喻结构。主题词的排序标准为关键性（keyness），即与参照语料库（ToRCH2014 Corpus）相比在一定文本中复现频率显著偏高的程度。它反映了文本"所言之事"，可被用于揭示某一既定主题文本的文体风格和词语特征。[②] 结果表明，新冠肺炎疫情报

---

① CHARTERIS-BLACK J. Corpus approaches to critical metaphor analysis. Basingstoke：Palgrave Macmillan，2004.

② 姜峰．语料库与学术英语研究．北京：外语教学与研究出版社，2019.

道常用的主题词为军事、集体、竞赛、方位、身体与实体类，显示出鲜明的隐喻表达特色。如表 5-1 所示，关键性最高的三个词汇分别为：同舟共济（416.81）、疫情防控阻击战（217.3）、疫情就是命令（203.05）。

表 5-1　　　　　　　　　新冠肺炎疫情报道文本主题词表

类别	主题词（keywords）	关键性（keyness）
军事类词	疫情防控阻击战 总体战/人民战争/湖北保卫战 疫情就是命令/抗击疫情 守土尽责/英勇奋斗/冲锋在前 构筑群防群治的严密防线 白衣战士/请战书 若有战，召必回，战必胜	217.3 199.48/138.92/67.68 203.05/128.24 124.67/92.61/74.8 60.11 64.12/53.43 46.31
集体类词	同舟共济/众志成城 共克时艰/守望相助 一方有难，八方支援/团结奋战 万众一心/共渡难关/同心同德	416.81/186.32 153.17/60.55 121.11/74.8 58.58/42.74/39.18
竞赛类词	与病魔较量/同时间赛跑 中国速度/吹哨	135.36/121.11 49.87/46.31
方位类词	逆行者/防控力量向社区下沉 越是艰险越向前/迎难而上	56.99/53.43 49.87/28.5
身体类词	时间就是生命 裸奔	46.31 42.74
实体类词	全国一盘棋 体现责任担当的试金石和磨刀石	49.87 49.87

笔者进而对人工甄别后的隐喻词汇进行分类和描述统计分析，尝试从中发掘不同媒体构建隐喻的同一性与差异性。统计三家媒体的隐喻疏密度（隐喻个数/每千字）可得，《人民日报》密度最高（15.02），《财新周刊》（5.01）略高于《三联生活周刊》（3.54）。对党媒与市场化媒体的隐喻使用情况进行卡方检验，可得二者间差异具有统计上的显著意义（$p < 0.001$）。从表 5-2 可以看出，战争隐喻在疫情报道框架中占绝对主导性地位，三家媒体使用战争隐喻性词汇的频率基本相当，均为 80% 左右。相对而言，《人民日报》更偏好使用家庭隐喻（5.05%）和实体隐喻（3.19%），如"中华儿女""情同手足""全国一盘棋""钢铁长城"等。而《财新周刊》《三联生活周刊》使用

实体隐喻（6.86%）、水的隐喻（6.18%）和道途隐喻（3.88%）的频率显著
较高（见表 5 - 2），如"灯下黑""平台期""堰塞湖""分水岭"等。这在一
定程度上凸显出官方主流媒体形塑集体认同的修辞意图，市场化媒体则试图
将自身置于中立的"观察者"角色。

表 5 - 2　　　　党报和市场化媒体疫情报道使用的隐喻分布概况

隐喻类型	示例	党媒		市场化媒体	
		频次	百分比（%）	频次	百分比（%）
战争隐喻	阻击战 胶着对垒	13 778	84.31	3 150	79.47
家庭隐喻	情同手足 血浓于水	825	5.05	14	0.35
实体隐喻	钢铁长城 平台期	522	3.19	272	6.86
水的隐喻	汹涌 暖流 堰塞湖	435	2.66	245	6.18
道途隐喻	逆行 拐点	273	1.67	154	3.88
竞赛隐喻	较量 竞速 赛跑	245	1.50	29	0.73
身体隐喻	援手 生命线	151	0.92	66	1.66
神魔隐喻	病魔 守护神	114	0.70	34	0.86
共计		16 343	100.00	3 964	100.00

（二）战争隐喻与英雄主义叙事

军事语言泛化现象由来已久，体验哲学、人类社会的战争属性和战争域
的系统性构成了战争隐喻广泛应用的基础。[①] 研究发现，1978—2012 年期间
第六版《现代汉语词典》所收录的泛化军事术语数量逐步上升。[②] 战争隐喻
在古代中医话语中早已存在，如中医经典古籍《伤寒论》和《金匮要略》多
采用"搏""击""争"等术语形容人体的正气与致病因素的较量。[③] 在西方，
军事术语与疾病的交织则至少可以追溯到 17 世纪，诗人约翰·邓恩（John
Donne）将自己罹患的疾病描述为"炮击"和"围攻"，医师托马斯·塞登哈
姆（Thomas Sydenham）主张"必须与一切致命的疾病斗争"。19 世纪后期，
战争隐喻被用于描述传染病，伍斯特（Worcester）认为医生的职责是"领导

---

① 贾玉娟．战争隐喻广泛性之理据分析．学术界，2015（12）：148 - 153.
② 唐贤清，李洪乾．认知语言学视角下泛化军事术语的概念整合模式．语言文字应用，
2016（4）：42 - 51.
③ 谢菁，贾春华．中医病因病机语言中的战争隐喻．中医药学报，2011（6）：1 - 4.

一切与感染和传染的斗争"①。

"疾病即战争"属于结构隐喻的范畴，这一认知产生的基础，正是医疗与战争概念网络中元素的高度对应性。如表 5-3 所示，新冠肺炎疫情报道建构了战争隐喻的系统性跨域映射，实现了病毒、疫区、工作者等目标域的具象化。具体而言，新型冠状病毒被视为"肆虐"于国土之上的"入侵者"，是必须"抗击"和"歼灭"的对象；疫情最严重的武汉市乃至湖北省，则被赋予"前线"与"决胜之地"的意义，是举全国之力来"保卫"的战略要塞；相对地，情况不甚紧迫的其他省市成为大后方，必须构筑坚强"堡垒"来"抵御"病毒的进攻。在疫情进程的不同阶段，报道使用差异性的军事术语向受众及时传递信息，高潮期的典型词汇是"鏖战""攻坚"，向缓解期过渡时则以"总攻"替代。如引文 1 所示，报道结合竞赛框架与战争框架为复合型隐喻，将应对疫情的过程喻指为"与病魔和传染范围赛跑的立体时空战役"，既渲染了疫情当前的紧张气氛，又从时间和空间两个层面对具体举措予以阐释。

表 5-3　　　　疫情报道中战争隐喻的跨域映射模式

目标域	始源域
新型冠状病毒	肆虐 入侵 抗击 歼灭
武汉市与湖北省	前线 保卫战 决胜之地
疫情一线工作者	白衣战士 勇士 突击队 冲锋
增援力量	援军 请战 出征 火线
防控后方	堡垒 戒备 抵御
疫情控制状态	胶着对垒 鏖战 攻坚 总攻

引文 1：这是一场与病魔和传染范围赛跑的立体时空战役。层层战略部署之后，总攻命令已经下达，决战一触即发。要想打赢这场战役，我们需要在时间上，跑在病魔之前，调集重兵，救治患者；在空间上，则要寻遍传染源，斩断传播途径，将其隔离。②

①　WORCESTER A. The physician's extra-professional duties. The Boston medical and surgical journal, 1985, 132 (24): 585-590.

②　黄子懿. 王梓辉. 保卫大武汉：决战时刻. 三联生活周刊, 2020-02-19.

在突发性重大公共卫生事件中，新闻媒体使用战争隐喻进行情感动员，其运作机制可分为三个层次。其一，赋予抽象医学概念以人格，使其成为新闻叙事的有机组成部分，有利于简明生动地介绍疫情进展，减轻受众的认知与思维负担。其二，诉诸人们的感性经验，唤起关于战争画面的通感联想，强调疾病对人类身体健康的威胁，产生极强的动员力和警示效果。其三，报道语言中的隐喻具有划分范畴的功能，通过将病毒建构为邪恶的"他者"，构筑与"我者"之间的身份区隔，塑造社会大众同仇敌忾的价值观与态度，实现广泛的社会动员。而党媒与市场化媒体均以战争隐喻主导报道框架，以同质性较高的修辞语言达成了议程设置的共鸣效果，合力推动舆论合意的形成。

在更深层面上，战争隐喻昭示社会进入极端紧急状态，确证了国家启用军事化管制的合法性，是权力的治理技术之一。福柯（Foucault）认为鼠疫是政治权力对人口细分控制达到极限的时刻，它使包罗无遗的、彻底的政治梦想得以实现，即权力对目标完全透明，且没有任何阻碍、得到充分行使。[①]新闻报道通过将急性传染病建构为亟须歼灭的大敌，潜移默化间完成了对受众认知的权力规训，一方面有利于国家积极介入并干预深陷危机的社会，必要时施以强硬的军事化管理手段；另一方面使社会整合度空前提高，民众充分理解并主动配合国家政策的施行，乃至形成"共景监狱"，由社会对违反规则之个体（如瞒报高风险接触史的个人）展开集体凝视。

英雄主义的话语叙事同样见诸文本之中，如疫情一线的"勇士"组成"突击队"，最先向病毒发起"冲锋"，主动"请战"的援军随即"火线出征"。就叙事特色而言，战争隐喻凸显了拯救无辜蒙难者的英雄角色，而患者则被模糊为背后数字化的群像。叙事始于一种平衡和谐的社会状态被反派打破。[②]莱考夫（Lakoff）指出，古典童话故事的英雄母题包括四个构成要素：英雄、罪恶、受害者与坏人。[③] 时至今日，英雄主义仍是新闻叙事的重要脚本，作

---

① FOUCAULT M. Abnormal：Lectures at the Collège de France，1974—1975. London：Verso，2003：72.

② FISKE J. Television culture. London：Methuen，1987：38.

③ LAKOFF G. Metaphor and war，again. https：//escholarship. org/uc/item/32b962zb.

为对现实生活中缺失的英雄品质的补偿，它表征并宣泄了读者和观众的英雄情结①，并能缓和现实社会中的焦虑与矛盾②。如引文2所示，媒体通过战争隐喻再现新冠肺炎疫情进程时，对医务人员抗击疾病、守护人民的大义行为着墨甚多，而患者一方的个体身份缺席，往往以"英雄的人民""英雄的城市"之群像面目出现。借由隐喻建构以英雄为中心的叙事，报道将生离死别的苦痛转化为鼓舞士气的能量，传达党与国家和"英雄的人民"终将战胜疫情的决心，在一定程度上淡化了灾难对群体凝聚力和社会秩序的冲击，与爱国主义、集体主义的宏大叙事形成呼应。

> **引文2**：在武昌医院防疫指挥部的大屏幕上，治愈出院患者一栏里，闪烁的数字"408"里，不包括他们的院长刘智明。2月18日10时54分，51岁的生命从此定格。这座英雄的城市，铭刻下刘智明这个英雄的名字。③

（三）隐喻中的国家身体与家国想象

笔者发现，家庭隐喻是《人民日报》报道新冠肺炎疫情时使用频率第二高的隐喻类型（见表5-4）。在媒体建构的这一话语体系中，疫情严重的湖北省是中华民族大家庭中蒙难的"兄弟"，其他省市则与之"命运相连、心手相牵""守望相助"。受政治因素影响，我国港澳台地区同胞及海外华侨在家国叙事中分量较重，虽身处异地，但他们"心系祖国""冀为同胞尽绵薄之力"，中华民族共同体意识呼之欲出。报道还通过互文策略，唤醒民众对1998年洪灾、2003年"非典"、2008年汶川地震等危机事件的集体记忆，进一步强调中华民族"同舟共济、共渡难关"的优良传统。如引文3所示，报道聚焦于汶川村民逆行千余里开车输送蔬菜到武汉这一事件，烘托出中华民

---

① 邹建达，李宇峰．英雄的叙事与叙事的英雄：论当代新闻叙事中的英雄母题与英雄情结．云南师范大学学报（哲学社会科学版），2008（3）：117-121.

② FISKE J. Television culture. London：Methuen，1987：38.

③ 汪晓东，程远州，吴姗．用生命谱写英雄的壮歌——追记武汉市武昌医院院长刘智明．人民日报，2020-02-21.

族大家庭中各方"心手相牵"的珍贵温情。在疫情报道中，家庭隐喻唤起了各地民众对远方苦难的感知与共情，构筑了团结统一的民族精神、潜移默化的民族认同。此外，在描述友好他国提供的疫情援助时，报道也常用家庭隐喻话语如"兄弟情""铁哥们"，这与"地球村"的客观现实和"人类命运共同体"的意识形态建构有关。

引文 3：汶川和武汉虽相隔千里，却始终心手相牵。越是在艰难时刻，这样的温情就越显得弥足珍贵。①

表 5-4　　　　　　　　疫情报道中家庭隐喻的跨域映射模式

目标域	始源域
疫情高发区与其他省市的关系	手足之亲 血脉相通
抵抗疫情冲击的方式	同舟共济 同心同德
海外华侨与祖国的情感连接	心系祖国 中华儿女 同胞
友好他国与中国的关系	兄弟情 铁哥们

安德森认为民族作为"想象的共同体"（imagined community），是一种特殊的文化的人造物。②受氏族血缘宗法制度和儒家文化影响，古代中国衍生出"家国同构"这一社会政治思想形式③，强调家庭和国家在内部构造机理上的同质性④。在此基础上萌生的家国情怀赋予了个体对国族共同体的归属感与认同感，在危急存亡之时牺牲"小我"成就"大我"的责任感。在"家国同构"思维模式影响下，产生了诸多蕴含家国想象的隐喻符码，它们将人伦伦理转化为政治伦理，通过"拟血缘关系"映射个体与国家间的关系。⑤除了传统意义上的国族共同体，近年来全球化进程加快使各国相互依存度加深，中国领导人据此提出了"人类命运共同体"概念。在环球同此凉热的疫

---

① 周姗姗.跨越 12 年的爱心接力.人民日报，2020-02-21.
② 安德森.想象的共同体：民族主义的起源与散布.吴叡人，译.上海：上海人民出版社，2005.
③ 徐雪野."家国异构"与"家国同构"：中西家国观的追溯与重构.理论月刊，2020（5）：146-152.
④ 王利明.家国同构是一种治理模式.前线，2017（4）：112.
⑤ 潘祥辉."祖国母亲"：一种政治隐喻的传播及溯源.人文杂志，2018（1）：92-102.

情当前，外交语言中的家庭隐喻亦无时无刻不在呼应着这一共同体想象。

进一步地，身体隐喻衍化为家国想象的具身性维度，此种思维方式受到中国文化传统的深远影响。早在战国时期，《公羊传·庄公四年》便提出"国君以国为体"的观念，董仲舒在《春秋繁露·天地之行》中进一步将君臣百姓与身体器官组织相对应，即"一国之君，其犹一体之心也"①。民国时期，严复基于社会进化论改造了传统"国家身体"观念，梁启超则征引伯伦知理的国家有机体思想②，使"生病的中国"这一喻象盛行于中国知识界，从而"人人皆应以'医国为己任'"，实现了国民身体与国家身体的整合。③ 长久以来，以身体隐喻折射家国想象的新闻话语屡见不鲜。但有别于近代中国以身体隐喻强调救国救民的责任感、进行知识分子阶层的社会动员，当代新闻报道语境中的"国家身体"隐喻突出彰显出整合国族共同体的话语目的，其面向的受众也更为广大。如表 5-4 述及的"手足之亲""血脉相通"，即是将不同省市视作中华民族共同体的分支，以身体器官类比两者之间的密切关系，从而唤起其他地区对疫情重灾区严峻形势的共情，亦潜移默化地加强中华民族共同体的团结意识。

在地方共同体层面，疫情报道将疫情重灾区概念化为一具染病的身体（见表 5-5），城市的"五脏六腑"被病毒袭击，交通运输"动脉"遭遇梗阻，生命危在旦夕；坚守在一线的工作者们构成千万条"毛细血管"，为城市的正常运转输送着"血液"；想要解除疾病威胁、重获新生，城市必须加速

---

① 周新顺.晚清政论中的"病国"隐喻与中医思维：以《东方杂志》政论为例.山东大学学报（哲学社会科学版），2012（4）：133-137.

② 19 世纪末，面对当时中国深重的民族危机，梁启超逐步形成了一种以国家有机体学说为核心的国家主义思想。这主要是因为他流亡日本时，受到了伯伦知理的以国家有机体学说为基础的国家主义的影响。伯伦知理（Bluntchli Johann Caspar，今又译布隆奇利，1808—1881）是瑞士的法学家、政治家，后定居德国。梁启超深受其学说影响。首先，他的国家有机体理论在限制皇权的同时，对人民做出让步，非常符合梁启超的观点；他的另一个理论"国民与民族关系"也对梁启超产生了重要影响，正是基于这个理论，梁启超提出了"排满"的主张，而与康有为产生了严重分歧；其政体论即君主立宪制，也对梁启超产生了深刻的影响。

③ 刘婉明.敷衍"国家身体"：梁启超与"生病的中国"形象之散布.中山大学学报（社会科学版），2017，57（6）：27-37.

"消化"存量疑似病例，消除疫情防控"盲区"。身体隐喻使重灾区疫情变得具象可感，地方共同体的受难者面目呼之欲出，巩固了个人与共同体"同呼吸共命运"的意识。如引文 4 所示，在媒体构建的人格化隐喻中，病毒与全人类的身份对立被塑造，"健康"和"新生"所映射的是共同体整体利益，个体的付出与牺牲凝结成城市治疗过程的缩影，具体而微的苦难被弱化，舍家为国的大爱得以凸显，最终实现地方共同体框架与国族共同体框架的有机融合。

> 引文 4：更值得铭记的是，武汉市民们纷纷行动，自救救人。他们是为医护人员提供住宿的酒店老板、送餐的餐馆老板、接送医护人员和运送物资的"摆渡人"、心理咨询师、社工，以及各行各业的普通市民。他们互助守望，织成一张张网，在封城后最危难的一段时间，维系着这座城市的生命线。①

表 5-5　　　　　　疫情报道中身体隐喻的跨域映射模式

目标域	始源域
武汉疫情的严重形势	生病 重创
疫区交通干线	动脉 毛细血管
着手开展对病患的治疗	消化
应对疫情的关键措施	生命线 抓手

（四）党报与市场化媒体的差异化隐喻建构

从语料库分析结果来看（见表 5-2），党媒常诉诸战争隐喻（84.31%）、家庭隐喻（5.05%）与实体隐喻（3.19%），而市场化媒体使用较多的是战争隐喻（79.47%）、实体隐喻（6.86%）与水的隐喻（6.18%）。深入到具体报道文本探究二者的差异化隐喻建构可以发现，一方面，以《人民日报》为代表的党报与《财新周刊》《三联生活周刊》等市场化媒体在使用战争隐喻时侧重点不同，党报凸显出建设性特征。另一方面，与市场化媒体相比，党报较多以隐喻描摹共同体想象的图景，注重正面话语的运用和社会整合的维系。

---

① 萧辉，汪苏，赵宁，等. 救武汉，社会自助网络这样织成. 财新周刊，2020-02-24.

就战争隐喻而言，党报与市场化媒体的差异主要表现在战争性质界定、参战主体描摹等层面，因而二者运用战争隐喻的话语目的也不同。党报使用较多的战争定义为"阻击战""人民战争""保卫战"和"总体战"，着重突出了政府和人民应对疫情的主观能动性，对疫情极广覆盖面的总体布局，以及这一行动对于保卫家园的非凡意义。政府官员、医护人员、党员等"先锋"在参战主体描摹中占据较重分量。市场化媒体则根据语境采用多样化的战争定义，如"医院正面战""无声的前哨战""遭遇战"和"持久战"，用以描述医院在抗疫行动中的主体性作用，同时强调突发疫情带来的重重挑战。如引文5和引文6所示，党报所使用的战争隐喻更具建设性特征，目的在于激发人民群众主动出击的积极信念，强调全国齐心协力、步伐一致应对疫情的重要性；市场化媒体则侧重利用战争与医疗的映射关系形象地描述疫情的不同发展形势，发挥警示、告知和阐释作用。

引文5：这注定是人类历史的非凡一页。一方有难、八方支援的互助赞歌响彻神州大地，疫情防控的人民战争进一步让世界感受到中国人民坚不可摧的意志、愈挫愈奋的精神。①

引文6："这个病毒太狡猾、太凶残了，和以前碰到的都不一样，很多危重病例有二次加重的过程。有时候看着已经好转的病人突然恶化，我们都没信心了。"金银潭医院的一位医生说，"这场战争还远未结束。"②

下面以实体隐喻为剖面来考察两种类型媒体在共同体想象构建上的差异。如引文7所示，党报倾向于使用实体隐喻话语指代防控政策及其效用，此种隐喻建构与"党的领导地位""为人民服务"等意识形态主题相勾连，强化了全国人民团结一致的"疫情防控共同体"，而这一想象同样从属于家国想象框架。这一跨域映射模式构建出党和政府与人民之间的保护者与被保护者关系，例如将疫情防控部署称为"全国一盘棋"，强调中央统一指挥的重要

---

① 关键时刻更见中国制度优势：抗击疫情离不开命运共同体意识. 人民日报, 2020 - 02 - 08.

② 包志明, 萧辉, 高昱. 武汉火线救人50天现场全记录. 财新周刊, 2020 - 02 - 24.

性，把严厉举措下的成果喻为"压舱石""安全屏障""钢铁长城"和"牢不可破的堤坝"，凸显严密防控不给病毒可乘之机，人民处于强大保护下无安全之虞。隐喻作为载体传达了党媒官方叙事的意识形态，塑造出政府应对有方、决策英明的正面形象，进一步加强了紧急状态下的共同体归属感和政治认同。

市场化媒体则跳脱出共同体凝聚的视角，同时关注到疫情中受难地区的阴暗面，着重以实体隐喻描述疫中湖北的状态，借以表达对防控不力之处的担忧、对消极不作为的个别地方政府的批评。市场化媒体隐喻建构补充了被遮蔽的一面，与党媒共同勾勒了较为全面的疫情图景，从而使政府从颂歌话语中脱离，直面现实中机制失灵的困境。例如，用"低温舱""悬崖边缘"喻指遭遇公共卫生危机的湖北，以"保险箱""诺亚方舟"喻指医院，说明早期医疗资源的极度紧张。如引文 8 所示，市场化媒体曾使用隐喻"灯下黑"来警示武汉周边防控盲区带来的扩散危险。

> **引文 7**：在疫情防控最吃劲的关键时刻，人民子弟兵冲在最前线，勇挑重担，不仅是捍卫祖国安全的钢铁长城，也是守护人民群众生命安全和身体健康的钢铁长城。①

> **引文 8**：武汉之外，黄冈、鄂州等广大湖北其他地区，一度被媒体称为受忽视的"灯下黑"地区，目前其疫情已逐渐引起重视。但相比武汉，很多县市以及基层乡镇医院，物资供应更为紧张。②

党报与市场化媒体的差异化隐喻建构与其定位、性质和报道方针有关。作为党的喉舌和舆论阵地，党报坚持正面宣传为主的方针，其基本特点包括权威性、指导性与严肃性。③ 我国报业经过市场化改革之后，实行的是党报负责方向，子报负责市场的原则。④ 因而党报在疫情主题的报道中以政治框

① 胡浩，赵文军．孙春兰强调：千方百计增强收治能力．人民日报，2020 - 02 - 16.

② 黄雨馨，汪苏．湖北医院防护品仍告急 社会捐赠成重要支撑．财新周刊，2020 - 01 - 27.

③ 徐耀魁．京津沪穗四家党报新闻报道比较研究．新闻与传播研究，2001（3）：99 - 105.

④ 刘子珺，闫岩．创伤、战争、起点与新生："汶川地震十年"纪念报道中的叙事隐喻．新闻与传播评论，2019（6）：68 - 79.

架为主，报道主题侧重于宣传政府部署和相关政策，辅以隐喻激发民众的集体主义情感，联结传统中国文化中的家国同构思维，建构起完整的共同体想象。市场化媒体亦使用家庭隐喻建构了共同体想象空间，但从语料库分析数据可以看出，其使用频率和程度较党报更低。相对而言，市场化媒体秉持"第四权力"的角色定位，在经济营利的推动力之下，注重采取冲突框架描摹疫情阴暗面，提示政府与民众警惕管控不力之处可能导致的严重后果。市场化媒体此种多元视角补充了党报报道图景中的缺失，也为其占据有利市场竞争地位奠定了基础。

五、结论与讨论

受人类认知模式制约，隐喻在新闻报道中的存在或许是一种必然。它基于人们对身体及日常生活的体验，以简洁语言激活头脑中的深层认知框架，在公共领域迅速建立了专家、记者和民众的共享语意空间，具有较强的劝服功能，有利于实现新知与价值传递。中西方历史上存在对疾病的丰富隐喻，权力与意识形态博弈见诸隐喻构建的过程之中，疾病也从单纯的病理概念衍化为意义多元的文化概念。本研究聚焦群体卷入的新冠肺炎突发疫情，发现隐喻建构了民众对于疾病威胁的共享感知，深刻影响了社会心理与行为选择，不同类型媒体使用的差异化隐喻建构亦体现了与意识形态的勾连。

依照莱考夫和约翰逊对概念隐喻的分类，本章首先发现新冠肺炎疫情报道突出使用结构隐喻，其运作机制为以战争术语跨域映射医疗议题，诉诸感性经验以提升警示和动员效果，实现病毒的"他者化"身份区隔，并确证紧急状态下采取极端防控措施的合法性。战争隐喻进一步与英雄中心叙事相结合，以实现广泛的情感动员，缓解突发性公共卫生危机对社会秩序的冲击。其次，依托古代和近代中国衍生而来的"家国同构"和"国家身体"思维模式，疫情报道借由家庭隐喻和身体隐喻凝聚"想象的共同体"，凸显共同体利益的重要地位，确证群体身份与归属感，进一步强化了集体主义价值观。

基于自身不同立场和定位，党报与市场化媒体对同一隐喻类型亦采取了差异化的隐喻建构策略，党报相对更注重以隐喻建构共同体想象。具体而言，《人民日报》所使用的战争隐喻突出了政府和人民应对疫情的主动性，通过正面新闻话语强调众志成城的必胜信心，其使用的实体隐喻侧重于宣传官方有力部署与规划，形塑党和政府的正面权威形象，塑造团结一致防控疫情的民族共同体，发挥作为党的"喉舌"的舆论导向作用。《财新周刊》和《三联生活周刊》则同时关注疫情防控中应对机制失灵的困境，将医疗机构和人员视为战争隐喻的重要主体，以形象的实体隐喻对不作为、不科学的防控措施予以批评，发挥舆论监督作用，探求疫情背后的政治经济脉络。批判隐喻分析法的第三层"隐喻解释"在于揭示隐喻与深层意识形态体系的关联。就本章的研究发现而言，党报和市场化媒体有选择地使用隐喻强调疫情的不同面向，彰显出"党的喉舌"与"第四权力"两种不同媒体定位。这一隐喻加工的过程赋予客观事物以新的意义，也传递出党报与市场化媒体差异化的意识形态蕴涵。

单一泛化的隐喻往往具有遮蔽性，在疫情报道中占主导地位的战争隐喻容易隐蔽事物的非对抗性面向，从而导致种种负面效应。战争隐喻在新闻叙事中的泛化模糊了复杂的疫情发源、扩散、抑制过程，使大众目光聚焦于这一场"战疫"的胜负结果，将人们裹挟进振奋的集体情绪中，挤压了理性思考现实的空间，不利于疫情之后的深入解读与社会反思。其次，战争隐喻使人们的精神处于高度紧张状态，其蕴含的敌我对抗意识可能诱发集体非理性行为，滋生对疫情高发区民众的污名化烙印，甚至导向针对确诊者的无端暴力。再者，人类仍与新冠病毒共存，在多点散发的常态化疫情防控形势下，滥用战争隐喻一方面容易引发不必要的社会恐慌，另一方面可能导致民众的抗疫心理变得麻木，减损这一隐喻的动员效果。此外，英雄中心叙事策略虽彰显了"为众人抱薪者"的奉献精神，却弱化了时代灾难加诸个体之痛，隐匿了真实社会情境中的悲剧与牺牲。

因此，新闻媒体应审慎使用战争隐喻，减少隐喻话语中的侵略性，随疫情进程建构更多样、更理性的隐喻修辞，适当采用生态隐喻、旅程隐喻等替代品①，张弛有度地进行社会动员，增加对疫情之下弱势群体的观照与关怀。为避免形成关于疾病的简化思维定势，在使用隐喻认知框架的同时，媒体应引入科学知识对新冠肺炎祛魅，以深入解读提升民众的健康素养，使民众面临陌生疾病应对有方，不再一味对"看不见的敌人"恐慌。

本章试图对党媒与市场化媒体的疫情报道隐喻建构进行系统性分析，但仍存在缺陷。在抽样与编码层面上，由于《人民日报》的文本总量与隐喻疏密度均远超市场化媒体，因此对整体隐喻风格的影响较大。本章的抽样与编码工作在完整性与准确度方面力有未逮，可借鉴梁婧玉用 Kappa 系数检测编码员间信度的方法予以优化。② 在数据处理过程中，因为公开的中文权威语料库资源稀少，本章采纳作为参照语料库的 ToRCH2014 Corpus 规模较小，影响与观察语料库的对照效果，而且 AntCont 处理中文文本的功能不甚完善，所以主题词提炼的质量还有待提升。

未来有关新冠肺炎疫情议题的新闻隐喻研究或可考虑以下三个取向：（1）不局限于对报道文本的分析，而是把图片、音视频等视觉影像资料纳入考量，开展多模态隐喻研究；（2）着手于海外媒体与国内媒体的不同隐喻建构，从多国别视角深入发掘文本背后的价值取向与意识形态立场；（3）对特定新闻受众开展调查研究，探讨信息接收者以何种方式解读新闻隐喻并进行意义再生产，隐喻对其心理和行为产生了何种影响。

---

① ANNAS G J. Reframing the debate on health care reform by replacing our metaphors. New England journal of medicine, 1995, 332（11）：745 - 748；NIE J B, GILBERTSON A, DE ROUBAIX M, et al. Healing without waging war：beyond military metaphors in medicine and HIV cure research. The American journal of bioethics, 2016, 16（10）：3 - 11.

② 梁婧玉. 美国两党国情咨文（1946—2014）的隐喻架构分析. 南京：南京师范大学，2015.

第六章 从判断转向解释
——移动互联网时代新闻评论论证结构的变化

一、导言：变迁中的新闻评论

什么样的文章可称之为新闻评论？移动互联网时代，新闻评论的文体出现了哪些变化？学者与媒体从业者对这些问题莫衷一是。随着时代发展，"新闻评论"这一概念的外延逐渐膨胀，报纸社论、时评、广播电视评论、论坛发帖、微博评论、网友热评等形式皆或多或少被纳入新闻评论的研究中。[①] 本章关注媒体转型，对"新闻评论"的发布者进行了限定，即由机构媒体的专业从业人员生产、以图文方式发布的评论，由用户提供的评论或意见，以及篇幅较短的微博评论不在研究范围内。

近代报纸在我国出现和发展的一百多年时间里，新闻评论的文体随时代变迁和媒介技术手段发展而不断地变化着。20世纪初，时评在中国报业兴起并被多家报社采纳，逐渐替代了当时篇幅较长的政论，时评更多地、更突出地包容新闻信息，直接针对新闻事件，直接引述新闻来源。[②] 这与此前的政论，如《少年中国说》《变法通议》形成强烈对比，后者不属于新闻评论，它

---

① 赵振宇，胡沈明．"任仲平"文章新闻评论属性探析．新闻大学，2010（3）：37－45；顾建明，王青．中美报纸新闻评论表达方法的比较．新闻大学，2011（2）：97－102；龚心瀚．广播评论要兴利除弊：评上海人民广播电台《今日论坛》节目．新闻记者，1989（2）：20－21；白贵，肖雪．博客新闻评论的特征及功能研究．河北大学学报（哲学社会科学版），2008（4）：114－118；董天策，梁辰曦，夏侯命波．试论《人民日报》官方微博新闻评论的话语方式．国际新闻界，2013（9）：81－91；周灿华．网络新闻评论的特点及影响．现代视听，2008（3）：47－49．

② 马少华．论时评的起源．国际新闻界，2009（2）：110－114．

们与汉代王符的《潜夫论》、晁错的《论贵粟疏》并无不同。① 新闻评论应该基于具体的新闻事件，篇幅短小，这是文体的内在规范，而作为社会叙事的新闻评论，时代背景赋予其更加复杂的内涵。

在党的新闻事业中，新闻评论占据重要位置。毛泽东曾对新闻工作如此指导："报纸的作用和力量，就在它能使党的纲领路线，方针政策，工作任务和工作方法，最迅速最广泛地同群众见面。"② 为落实这一目标，新闻评论的作用不可或缺，它甚至被称为"报纸的灵魂与心脏"③。20 世纪末，一系列轰动社会的新闻评论与时代发展紧密相连，如 1978 年《实践是检验真理的唯一标准》引发真理大讨论，冲破了"两个凡是"的思想束缚；1979 年《分清主流与支流 莫把"开头"当"过头"》贯彻党的十一届三中全会路线，助力农村改革顺利实施。直至改革开放初期，政治性被认为是新闻评论的第一要义。1987 年由中国人民大学出版社出版的《新闻评论学》中总结新闻评论的主要特点为：鲜明的政治性、强烈的新闻性、广泛的群众性和严格的科学性。④ 1988 年出版的《怎样写新闻评论》认为，新闻评论"应该有这样四个特点，即：鲜明的党性、较强的时间性、明显的指导性、广泛的群众性"⑤。由此可见，当时的新闻评论具有较为浓厚的政治底色，承担着舆论引导和教育群众的重任。

随着改革开放和市场经济的深入发展，中国步入社会转型期，人们关注的领域更加宽泛，思想意识也发生了转变，各大报刊开始扩版，增加评论文章，主题增多，逐渐从政治转向经济、文化、体育等非政治主题。1998 年，《深圳特区报》推出大陆最早的言论版《群言》，2002 年《南方都市报》又掀起新一轮创建评论版的热潮。21 世纪早期，新闻评论在如火如荼的发展中被

---

① 马少华. 早期的"时评"：论我国近代新闻评论发生发展的形式规律. 国际新闻界，2003（5）：71 - 76.

② 毛泽东新闻工作文选. 北京：新华出版社，1983：149.

③ 李国庆，孙韵雪. 新闻语篇的评价视角：从评价理论的角度看社论的价值取向. 广东外语外贸大学学报，2007（4）：90 - 93.

④ 秦珪，胡文龙. 新闻评论学. 北京：中国人民大学出版社，1987：8 - 17.

⑤ 于宁，李德民. 怎样写新闻评论. 北京：中国新闻出版社，1988：10 - 11.

寄予厚望，学者们认为，"新闻评论在当代中国的任务则是开启明智、促进民主和法制意识，满足社会各界人民群众充分表达的欲望，实现舆论监督"①；"新闻评论为人们提供鉴别是非、善恶、美丑的思想准则，激发人们追求高尚的理想和情操……以潜移默化的方式提高整个民族的思想道德素质"②；新闻评论"不仅成为公民通过表达意见、反映舆论有序参与民主政治的重要形式，还是党和政府了解民意、把握舆情的重要渠道"③。新闻评论被赋予了舆论监督、反映舆论、增强国民素质等社会功能。

　　这些对新闻评论的理想化期待也反映在新闻评论文体本身的规范性上。36 份在新世纪创办评论版的报社发刊词显示，"理性""建设性""新闻性""时效性"等词出现多次，其中"理性"次数最多，共 50 次，"建设性"出现了 40 次，而"政治性"几乎不被提及。这表明"理性与建设性已经成为媒体评论部普遍的价值取向，甚至已成为默认的基本原则"④。

　　互联网颠覆了传统新闻业。一方面，报纸言论版的实践难以如愿，"言论版在被业内人士'叫好'的同时未必'叫座'；在专门设置的'公共空间'里，公众的参与度、意见的代表性与影响的到达率都难尽如人意"⑤；另一方面，互联网产生了新的公共空间，网络评论兴起，发布门槛降低，普通用户的意见有了更充分的表达平台，网络言论因而意见更加多元、涉及主题也更加广泛。对比传统媒体的新闻评论和新媒体端的新闻评论，不难发现其风格迥异。传统媒体为适应新的传播语境，正努力调适新闻评论的文体结构，以争取在新的场域继续获得关注，实现其功能和价值。

　　在这一背景下，本章关注移动互联网时代新闻评论论证结构的变化。大部分学者对新闻评论变迁的研究是规范研究或业务层面的经验总结，鲜有实

---

① 马少华．说服传播理论与新闻评论教学的距离．国际新闻界，2006（4）：27－31.

② 赵振宇．论新闻评论的根本特性．新闻大学，2006（1）：86－90.

③ 吴静．报纸新闻评论舆论功能的嬗变．新闻实践，2008（11）：13－15.

④ 杨娟，赵振宇．新世纪中国新闻评论的发展与变化研究：以 36 份报纸评论版发刊词为例．新闻大学，2015（4）：60－68.

⑤ 涂光晋．搭建"意见平台"：我国报纸言论版的回顾与思考．国际新闻界，2007（7）：10－14.

证研究，本章从论证结构这一视角出发，采用非形式逻辑学者史蒂芬·图尔敏（Stephen Toulmin）的论证模型，通过实证研究呈现新闻评论的变化，补充过往研究的空白。本章关注，同一媒体的印刷版原创评论与发表在移动互联网上的原创评论相比，二者的论证结构有什么变化？如何理解这些变化与移动互联网之间的关系？新闻评论论证结构的变化，可以看成是媒体为了应对外部环境变化而做出的主动调适，这一调适适应了传统媒体转向移动互联网媒体的时代背景，更明确地体现了技术革新对新闻业的影响。同时，本章发展出一套测量机构媒体新闻评论的指标，为后续相关研究提供参考。

二、新闻评论的论证结构与图尔敏模型

通常，论证包括了两种基本形式：非形式逻辑的论证（argumentation）和形式逻辑的证明（demonstration）。前者多被用于说服、决策、辩论等场景，后者广泛应用于数学、物理学等自然科学领域。具体来讲，"论证"是对命题或然性的表述，其目的是修辞性的，是为了让对方认同自己的观点；"证明"依赖一系列逻辑程序，可以获得正确的结论。新闻评论里的论证指的是前一种论证。"新闻推理与论证绝不是处于封闭状态下的纯思维形式的推演，而是日常特定新闻语境中的思维表述活动"[①]，它并不能类比数学逻辑，也不必遵守严格的归纳法与演绎法。

在非形式逻辑兴起的过程中，英国逻辑学家史蒂芬·图尔敏的研究颇受关注，根据科学信息学会 1988 年到 2005 年的相关引用数据，图尔敏作品的引用量和影响力已经跻身 20 世纪科学哲学和哲学逻辑学家前 10 名。[②] 图尔敏从日常生活中的论证入手，反对以绝对的标准评价论证的有效性，并提出著名的图尔敏论证模型（见图 6-1）以补充亚里士多德的三段论。在他众多的研究成果中，图尔敏模型备受关注，他在《论证的使用》一书中认为，论

---

① 胡华涛. 新闻推理与论证的语用逻辑研究. 国际新闻界，2012（2）：58-63.

② LOUI R P. A citation-based reflection on Toulmin and argument//Paper presented at conference on the uses of argument. McMaster Univ，Hamilton，CANADA，2005.

证具有六要素：主张（claim）、予料（data）①、理由（warrant）、支持（back-ing）、保留（rebuttal）和限定词（qualifier），它们构成了论证的骨架。

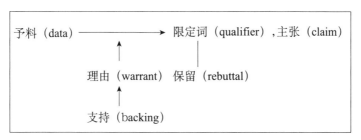

图 6 - 1 图尔敏模型

图尔敏模型的建立主要参考了法学论辩的场景，他本人称这是一项法学的"平行研究"，认为"论证可以与诉讼相比较，我们在法学之外的其他背景下提出和论证的主张可以与法庭上提出的主张相比较，而用以支持每种主张的各种论据可相互比较"②，由此，图尔敏模型呈现出较强的对话属性。

在他的模型中，主张（claim）是需要论证的命题，让"主张"被接受是论证的目的。孤立的"主张"不一定让人认同，我们还需给出支撑主张的材料，这就是予料（data），它"可能包括口头的证言、实验观察、常识、众所周知的事实或共同的观察、统计数据、历史报告、法律先例的准确陈述、先前已建立的主张或其他可参照的客观资料"③。理由（warrant）是连接"予料"和"主张"的中间元素，旨在表明使用某种"予料"来论证"主张"的正当性。"予料"与"理由"同时出现，但前者是显性的，后者多是隐性的，例如"买这辆车吧，它最便宜，而且质量也不错"——买车应该考虑性价比是连接"予料"和"主张"之间的"理由"，同时它并不直接显示在文本中。

① 武宏志（2003）就图尔敏模型中各元素的翻译问题进行过探讨，认为将 data 翻译成"数据"和"语料"都不好，前者指代范围太狭窄，后者是一个语言学的专有概念，将 data 译成"予料"更好。后来，图尔敏在 1984 年出版的《推理导论》中放弃了 data 这一表述，改为 ground。中文学界对 ground 的翻译较为统一，译为"依据"。参见：武宏志.论证的图尔敏模式：兼评国内若干论著的误释.华南师范大学学报（社会科学版），2003（5）：23 - 27.

② TOULMIN S E. The uses of argument. Cambridge UK：Cambridge University Press，2003：7.

③ 杨宁芳.图尔敏论证模式.重庆理工大学学报（社会科学版），2012（7）：12 - 17.

由此，"因为 data，所以 claim"的简洁结构便是图尔敏模型最基础的部分，也是日常论证中的常见形式。但考虑到对话者的进一步反驳，图尔敏引入另外三个元素：支持（backing）用来增强"理由"的可信度；限定词（qualifier）对命题成立的程度进行说明，"可能""一定""80％的情况下"都属于限定词；保留（rebuttal）提供主张不成立时的例外情况。

图尔敏模型不断受到来自逻辑学界的质疑与挑战，但其在修辞学中大受欢迎，甚至进入教材中①，同时科学教育、计算机、法学、心理学、数学等多个研究领域也开始应用图尔敏模型②。值得一提的是，图尔敏模型与新闻传播学研究关系紧密，在模型面世的早期便被用于说服、广告修辞等研究中③，而后，新闻学也开始引介图尔敏理论来研究新闻评论。加杰维奇（Gajevic）④ 结合图尔敏模型和范迪克的话语分析理论，研究美国和塞尔维亚媒体针对冲突事件的新闻论证（journalistic argument）；在中文学术界，学者也使用图尔敏模型分析 ETS 外语测试公开信的话语含义⑤，研究《广州日报》的评论文本，分析其内在结构和论辩的动态过程，完善论辩的语用策略⑥。正如图尔敏所言，"《论证的使用》很快传入新闻传播界这件事，我具有得天独厚的优势"⑦。

为了更好地回答本章提出的问题，笔者根据需要对图尔敏模型进行了适当调整。

首先，图尔敏本人对予料（data）进行了更宽泛的处理，他在《推理导

① AUSTIN J F, DAVID L S. Argumentation and debate: critical thinking for reasoned decision making. JHY, MA, USA: Cengage Learning, 2008: 163 - 168.

② 宋旭光. 理由、推理与合理性：图尔敏的论证理论. 北京：中国政法大学出版社，2015: 167 - 178.

③ KIN D, BENBASAT I. The effects of trust-assuring arguments on consumer trust in Internet stores: application of Toulmin's model of argumentation. Information systems research, 2006, 17（3）: 286 - 300; RIPLEY M L. Argumentation theorists argue that an ad is an argument. Argumentation, 2008, 22（4）: 507 - 519.

④ GAJEVIC S. Journalism and formation of argument. Journalism, 2016, 17（7）: 865 - 881.

⑤ 吴宗杰. 论证中的话语混杂：外语测试的社会分析. 外国语（上海外国语大学学报），2004（5）: 48 - 55.

⑥ 金立，汪曼. 图尔敏论证模型下的新闻评论探究. 浙江社会科学，2015（10）: 81 - 88.

⑦ TOULMIN S E. The uses of argument. Cambridge UK: Cambridge University Press, 2003: viii.

论》一书中将 data（予料）改为 ground（依据）①，后者没有前者那样直接而具体，但包含"予料"这样的根据，使模型更具一般性②。这使得一些长期以来在评论中实际运用的情感、道德和修辞格等获得了论证的合法性，论证的标准进一步放宽。

其次，新闻评论是一种用于大众传播的文本，相对于法学辩论，论证的结构更加简单，"保留"和"支持"极少出现，不具备统计价值，因此删除。"理由"多数情况下是隐性的，是传受双方默认的准则，评论文章很少说明"依据"和"主张"的联系，而这种联系更体现在"依据"和"主张"的类型上，对"依据类型"与"主张类型"编码是更合理的方式，因此删除"理由"，加入对"依据类型"和"主张类型"的统计。

最后，本章根据"限定词"是否含有全称量词将其分为两类。

编码变量的分类情况如表 6-1 所示。

表 6-1　　　　　　　　　　　编码变量的分类情况

编码变量	主张 （3类）	限定词 （2类）	依据 （2类12种）
分类情况	事实性主张	含全称量词	直接依据
	动员性主张	不含全称量词	间接依据
	意义性主张		

在扎根文本的基础上，"主张"被设置为分类变量，分为"事实性主张""动员性主张"和"意义性主张"三种。"事实性主张"意在进行事实或经验层面的描述，一般是陈述句，句式多为"……是……"；"动员性主张"意在动员读者持有某种观念或进行某种行动，一般是祈使句，句中多含有"我们要""我们应该"等词；"意义性主张"意在赋予事件更高层面的意义，一般是陈述句，句中多含有"彰显了""体现了""表现了"等词。

"限定词"是考察媒体对论证的确信程度的重要指标，一个"主张"与一

① TOULMIN S E, RIEKE R, JANIK A. An introduction to reasoning. Cambridge UK：Macmillan Publishing Company，1984：37-44.

② 杨芳宁. 图尔敏论证模式. 重庆理工大学学报（社会科学版），2012（7）：12-17.

个"限定词"对应。新闻评论的主张中极少包含"可能""大概""也许"等模糊的词，要么是"一定""始终""永远"等词，要么省略限定词，因此研究只考察"限定词"中是否包含全称量词。

在"依据类型"上，本章根据材料提炼出相近的语料并对其进行概念化。最终将其分为"直接依据"和"间接依据"两大类12种，"直接依据"是评论写作时可及性更高的材料，而"间接依据"更需要引用，大多属于二手材料。表6-2列举了"依据"具体的分类情况。

表6-2   "依据"的分类

类型	具体种类	解释及例句
直接依据	领导人话语	引用中国政治领导人的言论 "习近平等中央领导明确指出……，因此……"
	效用话语	列举某事的效用价值，多用于动员性主张 "为了维护亚太地区的和平发展，我们要……"
	政策话语	引用相关国家政策、政府会议言论、外交部发言人言论 "执法检查会议上指出……，由此……"
	道德话语	从道德层面论证主张 "美国……像不愿意交作业的小学生……甩锅泼脏水……"
	规则话语	列举法律规范、行业规则、契约准则等 "是美方飞机，无视国际法对飞越自由的规定……"
	泛例	用类名指称描述一件事，多为概念描述或指称宽泛的事例 "不少年轻人选择了好聚好散……"
间接依据	实例	使用具体的事例 "广东省中医院二沙分院急诊科护士长叶欣不畏艰难……"
	专业权威话语	使用理论或相关专业人士的言论 "中国外交学院战略与和平研究中心主任苏浩认为……"
	数据（标注来源）	使用数据（标明了来源） "国新办2019年发布的《中国粮食安全》显示……"
	数据（未标注来源）	使用数据（未标明来源） "有数据显示……"
	事件相关者评价（实名）	使用与事件相关的人或媒体的言论（实名） "安理会大多数成员国和联合国两机构都认为……"
	事件相关者评价（匿名）	使用与事件相关的人或媒体的言论（匿名） "在银行和社保系统基层工作的朋友告诉岛叔……"

三、研究样本与编码

本章选择同一媒体、同一时间内、发表在不同媒介上的新闻评论文章为样本，通过对比的方式探究论证结构的变化。《人民日报》是中国共产党中央委员会机关报，在我国媒体中政治地位最高，办报时间久远。同时，《人民日报》面对新的传播场景不断推陈出新，在移动互联网时代仍有相当的影响力。因此本章选择《人民日报》的评论版作为传统媒体新闻评论的代表。

《人民日报·评论版》成立了自己的微信公众号"人民日报评论"，但其公众号推文的浏览量很少破 10 万，且大部分文章直接转载报纸的评论版。相比之下，《人民日报》（海外版）于 2014 年创建的微信公众号"侠客岛"已获得诸多超越同行的成绩，被新华社认为是"中央主要媒体打造的微博微信公众号的典型"①。"侠客岛"已成为外国媒体观察中国的窗口。创办 5 年来，"侠客岛"的文章被西方媒体（不含华文媒体）转引 1.8 万余篇次，年均 3 000 多篇次，共计 600 余家外媒转引过"侠客岛"的文章。② 因此，本章视"侠客岛"为新闻评论在移动互联网中取得较好转型成果的个案，对其进行抽样研究。

本章的研究时间是 2020 年 7 月 1 日至 12 月 31 日。周一至周五，《人民日报》有专门的评论版，周六日不出版，因此，在排除周六日后，每 6 日抽出 1 日，共抽出 22 日的评论版，每日评论版含 5～6 篇文章，共计 114 篇文章，下称"评论版"样本。③ 同时，2020 年 7 月至 12 月，"侠客岛"公众号共发布了原创文章 147 篇，除去 15 篇新闻报道、12 篇专家访谈、5 篇科普

---

① 主旋律更响亮 正能量更强劲：党的十八大以来宣传思想文化工作综述. 思想政治工作研究，2017（10）：7-13.

② 打造主流新媒体 勇当舆论轻骑兵：侠客岛、学习小组五年来创新融合发展的探索与实践. 新闻战线，2019（5）：38-40.

③ 随机抽样时抽出"10 月 6 日"，属于国庆节假期，无评论版，因此顺延日期，抽取"10月 9 日"；抽取到"11 月 25 日"，报社刊登 2020 年全国劳动模范和先进工作者名单，无评论版，因此顺延日期，抽取"11 月 26 日"。最终抽取的 22 天分别是：7 月 2 日、13 日、20 日、30 日；8 月 5 日、12 日、27 日、28 日；9 月 7 日、21 日、25 日；10 月 9 日、13 日、23 日、28 日；11月 10 日、17 日、26 日；12 月 2 日、15 日、22 日、25 日。

文、3篇最高领导人会议讲话导读、2篇历史回顾、1篇"任欣平"①评论共38篇文章后，剩余109篇进入样本框，下称"侠客岛"样本。

在编码时，研究者以一篇文章为一个背景单元（context unit），一篇文章中意义相近的段落为一个分析单元（unit of analysis），114篇"评论版样本"共产生1 408个分析单元，"侠客岛"109篇样本共产生970个分析单元。具体来讲，笔者将文稿通读后，梳理出文章前后传递出的多个"主张"并记录"主张"的类别，一个"主张"下面统摄的"限定词"和"依据"可能分布在多个段落之中。笔者标记文稿中"主张"的"限定词"，并记录作者为论证"主张"而使用的"依据"及其类型，如若"主张"无"依据"支撑，也进行记录。值得注意的是，新闻评论在文章前段往往含有对新闻事件的描述，其中不乏一些类似于"主张"的判断句式，这些内容不计入统计，因为它意在对事件进行介绍，而不是评价事件、发表意见。

笔者从样本中随机抽取10%的文章，"评论版"和"侠客岛"分别抽取11篇，共22篇交给另一名研究者独立进行编码，计算同样本编码员信度ICC（intraclass correlation coefficient）值。检验结果表明，ICC系数在0.724～1.00之间波动，其中"事件相关者评价（匿名）"与"政策话语"的信度系数低，分别为0.724和0.742，剩余变量的信度系数均大于0.75。"领导人话语""专业权威话语"和"动员性主张"的信度系数高，分别为1.00、0.931和0.915。

四、研究发现

（一）"主张"

《人民日报》评论版每篇文章平均包含了12.35个"主张"，其中"事实性主张"为6.57个，"动员性主张"为4.32个，"意义性主张"为1.46个（见表6-3）。相较之下，"侠客岛"每篇文章的"主张"数降低，平均每篇

---

① "任欣平"应为《人民日报》新闻评论的缩写，该篇文章写作方式与"侠客岛"类似，但篇幅更长，编码后的量化结果与"侠客岛"其他文章差异大，因此删除此文。

文章减少了3.46个"主张"，在总"主张"数减少的同时，"侠客岛"每篇文章包含的"事实性主张"仍高于"评论版"，但在"动员性主张"和"意义性主张"方面下降显著，每篇分别为0.50和0.54个，小于1。这表明一篇"侠客岛"文章很可能缺乏动员和断言事件意义的意图，而仅对事件进行事实描述。

表6-3　　　　每篇文章包含的"主张"数（个/篇）及其百分比

样本	事实性主张（百分比）	动员性主张（百分比）	意义性主张（百分比）	主张总数
评论版	6.57 (53.20%)	4.32 (35.01%)	1.46 (11.79%)	12.35 (100%)
侠客岛	7.85 (88.25%)	0.50 (5.67%)	0.54 (6.08%)	8.90 (100%)

按主张类型的占比来看，"评论版"的"事实性主张"与"动员性主张"是文章的主体内容，此外，"意义性主张"占比11.79%。"侠客岛"将论证的重点放在对事件的阐释上，仅"事实性主张"一项就占比88.25%，动员读者与赋予事件意义不再是写作的核心任务。

（二）"限定词"

在"限定词"方面，每一个"主张"与"限定词"一一对应，"限定词"用来说明"主张"成立的可能性，反映了作者对论证的确信程度。"限定词"的编码分为"含全称量词的限定词"与"不含全称量词的限定词"两类，前者指"所有""全国人民""一定""绝对"等词，如"主张"句"只要各族人民齐心协力、勤劳奋斗，中华民族就一定会更加兴旺发达"对应的是"含全称量词的限定词"；而"主张"句"在新冠肺炎疫情防控中，越在抗疫一线，越能发现中医药的独特价值"对应的是"不含全称量词的限定词"。

在"评论版"样本中，每篇文章中"含全称量词的限定词"为2.49个，其总数占"评论版"样本所有限定词的20.17%（见表6-4），两数据均显著高于"侠客岛"样本。"侠客岛"每篇文章"不含全称量词的限定词数"也低于"评论版"，这是因为"侠客岛"本身"主张"数少，"限定词"相应减少。

但在百分比上,"侠客岛"的文章中"不含全称量词的限定词"占比高于"评论版","侠客岛"在写作时更少使用"一定""肯定""绝对"等词,媒体的精英姿态有所减弱。

表6-4 每篇文章包含的"限定词"数(个/篇)及其百分比

样本	含全称量词 (百分比)	不含全称量词 (百分比)	限定词总数
评论版	2.49 (20.17%)	9.86 (79.83%)	12.35 (100%)
侠客岛	1.17 (13.10%)	7.73 (86.91%)	8.90 (100%)

(三)"依据"

在"依据"方面,较之"评论版"文章,"侠客岛"每篇文章的"依据"数增加了6.41个,增幅明显,而每篇文章中不含"依据"的"主张"数显著减少,减少了3.57个。同时,从"评论版"到"侠客岛",每篇文章无"依据"的"主张"占比下降了19.87%,在"评论版"中,超过一半的"主张"都缺乏"依据"支撑,而在"侠客岛"中,这个比例降低为32.47%(见表6-5)。

表6-5 是否含有"依据的主张"数(个/篇)及其百分比

样本	无依据的主张 (百分比)	有依据的主张 (百分比)	直接依据和间接 依据总数
评论版	6.46 (52.34%)	5.89 (47.66%)	9.39 (100%)
侠客岛	2.89 (32.47%)	6.01 (67.53%)	15.80 (100%)

在"依据"的使用上,"评论版"的"直接依据"为每篇7.03个(占所有"依据"的74.79%),"侠客岛"的"直接依据"为每篇6.08个(占所有"依据"的38.50%)(见表6-6)。"评论版"的"间接依据"为每篇2.37个(占所有"依据"的25.21%),"侠客岛"的"间接依据"为每篇9.72个(占所有"依据"的61.50%)(见表6-7)。"评论版"中"直接依据"占据明显优势,而在"侠客岛"中,"直接依据"的优势已经消失,超半数的"依据"为"间接依据"。一方面,"侠客岛"面对更广泛的议题,倾向于向"间

接依据"寻求更丰富的"论证"资源；另一方面，"间接依据"往往更加具体，与"主张"的关联更密切，包含经验事实、专家言论、统计数据和事件相关者的引语，使"论证"在形式上显得更理性，而"论证"有效性的风险也由新闻报道者、专家、统计机构和事件相关者分担。

表 6-6　　　文章中各类"直接依据"的个数（个/篇）及其百分比

样本	领导人话语（百分比）	效用话语（百分比）	政策话语（百分比）	道德话语（百分比）	规则话语（百分比）	泛例（百分比）	直接依据总数（百分比）
评论版	0.63（6.72%）	1.31（13.91%）	0.39（4.20%）	0.00（0.00%）	0.12（1.31%）	4.57（48.65%）	7.03（74.79%）
侠客岛	0.07（0.46%）	0.78（4.94%）	0.65（4.12%）	0.15（0.93%）	0.29（1.86%）	4.14（26.19%）	6.08（38.50%）

通过对"直接依据"的进一步分析发现，从"评论版"样本到"侠客岛"样本，"领导人话语"的下降非常明显。"评论版"每篇文章中含 0.63 个，而"侠客岛"每篇文章仅含 0.07 个，也就是说，"侠客岛"的 109 篇样本中"领导人话语"仅有 8 个，"侠客岛"极少采用较为宏观的"领导人话语"来论证具体的问题。在"效用话语"上，"侠客岛"相比"评论版"更少使用，这与"侠客岛"的主张类型有关，因为"效用话语"的句式多为"为了……，所以我们要……"，其与"动员性主张"常同时出现，"侠客岛"的"动员性主张"显著少于"评论版"，"效用话语"的含量也同步下降。在"政策话语"上，"评论版"与"侠客岛"差异不大，且占比都较低，分别为 4.20% 和 4.12%。

值得注意的是，"评论版"未曾采用"道德话语"，而"侠客岛"开始尝试使用这类道德谴责或道德期待的语句。例如在《美国又给咱扣了顶"大帽子"》（2020 年 10 月 13 日）一文中，第一个主张为"中国不是世界第三大核力量"，作者在使用某未标注来源的数据后，写道"……美国这番睁眼说瞎话，像不愿意交作业的小学生，为了逃避核裁军责任，甩锅泼脏水，样样不落"，从道德层面激发读者的情感，进一步加强了主张的可信度。在"规则话语"上，"侠客岛"使用更多，每篇文章为 0.29 个。"评论版"使用的"规则话语"均为中国的法律规范，例如在《为婚姻家庭带来立法关怀》（2020 年

7月2日）中使用了《中华人民共和国民法典》"婚姻家庭编"的材料；在《为中医药创新性发展提供法治保障》（2020年7月2日）中使用了《中华人民共和国中医药法》第18条的规定。"侠客岛"在"规则话语"的使用上更加宽泛，包含国外的法律规范、国际协定、国际公约等。最后，"评论版"与"侠客岛"都惯用"泛例"，每篇文章中"泛例"的个数分别为4.57和4.14，但"侠客岛""依据"数更多，"泛例"在所有"依据"中的占比相较于"评论版"更低。"评论版"与"侠客岛"在"依据"上的差异更多体现在"间接依据"的使用上（见表6-7）。

表6-7　　文章中各类"间接依据"的个数（个/篇）及其百分比

样本	实例 （百分比）	专业权威话语 （百分比）	数据（标注来源） （百分比）	数据（未标注来源） （百分比）	事件相关者评价（实名） （百分比）	事件相关者评价（匿名） （百分比）	间接依据总数 （百分比）
评论版	1.31 （13.91%）	0.14 （1.49%）	0.08 （0.84%）	0.65 （6.91%）	0.05 （0.56%）	0.14 （1.49%）	2.37 （25.21%）
侠客岛	4.19 （26.54%）	1.06 （6.74%）	0.55 （3.48%）	0.80 （5.05%）	1.74 （11.03%）	1.37 （8.65%）	9.72 （61.50%）

从每篇使用的"依据"数来看，"侠客岛"在6种"间接依据"的使用上均多于"评论版"。"侠客岛"在"实例""专业权威话语""数据（标注来源）""事件相关者评价（实名）""事件相关者评价（匿名）"的使用上显著增加，在"数据（未标注来源）"上与"评论版"差异不大。"侠客岛"的文本呈现出就事论事的理性风格，平均每篇文章使用的间接依据约是直接依据的1.60倍，而这个比例在"评论版"中是0.34。

（四）小结

从整体来看，"评论版"的文章欲传递的"主张"更多，惯用"含有全称量词的限定词"描述"主张"成立的程度，"主张"意在阐明事实，动员群众，超过一半的"主张"缺乏依据支撑，在使用"依据"时更青睐"直接依据"。相比之下，"侠客岛"每篇文章的"主张"数减少，专注对事实进行论证，不包含"依据"的"主张"数减少，使用的"依据"数增加，在论证时更青睐"间接依据"。

从"评论版"到"侠客岛",论证结构的变化首先反映出后者对论证本身的重视,原属于"主张"的文本被压缩,更多的篇幅留给了"论证"的过程,在"侠客岛"文本中,平均每篇文章所需"论证"的"主张"数减少,"依据"数却增多。其次,论证结构中"限定词"的变化体现了评论写作者对"主张"的确信程度有所降低,"侠客岛"更少毫无保留地用"全称量词"描述"主张"。再次,论证结构的变化也显示出新闻评论写作意图的变化,"侠客岛"大幅度降低了文章中动员读者与赋予事件意义的意图,而专注对事件进行解释与论证。最后,"侠客岛"在论证时大幅增加了"间接依据"的使用,文本的丰富性有所提升,论证的材料与"主张"之间的关联性更加清晰。

五、讨论:从"判断"转向"解释"

在传统媒体时代,报纸新闻评论的写作方针可以用"判断"一词来概括,"判断是新闻评论的核心价值"[①],它在阐释新闻事件的同时更强调表述"这件事的意义是什么",以及"我们应该怎么做"。

"判断"体现为对"主张"的高度重视。作为我国党政机关的组成部分,《人民日报》新闻评论的观点不仅表达了作者的见解,更蕴含着媒体的立场与党的立场,新闻评论的写作承担着政治风险,立论的内容极为重要,作者"必须从政治的视角辨析是非,阐明立场,纠正谬误,宣传观点,给出科学的思想方法,给出解读论题的正确思路"[②],写作时要"运用马克思主义的立场和方法论,分析解释问题,从中提炼观点,最终使论点符合客观实际,反映客观事物存在的规律、实事求是地揭示事物本质"[③]。对于写作者来说,主张是新闻评论的灵魂,是判定文章价值的重要标准。

"判断"同时也意味着对事件宏观价值的重视。新闻评论的立论需要顾

---

① 马少华.时评的历史与规范.新闻大学,2002(3):48-51.
② 丁法章.当代新闻评论教程.5版.上海:复旦大学出版社,2019:33.
③ 宋晓秋,王丹娜.新闻评论学.北京:中国广播影视出版社,2016.

全大局，讨论党和政府的各项方针政策，相比于事件内部的具体情况，评论更关注事件背后的宏旨。有学者对第 16 届中国新闻奖的作品进行分析后发现，"这些作品表述立论的核心范畴，大多具有宏观、一般化的特征，其所指的内容位于现实社会生活的高远上层，属于观念、精神、方针政策等纲领性的范畴约为 70%"，这表示党报新闻评论的写作"不囿于具体矛盾是非，而是着眼大局"①。而宏观的主张与具体而微的间接依据在写作时并不搭配，文章中间接依据的使用极少。

最后，"判断"所面对的是需要被启蒙、被教育的群众，新闻评论呈现出精英写作的姿态，在新闻评论的教科书中常强调新闻评论要给读者以启迪②，作者往往对主张确信程度高，多使用"含全称量词"的"限定词"，这与党报新闻评论担负重要的政治职责相适应。

移动互联网时代，"判断"已经无法准确描述像"侠客岛"这样的新闻评论文本，"解释"是一个更准确的词。"解释"更强调对论证的重视，"侠客岛"的多数文章是建立在横向与纵向梳理新闻事实的基础上，最大限度地占有相关资料是编辑与写作的基础。③ 以同主题的两篇文章为例，在《小小餐桌，何以牵动中国?》（2020 年 8 月 14 日）一文中，"侠客岛"援引了 3 次专家言论，2 次专业研究报告，9 次数据；而在《中国碗要装中国粮》（2020 年 7 月 30 日）中，"评论版"使用了 5 次领导人言论，有 9 个主张均不含相关依据。此外，根据本章的样本显示，"侠客岛"文本的平均字数约为 1 976 字，而"评论版"文本的平均字数为 1 087 字，前者字数多而"主张"更少，"依据"更多，也一定程度反映出对论证的关注。正如"侠客岛"主创人员表示，"要学会讲道理，有一定的思想深度，这样才能吸引我们这个层次的受众"④。

---

① 顾建明．中美新闻评论立论方法的比较分析．新闻爱好者（理论版），2007（10）：52-54.

② 赵振祥．新闻评论学．北京：九州出版社，2012：43.

③ 王斌，张雪．新型主流媒体影响力建设的内容生产路径：基于微信公众号"侠客岛"的研究．新闻战线，2019（11）：70-74.

④ 高海珍，杨建楠．侠客岛的"心法"：专访"侠客岛"微信公众号负责人独孤九段．新闻与写作，2016（10）：61-64.

"解释"表现为对事实性主张的青睐，它意在回答"这件事是怎么回事"，关注事件本身的具体情况，不重点考虑"这件事的意义是什么"以及"我们应该怎么做"。"动员性主张"和"意义性主张"在"侠客岛"文本中的含量均有下降，而"事实性主张"占比高达88.25%。从其标题可见一斑，"侠客岛"的标题时常提出一个有关事实的问题，文章的重点在于解释事实，例如《她们为啥会痴迷"假靳东"？》（2020年10月16日）、《金斯伯格的遗愿何以被忽视？》（2020年9月28日）、《什么"圈"的腐败，让中纪委说要"倒查20年"？》（2020年9月17日）等。"侠客岛"面对的不再仅仅是需要被启蒙、被教育的群众，更是尚待沟通的群众。

党报的新闻评论由"判断"转向"解释"，这一过程既反映了新闻评论功能的转变，也与移动互联网传播场域的特点相关。改革开放后，政治事务在普通人的日常生活中下降，非政治性的事务（如经济、文化、社会等）地位上升，造成了新闻评论内容的丰富。普通人所拥有的社会知识普遍不足，因此，党报的新闻评论承担了启蒙教育的职能，对社会发展过程中，特别是一些在社会转型时遇见的重要问题进行定调判断，使民众的思想认识在逐渐拓宽的同时统一起来，且不逾越意识形态。同时，大众传播又是一项非常稀缺的资源，承担着公共讨论的重任，因此新闻评论也被赋予了舆论监督与反映舆论的功能。

移动互联网时代，改革开放已经深入实践，民众对各项议题已经有了大致的判断，新闻评论启蒙思想这一点已被祛魅，面对一项新闻事件，民众大多知晓从哪个方向解读是"正确的"，这是多年来传统媒介信息培养的惯性。因此，传统的新闻评论对于现在的阅读者来讲经常显得信息量过低，"直接依据"在形式上并不是丰富的依据，受众对此多有千篇一律的感觉。此外，互联网的开放性给予了个体进行公共讨论与自我表达的空间，这与传统媒体时代相比前所未有，新闻评论舆论监督与反映舆论的功能在很大程度上让渡给社交媒体平台，当下媒介事件的第一爆发点常见于微博、公众号、抖音，而不是主流媒体的言论版。由此，移动互联网时代的新闻评论不再着眼于使用"直接依据"做出一个准确的"判断"，而是整合利用"间接依据"进行解释，以进行文体变革。20 世纪 80 年代起，新闻评论的功能从舆论引导出发，逐渐被赋予思想启蒙、素质教化、舆论监督、反应舆论等功能，最终在互联网时代向舆论引导回归。正如人民日报社 2018 年在中国新闻奖参评作品推荐表中对"侠客岛"做出的评价——"发挥中央媒体在舆论场中'定海神针'的作用""进行舆论引导、挤压负面声音"。

传播场域的变迁也推动了新闻评论从"判断"转向"解释"。传统媒体时代，党报的新闻评论占据较高的政治地位，大型央媒中优秀的新闻评论不仅有机会被各级媒体转载，还会在中央电视台进行提前播报，同时也会作为各单位干部的学习材料①。政治资源为其广泛传播开辟了道路，也奠定了其被重视的基础。由此，如果"解释"是为了提高受众的接受程度，那么传统媒体很少需要使用具体的"间接依据"进行解释。进入移动互联网时代后，新的传播场域在很大程度上重构了大众传媒的逻辑，面对更广大的受众，高高在上进行"判断"的传统媒体不再如从前一般受青睐。在情绪化言论泛滥的互联网生态中，新型主流媒体探索出一条可行的道路，即基于简单的命题，整合各种材料进行理性的解读。本章进一步认为，"解释"在一定程度上是主流媒体面对话语权没落的应对措施，在舆论改革尚举步维艰时，主流媒体能做出的令人瞩目的"判断"已经稀缺，而利用各种材料进行"解释"正解燃眉之急。当"判断"转向"解释"，文章中的述评自然增多，利用的"间接依据"也就上升。其实，在今天的互联网时代，特别是自媒体中，"解释"是一个常用的文本组织形式，自媒体本身并不具有天然让人信服的基础，更需要基于大量材料进行观点阐释，这也从侧面反映出主流媒体话语权的没落。

六、结 语

传统媒体转型始终是新闻学研究的热点话题，在 20 世纪末，媒体转型的

---

① 胡沈明."互联网＋"时代新闻言论生态的转型. 青年记者，2016（7）：75－76.

关键变量是媒体体制改革及市场化，时至今日，媒介技术的发展成为重塑整个媒体行业的又一重要的变革性力量。而媒介间的内容移植难以助力媒体转型——报纸上的文章放在互联网上并不意味着报业转型为新媒体。互联网是一种"高维"媒介，传统媒介的"低维"方式无法有效地运营[①]，欲想跨越边界，传统媒体还面临着重重挑战。

首先，互动性（interactivity）是互联网时代机构媒体转型过程中出现的新特征之一[②]，新闻评论的论证结构从"判断"转向"解释"呼应了移动互联网时代互动、对话、交流的需求。跟传统媒体时代被动接受新闻评论结论的面貌不同，移动互联网时代的受众更具主动性，媒体与受众的权力关系发生了变化，受众在各个平台之间进行选择，面临海量的、永远也不可能看完的信息，轻轻松松动动手指头就可以在各平台之间跳动，要想在与跟消息、娱乐、游戏、社交等内容的竞争中获得受众青睐，新闻评论必须考虑受众需求和口味。传统媒体时代"判断"式新闻评论直接告诉了受众，新闻事件的意义是什么，以及受众应该如何做，带有居高临下的精英心态，容易引起受众的厌倦情绪。关于同一件新闻事件，存在着不同的立场和解释，"解释"式新闻评论给受众提供了发表意见和反馈的机会，媒体与受众之间能够进行互动和交流，无疑比单向输出的"判断"式新闻评论更适合移动互联网时代。

其次，移动互联网的互动性也体现在内容生产后台的前置，媒体借此应对受众对断言式新闻产品的质疑。厄舍考察《纽约时报》时，编辑室人员正在进行一场名为 Times Cast[③] 的实验——报社发出记录编辑部工作的视频，以便让受众更加了解新闻生产的过程。该措施的实操效果不佳，但却是开放

[①] 喻国明. 互联网是一种"高维"媒介：兼论"平台型媒体"是未来媒介发展的主流模式. 新闻与写作，2015（2）：41-44.

[②] USHER N. Making news at The New York Times. Ann Arbor，MI：University of Michigan Press，2014.

[③] Times Cast 是一档时长 5 分钟的每日新闻播报节目，通过这个视频节目，观众可以看到《纽约时报》新闻编辑室的花絮，看到编辑们是如何讨论重要新闻的，视频团队还会采访记者，请他们提前透露一些第二天将上头版的重要新闻的内容。这种透明、开放、与读者对话的做法，是《纽约时报》建立互动性的手段之一。

新闻生产后台的积极尝试。而从笔者的研究发现来看，新闻评论生产后台的前置体现在论证过程的透明性上，"判断"式新闻评论注重主张的灌输，受众难以从文本中获得主张成立的详细理由，而"解释"式新闻评论为论证材料留出了更多篇幅，主张成立的理由更透明地呈现在受众面前。

跟"解释"式新闻评论相比，"判断"式新闻评论也无法满足当下受众的社交需求。新闻评论只有契合了受众口味，才能够获得受众的点赞、转发和评论，从而获得关注度和流量。"判断"式新闻评论偏好使用"全称量词"做"限定词"，主题宏大，结论过于绝对化，距离受众日常生活过远，难以激发受众分享和交流的兴趣。"解释"式新闻评论语气轻松，论证时偏好使用日常生活中的具体实例，很少做空话、大话、套话式论证，拉近了与受众之间的心理距离，容易成为受众讨论的热点话题。"人民日报评论"是人民日报社评论部建立的官方微信公众号，它的文章大部分是报纸版评论的简单复制，属于传统媒体上的"判断"式新闻评论，跟"侠客岛"专门针对移动互联网受众而写作的"解释"式新闻评论相比，它的点赞、转发和评论数远远逊于"侠客岛"。所以，新闻评论的论证结构从"判断"转向"解释"，可以看成是传统媒体呼应移动互联网需求而做出的主动调适，其目的在于，在新的传播场景下依然占据舆论高地、发挥引导舆论的功能。

本章存在以下缺陷。首先，图尔敏模型视角下的新闻论证是微观的，它重视每一个"主张"与"依据"之间的论证关系，但忽略了文本中多个新闻论证形成的有机结构，写作者对文本的总体性安排无法在本章中被揭示，换言之，新闻评论中的总论点与分论点之间的关系被忽略了。其次，论证结构是对新闻论证形式化的考察方式，并不涉及对论证有效性的检验，"依据"多并不意味着论证更有效，新闻论证有效性的标准尚待进一步的理论探索与实证研究。

第三部分

用户

这一部分关注移动互联网时代受众的变化。

从群众观到受众观，曾经被看成改革开放以来我国媒体受众观最显著的转变。进入移动互联网时代，受众观隐退，群众观复兴，同时深受移动互联网和社交媒体的影响，媒体越来越重视情感性和与用户的连接性，移动互联网时代的受众观可以简单概括为情感群众观，即通过情感手段强化作为群众的受众。

短视频平台成为当下移动互联网的新热点，青少年处于塑造人生观世界观的关键阶段，短视频平台如何嵌入他们的日常生活和社会关系之中？为什么短视频平台能够吸引大量用户？中国新闻界的未来目标就是通过驯化进入普通用户的日常生活。当媒体成为日常生活的一部分时，它才能继续保持并发挥自己的影响力，凝聚社会共识。

第七章　制造情感群众
——移动互联网时代我国媒体受众观的转型

一、引言

社交媒体时代，随着受众阅读习惯和阅读终端的改变，传统媒体难以确立盈利模式，其点击量（阅读量）和社会影响力出现了大规模下降。其中一个引人注目的现象就是，市场化媒体急剧衰退，相比之下，党报媒体的衰退则没有那么明显。20世纪80年代以来我国媒体商业化改革导致了市场化媒体地位的提升、党报媒体影响力的下降，这一趋势在过去几年里有了明显逆转，在移动互联网时代，党报媒体转型比同级别市场化媒体转型更加顺畅。

本章所关注的研究问题，就是移动互联网时代党报媒体如何重新崛起并成功定义了新的新闻实践。党报媒体重新崛起这一现象对我们了解当下中国新闻界至关重要，也影响了未来数年我国新闻界转型的走向。本章以《人民日报》在移动互联网时代的转型为例，通过考察它的微信公众号的内容及其生产过程，试图理解它转型获得高点击量的必然性。

本章从知识社会学传统考察移动互联网时代我国媒体受众观的转变。媒体的受众观——即媒体对受众的看法——被看成是一种观念，这一观念产生于特定社会情境之下，有其特定表现，又引起了相应的社会实践。《人民日报》微信公众号体现出了跟印刷版不一样的受众观，即脱胎自传统群众观的情感群众观，这一新型受众观体现在媒体的日常工作中，被固定化为工作常规的一部分，从而在新环境中站稳脚跟，并指导日常工作。新闻媒体视自己的用户为情感群众，这一受众观的转变绝非仅仅由移动互联网技术普及而推动，同时也受到了政治、经济、社会、文化等诸要素的历史性互动的影响。技术虽然对移动互联网时代的媒体提出了更多、更高的要求，然而技术决定论远非当下我国媒体转型过程中的主导因素。

值得一提的是，英文单词 emotion 和 affect 在中文语境下经常被翻译成"情感"，有些研究会将二者混用不加区分，然而，它们是不同的概念，亦有不同的思想源流。近年来，西方社会科学界出现了"情感转向"（the affective turn），其源头来自 17 世纪荷兰哲学家斯宾诺莎。社会学家马苏米（Massumi）对斯宾诺莎的解释被广为引用："情感/情状（affect /affection）这两个词都不是指个人感觉。斯宾诺莎的 affectus 是施与情感和感受情感的一种能力。它是一种前个人的张力，对应于身体的一种经验状态向另一种状态的过渡，喻示身体行动能力的增强或减弱。"① 斯宾诺莎的著作中译本用情感、情绪、感触、刺激等不同译法来对应 affect。相比之下，emotion 一词缺乏深厚的哲学背景，斯宾诺莎曾经区分了快乐、痛苦和欲望三种情感（emotion），心理学家很早就将 emotion 视为个人的主观感受而加以研究。帕帕克瑞斯（Papacharissi）继承了斯宾诺莎和德勒兹的思想研究社交媒体上的情感公众，即通过情绪（sentiment）表达从而被动员、被连接或断连的网络化的公共构型（public formations）。她不关注公众使用社交媒体的政治效果（effect），她认为，当公众意识到在社交媒体里"陌生人跟我关心相似的内容"，那么零散的公众就被连接起来，从而实现了政治情感（affect），affect 先于 emotion 而存在。② 在新闻业研究里，经常跟情感（emotion）放在一起被讨论的是事实和观点，情感（emotion）是被建构的内在感受（inner feelings）表达，口头报告、行动、个人反应都能体现我们的情感（emotion）。本章无意探讨 affect 一词的哲学含义，只在普通经验的基础上使用 emotion（情感）或 emotionality（情感性）来表达媒体文本里跟客观报道相对的主观情绪

---

① 陆扬."情感转向"的理论资源. 上海大学学报（社会科学版），2017（1）：30 - 38.
② PAPACHARISSI Z. Affective publics: sentiment, technology, and politics. New York: Oxford University Press，2015：125.

的表达特征。

二、观念与社会结构的勾连

(一) 观念与社会结构变迁之间的关系

社会观念变迁与社会结构变迁之间的关系，即二者之间如何相互影响相互作用，是社会科学长久以来关注的研究课题之一，古典社会学家涂尔干、韦伯、马克思等都对此有过论述。在"社会观念如何变迁"这一问题上，他们的观点大致分成两类：文化适应论与阶级合法论。[1] 简单说来，文化适应论认为，社会观念变迁是适应日益增长的社会复杂性的后果；阶级合法论则认为，社会观念变迁是各阶级地位发生变化、新兴阶级要求合法性而导致的后果。这两种观点都预设了观念变迁的一帆风顺，即认为细微之处的变迁积累成为转折性变迁，而忽视了观念变迁产生于断裂、冲突、对立之中；这两种观点也过于重视宏观层面上不同社会环境的跨地区跨阶段的相互比较，而忽视了微观层面上社会结构变迁如何干预观念变迁这一过程。如果社会复杂性和阶级地位没有发生变化，那么又如何解释观念变迁呢？

知识社会学关注常识性的"知识"成为"现实"时经历的社会过程，即特定社会观念如何"在社会情境中被发展、传播和维持"[2]。简单地认为观念由特定社会情境所决定，这种看法无视观念的自主性，限制了观念的复杂性与深刻性，也无法说服更多人接受新观念；与此对应，简单地认为观念与社会情境无关，那么新观念也无法获得更多社会支持，从而很难流行。沃斯诺尔（Wuthnow）认为，观念与社会实践之间彼此勾连（articulate，也有人译为"结合""接合"或"咬合"）。一方面，社会观念产生于特定的社会情境之中，观念从社会情境中获取资源和灵感，并且反映了所处的社会情境；另一

---

① WUTHNOW R. Communities of discourse：ideology and social structure in the reformation，the enlightenment，and European socialism. Cambridge，Massachusetts：Harvard University Press，1989：518.

② 伯格，卢克曼. 现实的社会建构：知识社会学论纲. 吴肃然，译，北京：北京大学出版社，2019：6.

方面，观念维持着自主性，超越了所处的特定环境，能够获得超时空的普遍支持，观念远比社会情境拥有更强的生命力。① 因此，在观念生产与社会情境之间，需要维持微妙的平衡，不能偏废一方。

霍尔突破了拉克劳（Laclou）等将勾连实践还原为话语的观点，主张勾连实践的历史性与现实性，即话语/观念及其所处社会环境之间的关系并非预先设定，"（勾连）需要特定的存在条件而出现，必须为特定的过程积极的维持，它不是'永恒的'，而是被持续不断地更新，会在某些环境下消失或被颠覆，从而导致旧的连接被消解而新的联系——再勾连——被巩固。其重要性还在于，不同实践之间的勾连并不意味着它们会变得相同或一个会消解到另外一个当中，每一个都保持了其特定的存在性和条件"②。霍尔以连接式卡车来比喻勾连实践：车头与拖车勾连在一起，卡车才能进行工作。但是，车头与拖车可以自由组合，二者不存在固定关系。因此，在特定历史条件下，话语/观念与社会环境勾连在一起，彼此并无必然的归属，在另外的历史条件下，话语/观念与其他社会环境再次勾连（rearticulate）在一起，这种联系并非是必然的、绝对的或本质的。③

霍尔的勾连理论打破了阶级决定论和社会决定论，从更加动态、更加灵活的角度来思考社会结构中所呈现出的观念的意义。沃斯诺尔用勾连理论分析新教改革、启蒙运动和欧洲社会主义三大思潮兴起的社会背景及其社会实践，重视勾连、去勾连（disarticulation）、再勾连这一动态的有机过程。④ 在新旧观念更替时期，一切都处于变动和未完成之中，冲突、对立、斗争、替代不可避免，观念与其所处社会情境之间的连接是暂时的、非必然、非决定

---

① WUTHNOW R. Communities of discourse：ideology and social structure in the reformation, the enlightenment, and European socialism. Cambridge, Massachusetts：Harvard University Press，1989.

② 邹威华. 斯图亚特·霍尔的"接合理论"研究. 当代外国文学，2012（1）：42 - 49.

③ GROSSBERG L. On postmodernism and articulation：an interview with Stuart Hall// MORLEY D, CHEN K. Stuart Hall：critical dialogues in cultural studies. London：Routledge，1996：141 - 142.

④ 同①.

性的。新旧观念更替也并非库恩所言的"范式转换"那样界限分明，它们之间并非简单的对立和取代关系，而是既有差异性也有同一性（unity）、延续性，在矛盾和交锋之中取得暂时的、不稳定的共存。

（二）观念的体制化

新观念只有通过体制化（institutionalization）成为社会实践的一部分，才能被固定成为惯例和常规，从而站稳脚跟。以改革开放以来"受众"取代"群众"的话语变迁为例，观念的体制化分成了三个阶段。①

首先，社会环境变动，新观念出现并挑战旧观念，多种观念并存，既有社会实践不能解决新环境下的新问题，于是既定社会机构也开始采纳新观念带来的新实践，这是观念形式化阶段（formalization）。比如，20 世纪 80 年代，媒体和非媒体机构纷纷开始进行受众调查，将受众调查纳入群众工作部的工作范围之内。

其次，新观念所带来的新实践被纳入组织工作的日常常规之中，重复、固定、稳定不变的常规实践令新观念在新社会环境下被稳固地展示在组织机构中的大多数人面前，成为日常工作的一部分，这是观念常规化阶段（routinization）。比如，进入 20 世纪 90 年代，几乎每一家主要媒体都重视并开展日常受众调查活动，电视台进行收视率调查，收视率数据、受众满意度开始成为媒体考核记者职业表现的重要指标。

再次，新实践被纳入既有社会体制中，成为社会实践和社会制度的一部分，社会行动者不再反思新观念、新实践的正当性、合法性等问题，而视其为理所当然，这是观念正规化阶段（normalization）。比如，1997 年，央视-索福瑞媒介研究有限公司成立，迅速在全国上百座主要城市中展开收视率监测活动，每天调查超过 1 万家样本家庭户，全国主要电视台凭借精确到秒的收视率调查报告来评估自己的节目。

经过形式化、常规化、正规化三个阶段，新观念所引起的新实践最终实

---

① ZHANG Y. From masses to audience：changing media ideologies and practices in reform China. Journalism studies, 2000, 1 (4)：617-635.

现了体制化，新观念并不再是仅仅由一小部分创新者提倡的主张和看法，而转变成为大多数人认可并接受的观念，被嵌入具体的社会实践之中。观念的体制化依然发生于具体的社会情境之中，并且一旦实现了体制化，就超越了最初情境而进入更广大的社会环境中，反过来又巩固了新观念的社会地位。

三、从群众到情感群众——我国媒体的受众观

（一）群众、受众与公众——传统媒体时代的受众观

在不同时代背景下，媒体对自己的读者有着不同的看法。简单说来，在传统媒体时代，我国新闻界对读者存在着群众观、受众观、公众观三种不同的看法。自从 1942 年延安《解放日报》改版完成之后，经过长期探索和实践，我国党报牢固地树立起了群众观。《解放日报》（1942）改版社论《致读者》里对党报的群众性提出了要求："密切地与群众联系，反映群众的情绪、生活需求和要求，记载他们的可歌可泣的英勇奋斗的事迹，反映他们身受的苦难和惨痛，宣达他们的意愿和呼声。报纸的任务：不仅要充实群众的知识，扩大他们的眼界，启发他们的觉悟，教导他们，组织他们，而且要成为他们的反映者、喉舌，与他们共患难的朋友。"1948 年毛泽东在《对晋绥日报编辑人员的谈话》中，进一步将党报与群众的关系总结为："报纸的作用和力量，就在它能使党的纲领路线，方针政策，工作任务和工作方法，最迅速最广泛地同群众见面。"

党报的群众观源自革命战争年代，延续到了当代。群众既是待启蒙和被引导的大众，同时也是革命和社会变革的中坚力量；党报既要反映群众的意见和呼声，同时也必须组织和鼓舞广大群众积极参与革命和建设。群众要接受党的领导，缺乏代议民主的制度保障，所以群众观延续了自古以来传统的精英治国方式，党报最重要的任务是说服群众接受党的方针政策。①

---

① LEE C C. The conception of Chinese journalists: ideological convergence and contestation//DE BURGH H. Making journalists: diverse model, global issues. London: Routledge, 2005: 107 - 126.

余也鲁在翻译施拉姆的《传播学概论》（*Men，Message and Media：A Look at Human Communication*，1982）一书时，将 audience 一词译为"受众"，"受众"一词从此逐渐进入我国新闻传播学界和业界视野之内。在改革开放的背景下，新闻界摒弃了"报纸是阶级斗争的工具"的观念，引入信息观念，媒体的任务是报道新闻和表达舆论，媒体恢复了广告业务，社会新闻、调查性报道、商业报纸渐次兴起。记者被视为收集和发布新闻的专业群体，受众被视为媒体服务的对象，受众的意见和评价成为衡量媒体工作的重要指标。为了精确了解受众需求，受众调查被引入我国，经过长期发展成为常规化、正规化的媒体实践。从群众观转向受众观被认为是我国新闻界自改革开放以来最重要的观念变革之一。[①]

进入新世纪以来，市场经济飞速发展，社会分化现象加剧，民众维权意识上升，NGO组织迅速成长，集体行动不断涌现。在此社会背景下，受众不满足于从媒体上获得信息和新闻，还希望利用媒体表达自己的观点、形成社会舆论、监督有关部门完善职能，于是批评性报道和舆论监督节目由此兴起。与此同时，微博这一社交媒体扩大了普通人表达意见的话语空间，网上围观与转发塑造了强大的舆论威力。[②] 秉持公众观的媒体视受众为拥有政治权利的公民，强调公众的知情权、表达权、监督权，通过报道群体性事件和公民抗争事件维护公民权益。[③] 表7-1比较了传统媒体时代的群众观、受众观与公众观。

表7-1　　　　传统媒体时代群众观、受众观与公众观的比较

	群众观（mass）	受众观（audience）	公众观（public）
发展时期	1940年代以来	1978年以来	2001年以来
社会背景	革命年代、启蒙运动	现代化、政治转型、市场经济、改革开放	社会分化，阶层重现

---

① ZHANG Y. From masses to audience：changing media ideologies and practices in reform China. Journalism Studies，2000，1（4）：617-635.

② 杜骏飞. 网络群体事件的类型辨析. 国际新闻界，2009（7）：76-80.

③ 连水兴. 从"乌合之众"到"媒介公民"：受众研究的"公民视角". 现代传播，2010（12）：13-16.

续前表

	群众观（mass）	受众观（audience）	公众观（public）
媒体实践	人民体、新华体	信息、受众调查、调查性报道	舆论监督节目和报道、微博围观与转发
代表性媒体/栏目	《人民日报》、新华社、《新闻联播》	都市报	《焦点访谈》、微博等社交媒体
关键词	宣传、舆论引导、党性	读者/听众/观众、受众评价、收视率、公信力	舆论监督、公民新闻、公民参与、网络群体性事件

资料来源：部分内容整理自：徐桂权．从群众到公众：中国受众研究的话语变迁．北京：人民日报出版社，2016。

（二）从群众到情感群众——移动互联网时代媒体受众观的新变化

赫伯特·甘斯在《什么在决定新闻》一书中总结到，媒体对实际的受众几乎一无所知，亦拒绝来自受众的反馈，媒体想象自己的读者，并且自以为是地为受众提供（媒体认为受众需要的那些）信息。[①] 这种精英心态导致媒体对受众的认识存在着盲区，在移动互联网时代，用户地位上升，作为信息提供者的媒体的地位相对下降，网络化的数字表达和连接结构绝大部分是以情感为特征的[②]，社交媒体平台上情感优先于事实，能够获得更多流量的情感性内容越来越多，媒体对用户的看法也发生了改变。表 7-2 比较了群众观与情感群众观。

表 7-2　　　　　　　　　　群众观与情感群众观的比较

	群众观（mass）	情感群众观（affective mass）
发展时期	20 世纪 40 年代以来	2010 年以来
社会背景	启蒙运动、革命年代	社会分化、后真相社会
技术背景	传统媒体	移动互联网
接收终端	报纸印刷版、电视机、收音机等	智能手机
媒体实践	人民体、新华体	智能化、视觉性
代表性媒体	《人民日报》印刷版、《新闻联播》、新华社	《人民日报》微信公众号
关键词	宣传、舆论引导、党性	现场感、参与感、连接性

---

① 甘斯．什么在决定新闻．石琳，李红涛，译．北京：北京大学出版社，2009：295.

② PAPACHARISSI Z. Affective publics：sentiment，technology，and politics. New York：Oxford University Press，2015：8.

观念变革是延续的而非断裂的，新旧观念之间存在着相似性，彼此勾连。无论是传统媒体时代的群众观，还是移动互联网时代的情感群众观，我国媒介体制领域并没有发生重大变革，坚持党对新闻事业的领导这一指导方针没有发生变化，媒体对受众或用户的基本看法也没有本质改变。情感群众观依然视用户为群众，一方面，群众蕴含巨大能量，在关键时刻能制造热点事件和社会舆论，促进社会变革和建设；另一方面，群众仍旧需要并接受精英领导，精英说服群众、组织群众达成集体行动——这种群众观的二元性并未因为社会结构和媒介环境的变化而发生改变。

新旧观念之间也存在着差异，受社会环境变化和媒介技术革新的影响，情感群众观与群众观之间的不勾连（disarticulation）主要体现在群众动员的方式和手段方面。智能手机可以随身携带，实现了瞬间开机，用户能够不间断地接收信息，媒体再也不能像传统媒体时代那样一次性地把所有新闻"打包"推送给受众，而要以"信息流"的形式令用户黏在新闻应用和社交媒体平台上，传统媒体时代每天一个固定截稿时间，在移动互联网时代，固定截稿时间消失了，编辑不停地制作新闻，随时发送，以连续不断的信息流吸引用户的注意力。传统的"人民体""新华体"等报道风格指的都是文字报道，在移动互联网时代，手机能够呈现视频、音频、图片等多媒体要素，再大的手机屏幕，单纯展示文字，阅读效果都不如一张摊开的四开报纸，因此，视觉要素超越文字，成为微信展示情感性内容最重要的手段，《人民日报》微信公众号里的每一篇文章，不仅配有题图，点击打开之后，基本都配有视频、音频或相关图片。

情感群众观与社交媒体的再勾连（rearticulation）并非亲密无间，实际上，移动互联网放弃了社交媒体的某些特征，反而便利了媒体塑造情感群众的需求。微信公众号一开始就强调将新闻单向传递给用户（即读者），受控的用户反馈部分地展示在普通用户面前。用户反馈表现为点赞、分享、评论等形式，无论是哪种反馈形式，普通用户要么无法得知或"看到"其他用户的反馈，要么无法跟其他用户之间产生互动，互动只存在于微信编辑与反馈的用户之间。我们并不知道自己朋友圈里的熟人是否点赞了某一条微信推送；用户在自己朋友圈里分享某条推送内容，这纯属个人行为，媒体和微信编辑不能控制这种行为，没有关注这名用户的其他用户，也无法知道分享行为的发生；编辑筛选和过滤了部分用户评论发表在微信推送内容下端，而更多的用户评论不被广大用户看见，普通用户只能点赞已经发表的用户评论，不能在其下面继续发表自己的评论。也就是说，微信公众号的设计令普通用户之间缺乏连接性，信息单向地从媒体流向用户，而从用户到媒体的信息流动很难产生。当普通用户之间缺乏横向联系时，他们对新闻事件的现场感和参与感完全由微信公众号来建构，信息来源渠道单一，原子化的用户就更容易接受微信公众号所传递的信息，成为被说服、被教育的群众。

四、研究方法与样本

在研究公众利用社交媒体表达观点、进行社会动员时，帕帕克瑞斯认为："（互联网的）影响不是由技术决定的，而是由各种社会文化、经济和政治条件的历史性互动决定的。研究者更感兴趣的方向不在于影响，而在于内容。"[①] 因此，本章视媒体受众观为一种话语，采用话语分析法研究媒体受众观的转变及其影响。[②] 话语分析的目的就是理解"文本、话语实践和社会文化实践之间的系统性联系"[③]。

本章的研究个案是《人民日报》社微信公众号及背后的新媒体中心编辑团队。毋庸置疑，《人民日报》是我国最重要、最权威的报纸，在移动互联网时代，报社转型起步较早，成就斐然。报社于 2012 年、2013 年、2014 年分别开通或上线了微博账号、微信公众号、客户端应用，并于 2015 年 10 月成

---

① PAPACHARISSI Z. Affective publics: sentiment, technology, and politics. New York: Oxford University Press, 2015: 8.

② WOOD L A, KROGER R O. Doing discourse analysis: methods for studying action in talk and text. Sage Publications, 2000: 19.

③ FAIRCLOUGH N. Critical discourse analysis: the critical study of language. Modern language journal, 1995, 81 (3): 707 - 710.

立了新媒体中心，负责"两微一端"日常运营。本章之所以选择微信公众号而非微博账号或客户端应用为研究对象，原因在于：

第一，《人民日报》客户端的影响力远远不如微博和微信，同一条新闻《约理发师剪头发，一天未回复，得知真相后泪目……》（2021 年 7 月 22 日）几乎同时由微信公众号和客户端发布，发布 9 小时后，微信公众号点赞数6.8 万，有 2.2 万用户分享到了"看一看"，而在客户端的点赞数只有 3 000余条。而且，微信已经超越微博，成为我国用户使用时间最长、日均活跃用户数最大的社交媒体，微信对普通用户日常生活的渗透是全方位的。《人民日报》微信公众号每天可以推送 10 次，每次 1～2 条，每一条推送的阅读量都超过了 10 万次、点赞数破万、分享到"看一看"的数量也常常过万，这使得《人民日报》微信公众号成为微信公众号领域里当之无愧的第一名。2018年之后，人民日报社不参与任何公开的新媒体领域的商业排行榜，但是在对新媒体中心编辑的访谈中，编辑们经常流露出自豪情绪："我们的微信公众号（在整个公众号界）一直是第一！"①

第二，就内容而言，新媒体中心内部对"两微一端"的定位有区别，各自针对了不同的目标用户，那些偏软性的、偏情感类的新闻，常常被放到微信公众号上，偏消息类的、重要的时政新闻被放到微博账号上。在智能手机终端，微信推送内容只展现标题加配图，微博连标题和导语在内，共可以展示 100 余字，因此，微信更强调用标题和图片吸引受众，微博更强调内容。就本章主题——移动互联网时代媒体通过情感性内容来影响受众——而言，微信公众号是更合适的研究对象。

本章的研究资料包括：（1）2017 年 9 月至 2018 年 6 月笔者在人民日报社新媒体中心挂职锻炼期间的观察与访谈；（2）2021 年 4 月至 7 月笔者委派新闻专业学生在人民日报社新媒体中心以实习生身份参与日常新闻生产活动期间的观察与访谈；以及（3）收集的公开资料，包括新媒体中心从业人员的公

---

① 来源于访谈材料，时间：2018 - 01 - 12。

开讲话和文章、其他研究者对新媒体中心的研究资料以及微信公众号推送的文章等。这些研究资料都被当作话语分析的经验材料，用于分析微信公众号所体现出来的媒体受众观及其表现。

五、新闻的情感性——内容层面的变化

媒体的各种观念（职业观、价值观、受众观等）最终都体现在自己的产品上。党报微信公众号文章的话语处处体现了情感性的运作，而且情感性的运作是编辑部有意推动的结果，并非无意识行为。新媒体中心主任丁伟在一次业内论坛上谈到"媒体融合已进入了移动优先"时提道："互联网内容生产有什么规律？大致说来，有三个考量维度：信息含量、情感含量、观点含量。"[①] 信息和观点在《人民日报》纸质版上是常见内容，然而情感因素却被微信编辑团队提到了前所未有的高度。

负责《人民日报》微信公众号的编辑告诉笔者，他们内部做过统计，有三类稿件的阅读量最高。[②] 正如本书第一章分析《人民日报》"微信公众号的新闻判断"时所总结的，这三类稿件是：

第一类，重大时政新闻，比如十九大和"两会"。2017年"两会"期间，总理做了《政府工作报告》，长达1.8万字的原文刊登在印刷版上，考虑到手机接收终端的特征，微信公众号编辑们做了500字简写版推送，阅读量达到惊人的200多万。

第二类，重大突发性事件，比如2017年8月8日九寨沟地震，《人民日报》公众号的相关文章阅读量高达400多万。

第三类，情感新闻，即那些蕴含情感因素、强调以情动人的新闻。这一类新闻又细分为两个小类别：第一类强调国家认同，新闻主角要么是拟人化的"国家"——如十九大期间《你好，十九大！加油，中国！》单条微信阅读

---

① 燕帅，宋心蕊. 人民日报社新媒体中心主任丁伟：关于移动优先的11条干货. 人民网，2017-08-19.

② 来源于访谈材料，时间：2018-01-30.

量超 1 110 万，点赞量超 20 万；要么是作为国家公民的普通个人从国家事件中获得情感力量——如《香港阅兵》《印度撤军》《九一八国家公祭日》都是阅读量和点赞量双 10 万＋。责编总结说，这一类稿件"都容易激发爱国情感"，因而容易获得用户认可。第二类是普通人的情感故事，会令普通用户感同身受。2018 年 1 月 9 日，《人民日报》公众号发布一条微信《整个朋友圈都在心疼这个"冰花"男孩！看了他，你还有什么好抱怨的》，阅读量超过 1 000 万。

这三类稿件的阅读量和点赞量都很高，成为公众号编辑选题的重点。时政新闻和突发性事件虽然具备重要的新闻价值，然而不是每天都发生，像地震这样的新闻可能好几个月甚至好几年也没有达到"重要新闻"的级别，因此，《人民日报》公众号给用户留下深刻印象的是其中的情感类内容。

以往的成功经验往往用于指导以后的新闻实践。在这三类新闻里，第一类重大新闻并不常见，微信编辑的写作受到诸多局限不可能自由发挥，党的全国代表大会五年一次，"两会"每年一次，关于国家领导人的活动消息是《人民日报》头版文章的重点，但在《人民日报》微信公众号里好几天才可能有一条。第二类重大突发性事件无法预测，微信公众号编辑部只有 9 名全职编辑，没有记者，不能亲自派记者去新闻现场采访（报社其他部门和地方分社派记者亲临现场采访，稿件未必第一时间发表在微信里，客户端和微博也是他们的选择），往往是综合汇编其他媒体的消息来发表在自己的微信公众号里，时效性差，"抢新闻"从来就不是微信编辑们日常工作的一部分。当前两类新闻数量有限不足以满足"日推 10 次"的要求时，第三类情感新闻的数量便增多了起来。

自 20 世纪 90 年代以来，爱国主义、民族主义就是中国媒体报道的基调之一。①《人民日报》微信公众号的文章比报纸版文章在这方面更前进了一步，由于每天只推送 20～30 篇文章，分 8～10 次推送，每次 1～4 篇（2020

---

① 黄煜，李金铨 . 90 年代中国大陆民族主义的媒体建构 . 台湾社会研究季刊（台北），2003（50）：49－79.

年微信改版之后，《人民日报》微信公众号每次只推送 1～2 条），微信公众号总体容量不如报纸版那么丰富，而且选稿角度有别于报纸版，不看重庄重严肃，而看重接近用户、吸引用户，因此，微信公众号里关于爱国主义、民族主义的文章情感炽烈，立场鲜明，语言表达更激烈。

在传统媒体时代，我国党报的情感性主要体现在立场鲜明、语言泼辣、记者代替了报道对象而直接表明看法等方面，在社交媒体时代，党报微信公众号里情感性的表现跟印刷版截然不同。

（一）标题里的人称代词

2019 年 10 月 10 日报纸第 4 版刊登述评式文章《没有任何力量能够阻挡中国人民和中华民族的前进步伐》，这个标题出自习近平总书记 10 月 1 日《在庆祝中华人民共和国成立 70 周年大会上的讲话》；同一天，微信公众号将标题改成了《中国人民一定能，中国一定行！》，这个标题出自该报纸版述评式文章第二部分末尾的一句话。两篇文章的内容一模一样，差异仅仅在于标题。

社会学者赛克斯（Sacks）提出了对话分析手段。他认为，我们使用语言进行交流的目的在于将对话者归于某个社会类别中去，每个社会类别对应着一套相应的成员规范和行为规则，一旦确定了对话者属于哪个社会类别，我们也就期待着他做出符合这一类别的举动来。[①] 虽然"外国"或"外国人"没有明确出现在标题里，但是，报纸标题和微信公众号文章标题都隐含着"我们/中国人与他们/外国人"的二元对立。其区别在于，报纸标题的重心在"外国/外国人"，暗示着对外国的警告，"你们不能阻挡中国人民的前进步伐"；而微信文章标题的重心在"我们中国/中国人"，更像是编辑跟读者的直接对话，潜在对话对象是"自己人/中国人"，暗含着鼓励"咱们中国一定行"。微信文章改动了标题，表明了编辑跟自己的读者直接进行情感交流的愿望，毕竟《人民日报》微信公众号的读者基本是中国人。

---

① SACKS H. Lectures on conversation. Oxford, UK：Blackwell, 1992.

微信公众号的编辑之所以改标题，另一个原因就是字数限制。微信公众号文章标题采用了 16 号字体，每行 14 个字，微信文章的标题宁短勿长，上述报纸版的标题要占据两行，就视觉效果而言，没有单行标题那么突出。

当新闻人物是普通人时，为了凸显与读者的接近性，微信文章似乎应该在标题里大量出现新闻人物的姓名，然而普通人原本寂寂无闻，出现在新闻标题里很容易让读者不明所以，而且每行 14 个字的限制也不容许编辑向读者过多解释新闻人物的背景，此时，微信编辑要么是提炼出"冰花男孩""女教师""外卖小哥""清华学生"这样简练又抓住人物特征的短语，要么是标题用人称代词"你"或者"他/她"取代新闻人物姓名，于是，几乎在每一天的30 条推送里，读者都能找到后一种标题，比如《节后第一天被"双开"，他违反了哪些"政治纪律"》（2019 年 10 月 9 日）、《她这些日记，再看依旧泪目！》（2019 年 10 月 11 日）、《这些人，把癌症卖给了你》（2019 年 10 月 16 日）。

2019 年 10 月 1 日至 31 日，《人民日报》微信公众号共推送了 621 篇文章，其中 151 篇（24.3％）文章的标题中使用了人称代词，出现频率最高的人称代词是"你或您"（59 次）、"我"（39 次）和"他或她"（39 次）。人称代词进入标题，这是口语化的表述风格，更多体现了微信文章的作者跟读者的交流意图，增强了文章与用户的接近性。更进一步，第一人称代词"我"赫然出现在部分微信文章标题里，除了常见的"我国"之外，还有以个人身份出现的作者，如《智齿到底该不该拔？作为牙医我坦陈实情！》（2019 年 10 月 17 日），以及以集体身份出现的"我们"，如《我们准备好了！》（2019 年 9 月 27 日，"我们"指的是受阅官兵），最常见的就是引用新闻人物的一句话，如《"要救的是我闺女?！"消防员接警紧急出动，到地方一看懵了》（2019 年 9 月 21 日）、《"帮我拔下针，回来再挂！"》（2019 年 9 月 22 日）、《"于华兴，嫁给我！"》（2019 年 10 月 14 日）等等。

微信文章标题里出现的"我"往往都是普通人，大多数时候普通人由于所经历的新闻事件而获得了新闻价值，但是这些新闻事件的价值跟传统新闻的时效性、重要性并无直接关系，也不存在接近性，他们之所以成为新闻主角，在于新奇性、人情味或者趣味性。微信文章所展示的是个人的独特经历，普通用户很难经历，即使新闻主角以后也难以重复这些经历。

（二）类似对话体的正文叙述

除了标题之外，很多微信文章也采用了"作者讲述、读者听着"的叙述风格，确认了读者在文章里的地位不可或缺。《人民日报》报纸版上那种严肃庄重、多用长句和政治性话语的叙述风格，在微信文章里也被改变了。造成这一现象的原因跟微信文章追求可读性和多媒体呈现信息因而大量采用了电视新闻和短视频有关。新媒体中心主任丁伟在 2018 中国网络媒体论坛上发言指出，短视频将成为当前主要的传播形态。① 受此指导思想影响，视频的脚本被直接转换成微信文章中的文字，这些脚本本身就是主持人面对观众的解说词。这种并无明确跟读者之间的对话却类似对话的叙述风格体现了微信文章的风格从书面语走向口语化。

受视频解说词和插入图片的影响，《人民日报》微信公众号文章追求短小精悍，跟报纸版上的"人民体"不同，大量微信文章单篇不超过 1 000 字，语言风格娓娓道来，多采用口语。就段落长度来说，每一自然段往往不超过 5～6 行，每行 17 个字，一段话往往不超过 100 字，而且文章多用短语，甚至将一句完整的话拆成数行来展示，取消了断句功能的标点符号，在排版上居中对齐，吸引读者的视觉朝向小小手机屏幕的中央。

图 7-1 展示的是一段首发在中央电视台军事节目中的电视新闻，微信公众号将电视新闻的导语直接转成了文字，这并非传统报纸新闻的写法，尤其是开头四个词组，如果仅用文字呈现这四个词组，读者会被搞糊涂，但是配上视频，读者很容易理解文章的内容。在这里文字的功能是为了向读者提示视频内容，毕竟阅读一两百字所需要的时间远远少于观看这段视频所需要的 2 分 18 秒，而且视频耗费更多流量，用户只要打开这个页面，就算贡献了一

---

① 张晓琳，刘春妍．人民日报社新媒体中心主任丁伟：新媒体内容生态的 8 个演进方向．央视网，2018－09－06.

次阅读量，至于是否要进一步耗费更多时间观看视频，并不能增加阅读量或点击率。由于视频基本并非《人民日报》微信编辑团队的原创作品，而是转载自其他媒体，因此微信编辑团队也并不看重视频的播放次数，他们更看重的是用户有没有点开这个页面。

中国海警缉毒画面曝光！惊险程度远超大片

人民日报 2019-10-17

狂风、巨浪、毒品、枪支
近日，@央视军事 发布
一段中国海警缉毒视频
引发热议
相关话题一度冲上热搜

图 7 - 1　《人民日报》微信公众号 2019 年 10 月 17 日推送

（三）将新闻故事个人化

跟标题中大量使用人称代词的做法一致，在新闻文本的呈现方式上，新闻故事向个人化的方向发展。复杂而充满政治话语的叙事方式难以调动读者的情感，而新闻故事个人化能够简化故事内容，有效切中读者情感，给公众号推文的阅读量带来保障。新闻中的集体角色失声，个人的行动成为影响故事发展的绝对变量，虽然事业成功有赖于团体合作，但是微信文章投入了大量篇幅来讲述孤胆英雄的成功经验，集体合作成为绿叶式的辅助材料。在《从"零"到多个"世界领先"，这个码头的故事足够震撼人心！》（2020 年 12 月 30 日）中，建设全自动化码头的集体力量和社会背景让步于个人英雄化的奉献故事，团队带头人接下建设任务后奋发图强，拖垮身体后，实现了技术上的飞跃。又如在《直 - 20 高原试飞画面公开！为这一刻，他用了 20 年……》（2020 年 11 月 21 日）中，团队带头人面对外国的技术封锁痛下决心，克服困难后，直升机试飞成功。

在新闻故事被简化为个人事迹后，情感要素便能更自然地融入文本中，甚至成为新闻故事的主体部分。在《神仙爱情！"当代文成公主"的故事……》（2020 年 12 月 24 日）中，西藏大学的建设往事成为其原副校长爱情长跑的注脚，浪漫、充满奉献精神又带有遗憾的爱情是文本的主体。结合情感的新闻故事也降低了文本的理解难度，无论事件的复杂程度如何，都可以被叙述为爱情、亲情或友情，激发骄傲、怜悯、感动或愤怒。这比让读者理清事件的原委更具可操作性，毕竟《人民日报》的公众号面对的是非常广泛的读者。

除了将复杂的事件个人化，在普通人的情感故事里，个人理应是故事的主角，《人民日报》微信公众号的文章直接引导读者抒发情感，或向人物致敬，或向人物表达感谢。在《淑宝，谢谢你！》（2021年1月4日）中，文末用灰色加粗字体写道"淑宝，谢谢你，你是天使，来过人间，一路走好"。又如在《女研究生见义勇为获奖励1万元！她说：很害怕但不能做懦夫》（2020年9月25日）中，编辑在文末用红底白字图片标注"张鑫好样的！给你点赞"，并引导读者为文章点赞。这种在文末另起一行、居中排列、用醒目字体写下情感号召的话语成为《人民日报》公众号推文的重要特征。《人民日报》公众号的文章多为转载，这种在原文后增加的内容旨在激发读者情感，是公众号编辑有意识的主动实践。

（四）新闻写作模板化

在微信公众号的文章中，情感共鸣是新闻写作的重要导向，这导致新闻写作模板化：同一新闻内容被不断重复，在后续新闻中很少或基本没有新的认知输入，但情感输入却越来越多，目的是维持和再现新闻的感觉。以感动中国人物张桂梅的报道为例，截至2021年7月25日，《人民日报》微信公众号一共有39篇文章涉及该人物，报道时间较晚的文章内容中的情感含量显著高于新闻事实，例如《这一幕破防了！张桂梅把头靠在江姐扮演者的肩上……》（2021年7月2日）报道了张桂梅把头靠在江姐扮演者的肩上；《高考后张桂梅一人"躲进"办公室，看哭了……》（2021年6月9日）报道高考后张桂梅不准学生来道别；《学生宿舍门口第一张床，张桂梅的！几个细节让人心疼》（2021年7月25日）报道张桂梅仍睡在女高宿舍的第一张床上。以上报道的新闻事实稀少，但正如标题中提到的"破防了""看哭了"和"让人心疼"，情感要素成为新闻的主体内容，新闻事实是原子化和主观化的。编辑基于碎片式的新闻事实，以情感为驱动力，围绕着情感的结构以完成新闻再现。

新闻写作的模板化也体现在对新闻事件的跟踪报道上，以蒙古国向中国捐羊为例，公众号最早于 2020 年 2 月 27 日发布《蒙古国向中国赠送 30 000 只羊》一文介绍了中蒙会谈的经过与蒙古国赠送 3 万只羊一事，写作风格沉稳，包含大量政治话语，而后的报道不断跟进这一事件（见图 7-2），信息增量稀少，但情感充沛。

图 7-2 《人民日报》微信公众号关于蒙古国赠羊的报道

《人民日报》公众号一共发文 14 条，历时近 10 个月，连续动态地报道蒙古国捐羊一事，写作方式逐渐模板化。

最后，新闻写作的模板化反映在公众号评论区的话语中，后台编辑与用户共同创作了这个话语高度相似的评论区，情感表达是评论区的常见内容。经过编辑筛选的读者留言才能出现在文章末端的留言区里，很少有超过 100字的留言，大多数留言内容都是对于微信正文内容的附和肯定、对于微信正文里英雄主角人物的敬佩，那些对微信正文内容提出质疑的留言不能出现在留言区里。因此，留言区不是用户表达争议性观点的领域，而是从读者自由发表意见的角度再一次强化了微信文章所传达的情感性内容。在长期的、持续的、从标题文本到留言区里情感内容的刺激下，微信公众号的用户接收的信息跟《人民日报》印刷版读者所接收的信息有着明显差异。报社针对微信用户和报纸用户生产了截然不同的信息、采取了不同的传播手段，说明报社对两类用户/受众的看法不一样，力图吸引的目标群体也不一样。

六、制造情感群众——实践层面的变化

观念变迁在实践层面引起了相应变化，这些新出现的媒介实践进一步发展为兼具灵活性与固定性的体制（institution），反过来又规范并影响着媒体的观念、内容与转型。观念的体制化分成了形式化、常规化、正规化三个阶段，情感群众这一新型受众观的兴起与巩固，跟新闻室内部有意识的引导和实践密不可分。

伴随着智能手机的普及和 5G 时代的来临，移动互联网带来了跟以 PC 为终端的互联网时代截然不同的上网习惯，重塑甚至改变了用户接收新闻、分享新闻的行为特征，相应地要求媒体机构在新闻生产、制作、发布等层面进行改变。2009 年 8 月，新浪微博上线，2011 年 1 月，微信应用首次发布，2012 年 8 月，微信公众号平台正式上线，仅仅过了 4 个月，2013 年 1 月，《人民日报》微信公众号正式推送。《人民日报》的编辑们看到了社交媒体平台的影响力，同时也意识到，传统的新闻生产已经不能满足社交媒体时代用户的需求，将报纸新闻的内容原封不动地转到微信公众号上，肯定无法吸引更年轻更多元化的用户。在观念体制化的形式化（formalization）阶段，编辑们不得不考虑，新的媒体平台上需要呈现什么样的内容才能吸引更多受众？

2013 年创办微信公众号时，人民日报社编辑团队面临一个挑战：一年前开通的《人民日报》微博账号已经获得了一定的读者用户和相当大的社会影响力，微信公众号的内容如何跟它进行有效区分、争取更多元化的用户？2013 年《人民日报》微博账号以消息类新闻为主、评论为辅，内容大多是本报当天报道的新闻的 140 字缩写版，这跟微博当时的技术环境有关——微博

当时最多只允许呈现 140 个字，更多内容需要用户跳转页面链接查看，所以，微博内容更像是汇总了 5W 要素的短消息，或者把新闻的意义提前到导语里面展示给用户。微信公众号页面只展示新闻标题和图片，无法展示正文，头条新闻必须配图片才能推送，从一开始，如何用更少的字数、更夺目的图片吸引用户的阅读兴趣，就是微信编辑团队面临的新挑战。

应对这一挑战的手段就是强化新闻的情感性。新的编辑手段和受众观念被纳入媒体机构的日常工作中，反复强调，稳定在每日新闻实践活动中，经过常规化（routinization）而成为媒体日常工作的一部分。以每天最后一条推送为例，晚上 11 点左右，大多数用户准备入睡，无论微博还是微信推送，其基本目的都是跟用户道晚安、明天再见。微博编辑强调自己的推送是"评论式道晚安，不是励志帖"，用 140 个字总结当天热点新闻事件，然后跟用户道晚安，① 与此相对的是，微信每天最后一条推送统一被命名为"夜读"，千字左右长文配有音频，外包给专业公司，事先录制若干条，每天定时推送，其内容无关时效性和社会热点事件，基本上涉及个人情感、家庭、婚姻、育儿等内容，结尾光明，给用户以温暖和希望，带着美好的心情结束一天。② 可见，编辑团队深知微博与微信平台的差异，通过有意识地强化内容的情感性来吸引用户、挽留用户，这个做法取得了一定成效，微信文章的点赞数和分享到"看一看"的篇目数常常过万，经过编辑选择之后的用户热门留言，其点赞数也常常过万，编辑室内部考核编辑时并不看重阅读量（因为每一篇微信文章的阅读量都突破了 10 万＋），而看重点赞是否突破了 10 万＋。微信公众号庞大的用户群不仅贡献了阅读量，也积极认可并肯定《人民日报》的微信内容。

从一开始，微博编辑和微信编辑就明确了各自的内容分工，微博内容的新闻性强于微信内容，微信只能从其他方面——强化新闻的情感性——入手。从内容上来看，《人民日报》微博内容偏好时政新闻、财经新闻，新闻的

---

① 来源于访谈材料，时间：2018 - 01 - 30。
② 来源于访谈材料，时间：2018 - 01 - 28。

重要性、权威性是其考虑因素，每天都会发布关于国家领导人活动的新闻；而微信内容偏重趣味性和接近性，偏好社会新闻，只有重要时刻（如国庆、"两会"等）才发布关于国家领导人活动的新闻。微博发布取消了标题，用数百字直接呈现新闻的导语和摘要；而微信首页推送十几个字的标题，想获知更多内容，用户需要打开整条微信推送，仅仅看标题，微信提供的信息量低于微博。整个报社六七百名编辑每天向报纸供稿，受版面限制，有些内容无法登在报纸上，微博编辑可能拿来修改后发布在微博上①，这种情况绝对不会出现在微信团队身上，因为供稿既然原本为报纸准备，那么其写作风格和新闻价值都与报纸版无二——较之微信公众号，微博发布的新闻性更贴近报纸。

微信团队的很多创新实践被纳入既定日常工作中，成为媒体实践和编辑部制度规范的一部分，新观念、新实践的正当性、合法性问题不再被质疑，而被视为理所当然并对外推广，新观念的体制化由此进入了正规化（normalization）阶段，成为新社会体制的合理的稳定的构成。通过长期、常规地强化新闻的情感性，不仅编辑团队一眼就能区分什么样的内容适合发布在微博上，什么样的内容适合发布在微信上，微信编辑有意识地挑选和发布情感新闻，而且用户阅读和消费新闻的品位也被潜移默化地培养起来，一个例子就是受《人民日报》微信公众号成功的影响，同属主流媒体的新华社和央视新闻微信公众号每天晚上最后一条推送也叫"夜读"，发布内容跟《人民日报》"夜读"内容相似，都是私人情感类的温暖和光明，篇篇阅读量 10 万＋。用户对微信平台的心理期望跟微博平台不一样，可以预计，随着微信平台上的情感内容越来越多，在接收微信内容的同时，用户的品位也会更加倾向于情感内容。

七、讨论：情感群众、流量逻辑与新闻业的权威性

（一）情感群众的现实条件

从技术层面来看，微信公众号使得用户缺乏连接性、现场感与参与感，

---

① 来源于访谈材料，时间：2018 - 01 - 30。

是情感群众得以实现的现实条件。"社交媒体的连接性功能有助于激活公众之间的纽带，它们也使表达和信息共享成为可能，从而解放了个人和集体的想象力。"① 然而，即使微博这样类似"信息广场""信息总汇"的社交媒体平台，有助于普通用户之间建立横向联系，也很难突破情感群众观。算法并非中立，普通用户在微博平台上接触的信息多多少少经过过滤和筛选，哪些信息被推送到用户面前，这并非由平台和算法来控制，人为考量的因素加入使得技术因素成为虽然重要但不是最关键的因素。

我国媒体过去 40 多年的转型始终坚持了党对新闻宣传工作的领导。当被问到选稿标准时，微信编辑斩钉截铁地回答："肯定要导向正确！"② 微信编辑团队出自报社原有编辑人员，本来办印刷版的一群编辑改去办微信公众号，很容易延续过往的指导方针、选稿标准、编辑准则，不太可能彻底推翻自己过去的工作风格。因此，党管媒体的基本原则不变，从群众观到情感群众观的延续就是必然的。

（二）情感群众与流量逻辑

中西社会对情感性因素在新闻业中的地位有着截然不同的评价。西方古典哲学家们秉持理性-情感二元论，坚持认为情感会导向非理性。近年来，欧美社会学界出现了"情感转向"，研究者们认为，社会无序、边缘状态和无政府主义为情感性提供了栖息地，在新的政治形态被想象而尚未被表达出来的时候——比如互联网发展进入社交媒体这一阶段，情感性优先于理性，通过跟用户的不断互动，促进了社会参与和公共表达。③ 欧美新闻界认为，作为理性的对立面，情感性妨碍了受众做出理性思考和判断，进而妨碍了公共生活，因而理性优先于情感，成为新闻业的基石之一。

在我国新闻界，新闻业的权威性首先由党和政府来赋予，其次受到受众

---

① PAPACHARISSI Z. Affective publics：sentiment，technology，and politics. New York：Oxford University Press，2015：8.

② 来源于访谈材料，时间：2018-01-30。

③ 同①.

或用户的肯定（即媒体的公信力）。情感群众能够挑战既定新闻界的唯一渠道，就是表达用户或群众的支持（体现为流量、阅读量、分享数、评论数等一系列指标）。首先，推送次数越多，公众号越可能获得更多用户支持，然而，推送次数由腾讯公司根据媒体既定地位而确定，那些每天 2 次推送的媒体公众号，不可能获得跟每天 10 次推送的《人民日报》公众号一样的流量和评论数。其次，情感有着非理性的一面，当国家有关部门出手整治网络乱象时，情感群众只能接受而不能突破这些治理，删帖、禁言等非常规手段的使用，使得普通用户在平台上发表的观点和情感可以骤然转向，情感容易被规训和引导，并没有超出党和国家的管理范畴。

运用情感性策略，微信文章控制了用户情感的方向和强度。比如对爱国主义内容的强调和推广，习近平总书记 2019 年视察人民日报社时交代过："爱国主义是永恒的主题，这方面宣传要加强，你们要持之以恒做下去。"[①]不仅每逢建军节、国庆节、元旦这些重大节日，微信团队推出了多项成功活动，吸引用户积极参与和分享——2017 年建军节前推出的互动型 H5 产品《快看呐！这是我的军装照》，上线 24 小时，浏览量突破 7 亿[②]，而且，在普通的每一天里，微信团队也重视"容易激发爱国情感"的新闻。在当下中国激情澎湃的爱国主义热潮里，党报媒体绝对发挥了重要的助推功能，人民日报社微信公众号也在其中扮演了积极角色。

除了部分重大事件和领导人重要活动之外，《人民日报》微信公众号的文章选材基本关注的都是各行各业的普通人和专家，这里基本看不到领导人活动的新闻。就选材而言，微信公众号貌似在迎合读者用户，然而微信编辑在谈到选稿标准时毫不犹豫地坚持的第一条就是"肯定要导向正确！"[③] 坚持马克思主义新闻观、坚持正确舆论导向、以正面报道为主，微信公众号所坚持的这些原则跟报纸版并无二致。导向正确，同时又能够吸引用户，除了高

---

① 汪晓东，杜尚泽. 让主流媒体牢牢占领传播制高点：中央政治局第十二次集体学习侧记. 新闻战线，2019（2）：4-6.

② 张贞. 建军九十周年点燃网民爱军情 致敬中国军人掀热潮. 人民网，2017-08-04.

③ 来源于访谈材料，时间：2018-01-30.

扬的爱国主义情感之外，《人民日报》微信公众号所关注的普通人的情感只能够是既有日常生活里的美好温暖，又同时满足新闻价值里的新奇性、人情味、趣味性等原则，却很难满足重要性、时效性、接近性等原则。

新媒体中心主任丁伟说："你和你的用户之间，是信息传播共同体、情感交流共同体，也是价值判断共同体。"① 然而，"共同体"并不等于完全平等的意见交流，媒体编辑与读者用户之间的关系依然延续了传统党报时代的非对称关系。媒体编辑拥有更多话语权，主动设计、挑选、制作、推广特定微信文章，有权力自主选择，使得只有正面的读者评论才能够呈现在每一篇文章末尾。

普通读者用户的主动性只体现在是否关注了这一个微信公众号、是否打开每一条推送文章（即选择层面），以及是否主动分享在微信朋友圈里或者推送给其他朋友阅读（即使用层面），至于用户的情感涉入（involvement）和评价层面，则不在微信编辑团队的考虑范围之内，知乎上有部分用户对《人民日报》微信公众号的过分侧重情感性提出了批评，然而这些批评的声音丝毫不能影响微信公众号的文章，用户的不可见性（invisibility）被嵌入在微信的使用实践里。用户的阅读量被收集起来，成为微信团队所看重的评价指标。这像是一个循环：微信公众号越是推送情感性文章，用户越爱读这类文章；用户越爱读情感性文章，微信公众号越推送这类文章。情感与观点超越事实，在社交媒体时代具有更重要的位置，这一现象在《人民日报》微信公众号这一个案身上得到了充分体现。

（三）情感群众与新闻业的权威性

社交媒体时代，传统的报道策略被认为是行不通的。党报熟练地运用情感性策略，下一次的推广手段一定要跟上一次有所不同才能吸引用户注意力，照此下去，带给编辑团队的创意压力越来越大，如果不能带给用户"新鲜"的体验，情感性策略也会有让用户倦怠生厌的那一天。那么，传统的

---

① 燕帅，宋心蕊. 人民日报社新媒体中心主任丁伟：关于移动优先的 11 条干货. 人民网，2017 - 08 - 19.

"大报"与"小报"的二元区分，是不是已经走向了融合，出现了"大报小报化"现象？党报重新获得了影响力，并不等于党报重新获得了权威性。情感性策略使得党报重新确认了自己跟读者用户之间的非对称关系，有效控制了用户情感的方向和强度，党报的观点被读者用户看到，按照卡尔森（Carlson）的看法，这些都有助于确立新闻权威。①

但是，高阅读量并没有带来理性讨论，相反，出现了观点的极化。而且，阅读量也不等同于党报获得了毋庸置疑的说服力和用户信任，对党报微信公众号的质疑和批评一直不绝于耳，主要集中在标题党、观点偏激、言辞激烈等方面，即缺乏严肃高质量的内容。研究者曾经当面向微信编辑提出质疑："为什么每天晚上10点最后一条推送'夜读'要推送心灵鸡汤文章呢？"微信编辑立刻很反感这个提法："夜读文章不是鸡汤！"② 当《人民日报》微信公众号转载一些专业文章——如从"丁香医生"上转载健康类文章——时，原创文章和转载文章的阅读量都超过了10万＋，但是，前者的"在看"数远远超过了后者的"在看"数，这说明，在垂直细分的领域里，党报专业性不如专业公众号。

用户之所以订阅和阅读微信公众号，是因为《人民日报》印刷版是我国最权威、最重要的党报，微信公众号延续了印刷版的这种权威性。不仅《人民日报》，就是新华社和中央电视台的官方微信公众号，也是每一篇推送阅读量都超过了"10万＋"，只有这几家微信公众号才有资格每天推送10次；比它们推送次数少的《中国青年报》《经济日报》等微信公众号，每篇推送的阅读量只有几万次，偶尔也能超过10万次；至于每日推送2～4次的普通媒体，大多数文章的阅读量低于4万～5万次。阅读量跟推送次数密切相关，而决定推送次数的原因在于媒体级别，这是被刻意安排的结果。在微信的世界里，传统的金字塔式的媒体格局再一次被强化，这里并不存在党报与市场

---

① CARISON M. Journalistic authority：legitimating news in the digital era. New York：Columbia University Press，2018：8‑12.

② 来源于访谈材料，时间：2018‑01‑30.

化媒体之间的自由竞争，媒体的政治权威和政治级别决定了它们在微信世界里的地位和可见性。

党媒微信公众号的权威性并不稳定。《人民日报》几乎不计投入成本地发展自己的微信公众号，全国也只有少数几家精英党报财政拨款充足、不用考虑盈利收益问题。大多数媒体无法提高推送次数和阅读量，自身的原因在于社交媒体时代传统媒体尚未形成成熟的盈利模式。媒体生存本已艰难，因此毫无动力也缺乏人力物力，把自己的文章免费放在微信公众号里供人阅读。如果仔细分析《人民日报》微信公众号的文章来源，我们会发现大量文章转载自传统媒体的客户端或微信公众号，也就是说，首发媒体的影响力小，文章阅读量不高，经过《人民日报》微信公众号转载之后，获得了很高的阅读量，可是首发媒体从中不能收获阅读量和影响力，自然也没有动力向《人民日报》提供稿件。只有少数精英媒体能够获得阅读量和影响力，这不能成为我国大多数媒体仿效的样本，因为这种模式不具有持续性。

传统党报重新崛起，市场化媒体衰落，是过去 10 年里我国新闻界的一件大事。然而，学术界尚缺乏对此现象的深入研究。与欧美新闻界不同，情感性在我国新闻界并非作为客观性的对立面而出现，它本身就蕴含于党报模式里，虽然起点不同，但是操作手法相似，而且，在社交媒体时代，中外媒体都转向情感性优先。情感性策略，帮助《人民日报》在微信世界里重获阅读量和影响力，然而这种策略本身亦存在着缺陷，如果媒体都转向情感性优先，我们将面临严肃的高质量的公共新闻缺失的可能。党报媒体，尤其是《人民日报》，不能只满足于重获影响力，如何重新打造党报的新闻权威和公信力、赢得用户的信任、参与到重大公共事务讨论中来，是党报所面临的新任务。从影响力到权威性，这应该是党报媒体下一步转型的目标。

本章围绕《人民日报》微信公众号这一个案讨论移动互联网时代受众观的转变，材料难免单薄，难以支撑论点，后续研究需要更多观察和更多经验材料，才能判断情感群众观是否已经成为当下我国媒体的主流观念。

第八章 "上网"的意义
——贫困县青少年的数字资本与互联网使用

一、引言

过去几十年中，信息和通信技术（ICTs）的飞速发展使互联网愈发在通信、社交、娱乐、教育等领域发挥着维系社会生活运转的基础设施功能，影响和改变着人们的日常生活。与互联网的疾速发展相伴的是学界、业界对技术生产的"数字鸿沟"（digital divide）的担忧：农村与城市人口是否拥有同样的接触互联网的机会？若能保障互联网接触，不同的互联网使用能力是否又带来了不同的社会资源与生活机会？从整体上看，信息和通信技术的发展是否生产了新的不平等？既有研究从国别[①]、社会经济地位[②]、年龄[③]、文化资源[④]等角度验证了数字鸿沟的存在，但此类研究多基于国外数据得出结论，仍缺乏本土数据予以回应。在互联网基础设施逐渐普及的当下，研究者也不应止步于验证接触层面的鸿沟存在与否，而应进一步探索如何帮助社会弱势

① BÜCHI M，JUST N，LATZER M. Modeling the second-level digital divide：a five-country study of social differences in internet use. New media & society，2016，18（11）：2703 - 2722.

② HARGITTAI E，HINNANT A. Digital inequality：differences in young adults use of the internet. Communication research，2008，35（5）：602 - 621.

③ PFEIL U，ARJAN R，ZAPHIRIS P. Age differences in online social networking：a study of user profiles and the social capital divide among teenagers and older users in MySpace. Computers in human behavior，2009，25（3）：643 - 654.

④ PARYCEK P，SACHS M，SCHOSSBOCK J. Digital divide among youth：socio - cultural factors and implications. Interactive technology and smart education，2011，8（3）：161 - 171.

群体，如贫困人口、青少年群体，借用既有的数字基础设施获取更多的物质与非物质资源和生活机会，进而弥合使用层面的数字鸿沟[①]。这都是本章希望回应的理论与实践问题。

借用布尔迪厄"资本"的概念体系和数字鸿沟理论，本章通过问卷调查法（$N=7\ 556$）考察了信息和通信技术的接触和使用对于贫困县青少年群体的意义。具体而言，本章希望回答：贫困县青少年的数字资本水平整体如何？对于贫困地区青少年来说，更高水平的数字资本是否能帮助他们建立更多的线上和线下社会联系，进而提升他们的幸福感？个体在互联网使用方面的偏好又如何影响了技术使用的社会效益？

在理论层面，第一，本章的数据揭示了信息和通信技术的接触和使用在社会、心理层面的影响机制。研究发现，数字接触和使用能显著地增加个体的社会资本，进而产生心理层面的积极影响。这一结论也为"计算机中介传播的个体影响"这一更宏大的话题提供了解释。[②] 第二，本章提供了第三层数字鸿沟（即技术使用的社会结果方面的鸿沟）的本土经验。研究发现，在互联网基础设施逐渐普及的中国社会，不同水平的数字资本依然意味着不同的社会资源和发展机会。第三，本章也考察了数字鸿沟研究中被忽视的非结构性因素，如互联网使用偏好，对技术使用的社会效益的影响。第四，本章的研究对象也极具特殊性，研究对社会弱势群体给予关注，以大样本（$N=7\ 556$）描述了贫困县青少年群体在互联网使用方面的情况。在实践层面，本章的数据和材料揭示了贫困人口"上网"的意义。在打赢脱贫攻坚战之后，如何进一步借助现代社会的数字基础设施，为贫困群体尤其是其中的青少年群体，提供更好的社会资源和生活机会、提升他们的幸福感，是本章的结论回应的现实问题。

---

① MICHELI M. What is new in the digital divide？ understanding internet use by teenagers from different social backgrounds. Communication and information technologies annual，2015，10：55-87.

② VALKENBURG P M，PETER J. Internet communication and its relation to well-being：identifying some underlying mechanisms. Media psychology，2007，（1）：43-58.

二、文献回顾：数字资本、社会资本与主观幸福感的关系

(一) 第三层数字鸿沟：数字资本与主观幸福感的关系

借用布尔迪厄"资本"的概念框架，拉涅达、鲁尤和阿德奥（Ragnedda, Ruiu and Addeo）提出数字资本（digital capital）的概念，将其定义为数字领域的一套"外化的资源"和"内化的能力、才干"，它可以历史性地积累并转化为经济、文化、社会等其他类型的资本。[①] 数字资本具体体现为两个维度，即数字接触（digital access）和数字能力（digital competence）。数字接触关注的是"外化的资源"，尤指个体接触数字技术的质量和强度，具体从数字设备的丰富性、数字连接的便捷性、数字接触的年资、支持与培训四个方面考察；数字能力关注的是"内化的能力"，尤指个体关于数字技术使用的种种能力和素养，例如信息和数据素养、数字沟通与协作能力、数字内容创作能力、数字问题解决能力、数字安全素养等。

"资本"一直是社会不平等研究中的一个核心概念，不同的资本积累程度意味着不同的生存境遇和生活机会。[②]"数字资本"这一概念的提出则将数字技术的使用及其影响纳入社会不平等研究的考察范畴：不同群体数字接触水平的差异反映了第一层级的数字鸿沟，即由社会经济水平或文化差异导致的接触鸿沟[③]；而数字能力方面的差异体现了第二层级的数字鸿沟，即能否有效利用互联网和数字技术的使用鸿沟[④]；将数字接触和数字能力产生的影响综合起来，则导致了第三个层级的数字鸿沟，即个体在使用信息和通信技

① RAGNEDDA M，RUIU M L，ADDEO F. Measuring digital capital：an empirical investigation. New media & society，2020，22 (5)：793 - 816.

② IGNATOW G，Robinson L. Pierre Bourdieu：theorizing the digital. Information，communication & society，2017，20 (7)：950 - 966.

③ DIMAGGIO P，HARGITTAI E，NEUMAN W R，et al. Social implications of the internet. Annual review of sociology，2001 (27)：307 - 336.

④ HARGITTAI E. Second-level digital divide：differences in people's online Skills. First monday，2002，7 (4). https：//doi. org/10. 5210/fm. v7i4. 942.

术所能获得的利益方面的不平等，也即影响层面的鸿沟①。

不同水平的数字资本是否在影响层面带来了第三层数字鸿沟？个体在数字接触、数字能力方面的优势是否相应带来了更幸福的生活？这是本章关注的核心问题。主观幸福感指的是个体对其整体生活质量的评价。经验研究发现，较高的经济水平、有意义的社交关系、广泛的社群参与都与主观幸福感相关。②但这些研究多从心理学视角出发，探索主观幸福感的前因；而数字技术、数字媒介是否带来了更幸福的生活？对于贫困县青少年来说，积累更多的数字资本能否弥补他们在各种社会资源方面的欠缺，带来更多生活机会和幸福感？这是传播研究者需要回应的问题。③

数字鸿沟理论为回答数字资本与主观幸福感的关系提供了理论视角。数字鸿沟理论认为，在数字接触和使用能力方面具有优势的群体，会因此在个体、社会和经济层面享有更多的数字技术带来的益处；经验研究也发现，数字接触和使用能力更强的群体，通常有更好的工作机会、更广的社交范围、更强的政治参与能力④，而这些正面的社会结果能够显著预测个体的主观幸福感⑤。因此可以推测，数字资本较高的群体享有更多数字技术带来的积极影响，主观幸福感更强。本章提出以下假设：

H1：个体的数字资本越高，主观幸福感越强。

（二）"上网"的意义：社会资本的中介作用

布尔迪厄最初提出了社会资本的概念，并将其定义为"在与相识者的关系网络中存在的实际或潜在资源的总和"，即关系、熟人网络及其带来的潜

---

① WEI K，TEO H，CHAN H C，et al. Conceptualizing and testing a social cognitive model of the digital divide. Information systems research，2011，22（1）：170－187.

② DIENER E，SELIGMAN M E P. Beyond money：toward an economy of well-being. Psychological science in the public interest，2004，5（1）：1－31.

③ BÜCHI M，FESTIC N，LATZER M. Digital overuse and subjective well-being in a digitized society. Social media & society，2019（4）：1－12.

④ VAN DEURSEN A J A M，HELSPER E J. The third-level digital divide：who benefits most from being online? //ROBINSON L，COTTEN S R，SCHULZ J. Communication and information technologies annual. London：Emerald，2015：29－52.

⑤ 同②.

在社会资源。① 布尔迪厄强调各种类型资本的可积累性和可转化性。② 与经济、文化和数字资本相似的是，社会资本也能够历史性地积累，并与其他资本相互转化。积累社会资本的意义在于，熟人关系能够提供一种嵌入式的资源，这种资源可以被获取和调动，从而获得物质或非物质层面的收益，即实现向其他资本的转化。③ 普特南（Putnam）依据社会资本的特征，将其分为两类，即基于强关系产生的粘连社会资本（bonding social capital），和基于弱关系建立的桥接社会资本（bridging social capital）。④ 粘连社会资本通常在关系紧密、志同道合的个体间产生，通常是家人或亲密的朋友，在个体有需求时，他们能提供重要的物质或情感支持；桥接社会资本意味着个体间的连接更为松散，例如工作中的普通同事，但这种松散的社会联系同样可以成为新想法和新消息的来源，为个体提供来自广泛的社会网络的机会和视野。⑤

　　资本间的可转化性为数字资本与社会资本间的勾连提供了理论阐释。社会资本是常规化社会互动的结果，而数字设备和技术如手机、互联网，则是当下保持常规化社会互动的重要媒介。⑥ 一方面，经验研究发现移动通信设备的使用是维系粘连社会资本的重要工具：语音通话、短信功能常常与聚餐、谈心等较为亲密的社交行为联系在一起⑦；关于藏区青少年的研究也发现，他们常常使用手机联系父母、亲戚、同学和好友，强关系的维系为他们

　　① BOURDIEU P. The forms of capital//RICHARDSON J G. Handbook of theory and research for the sociology of education. New York：Greenwood，1986：241-258.

　　② HALFORD S，SAVAGE M. Reconceptualizing digital social inequality. Information，communication & society，2010，13（7）：937-955.

　　③ Chan M. Mobile phones and the good life：examining the relationships among mobile use，social capital and subjective well-being. New media & society，2013，17（1）：96-113.

　　④ PUTNAM R D. Bowling alone：the collapse and revival of american community. New York：Simon & Schuster，2000.

　　⑤ KAVANAUGH A L，REESE D D，Carroll J M，et al. Weak ties in networked communities. The information society，2005，21（2）：119-131.

　　⑥ LING R. The mobile connection：the cell phone's impact on society. San Francisco，CA：Morgan Kaufmann，2004.

　　⑦ CAMPBELL S W，KWAK N. Mobile communication and social capital：an analysis of geographically differentiated usage patterns. New media & society，2010，12（3）：435-451.

提供了情感支持①。另一方面，也有众多研究报告了数字技术和必要的使用能力对建立桥接社会资本的作用：数字技术能够减少与相对较多的熟人维系关系的时间和金钱成本②，也能够帮助个体与地理上、社会文化背景上相去甚远的群体建立联系③。众多社交媒体研究也发现，使用 Facebook、微信等社交媒体能扩大个体的社交圈。④ 综上可以认为，更高水平的数字接触和数字能力能够带来更多的粘连社会资本、桥接社会资本，进而为个体提供关系网带来的潜在物质或非物质资源。

在数字资本、社会资本带来的潜在益处中，本章尤其关注二者对主观幸福感的影响。有研究发现，通过手机、互联网建立和维系的社会联系能产生正面的心理影响，例如更低的孤独感、焦虑感和更强的幸福感、心理健康水平。⑤ 这种依靠数字媒介建立起来的社会资本对于社会弱势群体的意义更为重大：例如对于抑郁症、艾滋病等病患群体来说，使用在线互助论坛能够帮他们建立共享的集体互助身份，为彼此提供信息援助和情感支持⑥；再如对于老年人来说，那些有社交媒体使用习惯且使用能力较强的群体，能享有更多社会资本及其带来的心理层面的积极影响⑦。在数字鸿沟理论的视角

---

① LIU X, LIU X, WEI R. Maintaining social connectedness in a fast-changing world: examining the effects of mobile phone uses on loneliness among teens in Tibet. Mobile media & communication, 2014, 2 (3): 318 - 334.

② ELLISON N B, STEINFIELD C, LAMPE C. The benefits of facebook 'Friends': Social capital and college students' use of online social network sites. Journal of computer-mediated communication, 2007, 12 (4): 1143 - 1168.

③ RICE R E, KATZ J E. Assessing new cell phone text and video services. Telecommunications policy, 2008, 32 (7): 455 - 467.

④ 潘曙雅，刘岩. 微信使用对大学生社会资本的影响机制研究. 国际新闻界，2018 (4): 126 - 143.

⑤ FISCHER C S. America calling: a social history of the telephone to 1940. Berkeley: University of California Press, 1992; ONG A D, UCHINO B N, WETHINGTON E. Loneliness and health in older adults: a mini-review and synthesis. Gerontology, 2016, 62 (4): 443 - 449.

⑥ 潘文静，刘迪一. 在线互助论坛中如何获得社会支持：结构化社会资本与礼貌原则的影响. 国际新闻界，2021 (4): 51 - 73.

⑦ NGUYEN M H, HUNSAKER A, HARGITTAI E. Older adults online social engagement and social capital: the moderating role of internet Skills. Information, Communication & Society, https://doi.org/10.1080/1369118X.2020.1804980.

下，如果病患、老年人、贫困青少年群体等社会弱势群体能够通过提高数字资本建立更多有益的社会联系，则能使他们享有更多数字技术和社会网络带来的潜在资源和积极影响，提升他们的主观幸福感。综上，本章提出假设：

H2：粘连社会资本、桥接社会资本分别中介了数字资本与主观幸福感之间的关系。具体而言，个体的数字资本越高，粘连社会资本和桥接社会资本越高，主观幸福感越强。

（三）个体差异：线上社会互动倾向的调节作用

线上社会互动倾向是计算机中介传播研究中衡量个体线上社交偏好的概念。相较于传统的面对面社交，高线上社会互动倾向的群体认为线上社交更有安全感、更自信、更有效，因此激发更多线上社交行为。[①] 尽管数字鸿沟理论强调社会经济因素在导致接触、使用、影响鸿沟方面的结构性作用，但也有研究者提出，个体在互联网使用方面的偏好和特质也会影响"上网"的结果；数字鸿沟的研究者在关注个体"是否"和"能否"有效使用互联网的同时，也应该关注个体"愿否"使用互联网以及使用特征如何，因为这些因素同样使个体获得差异化的互联网使用的影响。[②]

例如，有研究发现在互联网基础设施和教育水平普及程度均较高的国家中，也有部分群体不倾向于使用互联网，其影响因素包括性格、兴趣、信息需求等[③]，而这进一步导致了水平的而非传统意义上垂直的数字鸿沟。传统的垂直的数字鸿沟对应的是那些"真正的未连接者"，而那些"有意的逃避者"指向的是水平层面的数字鸿沟，即使他们具备充分的数字资源，他们也

---

① CAPLAN S E. Preference for online social interaction. Communication research，2003，30 (6)：625－648.

② EASTINA M S, CICCHIRILLOA V, MABRYA A. Extending the digital divide conversation：examining the knowledge gap through media expectancies. Journal of broadcasting & electronic media，2015，3：416－437.

③ TAN W, YANG C. Internet applications use and personality. Telematics and informatics，2014，31 (1)：27－38；SELWYN N. Digital division or digital decision? a study of non-users and low-users of computers. Poetics，2006，34 (4－5)：273－292.

逃避互联网使用和网上社交。① 也就是说,当个体的数字接触和数字能力均为相似水平时,由于个体在互联网使用方面的偏好和特质不同,也会导致不同的互联网使用的结果。

上文理论推演得出,更高水平的数字接触和数字能力能带来更多社会资本,进而为个体提供关系网带来的潜在物质或情感资源,提升个体的主观幸福感。将个体的线上社会互动倾向纳入考量范围,即使不同个体的数字资本水平一致,如果他们在线上社会互动倾向方面存在差异,其享有的数字资本带来的积极影响也将存在差异。综上,本章提出假设:

H3:线上社会互动倾向调节了数字资本-社会资本-主观幸福感之间的关系。

将三个研究假设综合起来,本章的理论模型如图8-1所示:

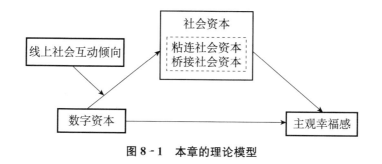

图 8 - 1 本章的理论模型

三、研究方法

(一)数据来源

为了考察贫困县青少年群体的数字接触和使用行为及影响,本章选择了河南省三个国家级贫困县的6所初中、高中进行问卷调查。考察对象包括设在贫困县县城内的中学,也涵盖了设在贫困县下属乡镇的中学。为提升样本的代表性,研究者在获取了各学校学生的数目信息后,于 2021 年 5 月 23 日

① LIEVROUW L A,FARB S E. Information and equity. Annual review of information science and technology,2003,37(1):499-540.

至 28 日，向 6 所学校的初二、高二年级的所有学生发放纸质问卷，共发放问卷 9 527 份，累计回收有效问卷 7 556 份。有效样本包括男性 3 532 人（46.7%），女性 4 024 人（53.3%）；样本年龄范围是 11～20 岁，均值为 15.89 岁（$SD=1.604$）；从年级分布来看，初二年级 2 879 人（38.1%），高二年级 4 677 人（61.9%）。

（二）测量工具

1. 数字资本

数字资本的测量采用拉涅达、鲁尤和阿德奥[①]开发的数字资本量表，分为 2 个子量表，分别测量填答者的数字接触和数字能力。数字接触，从设备（$M=1.96$，$SD=1.046$）、连接性（$M=1.77$，$SD=0.974$）、年资（$M=3.03$，$SD=0.965$）、支持与培训（$M=2.26$，$SD=1.091$）4 个维度测量，题项如"从你第一次上网到现在已经有多少年"。参照拉涅达等的方法，本章将因子加权分数作为数字接触指数用于后续计算。各变量的因子载荷见表 8-1。

表 8-1　　　　　　　　用于计算数字接触指数的因子载荷

	数字接触
设备	0.809
连接性	0.808
年资	0.401
支持与培训	0.426

注：KMO 检验=0.581；巴特利特球形度检验，$p<0.000$.

数字能力的测量采用五级量表，共计 18 个题项（$M=3.289$，$SD=1.098$），如"我能够处理上网时遇到的技术问题"（1=完全不符合，5=完全符合）。参照拉涅达等的方法，本章根据特征值大于 1 的标准提取了 4 个因子，再将因子加权分数作为数字能力指数用于后续计算。各变量的因子载荷见表 8-2。

---

① RAGNEDDA M，RUIU M L，ADDEO F. Measuring digital capital：an empirical investigation. New media & society，2020，22（5）：793-816.

表 8 – 2　　　　　　用于计算数字能力指数的因子载荷

题项	因子			
	信息和数据素养	数字媒介素养	基础技术使用能力	数字媒介使用能力
我在使用互联网浏览和搜索信息方面很有信心		0.6		
我经常使用云信息存储服务或外置硬盘来存储文件			0.616	
我经常核实我获得的消息来源的真实性		0.649		
我积极使用各种交流工具（如微信、微博、抖音、快手等）进行网上交流				0.759
上网时，我知道什么时候应该或不该分享信息、分享哪些信息		0.731		
我积极参与网络空间，使用网络服务（例如网购、移动支付等）				0.792
我能很好地应对网络霸凌，识别网上不正当的行为		0.693		
我可以制作相对复杂的、不同格式的电子内容			0.819	
我可以使用不同软件的高级编辑功能（例如文件格式转换、邮件合并、文档排版等）			0.847	
我尊重版权和许可规则，并知道如何应用于网上的信息和内容		0.575		
我可以依据个人习惯进行软件偏好设置				0.45
我定期检查我的设备的隐私设置，并更新安全程序	0.613			
我为不同的电子设备设置了不同的密码	0.651			
我能够辨别和选择安全、效率高、合适的互联网媒体	0.683			

续前表

题项	因子			
	信息和数据素养	数字媒介素养	基础技术使用能力	数字媒介使用能力
我能够处理上网时遇到的技术问题	0.618			
我能够借助网络来解决我生活中遇到的问题	0.654			
我能够以种种形式在网上展示和表达自我	0.617			
我常常更新自己在互联网使用方面的知识	0.664			

注：KMO 检验＝0.922；巴特利特球形度检验，$p < 0.000$.

得到数字接触指数和数字能力指数后，研究进一步执行因子分析，提取 1 个公因子并将加权分数作为数字资本的综合得分用于后续计算。提取的公因子总方差解释率为 64.612%，特征值大于 1，说明提取 1 个公因子是合适的，能较好地代表整个模型；且数字接触、数字能力的因子载荷均大于 0.8，相关性较弱，说明数字接触、数字能力两项能较好地解释数字资本指数，且彼此独立。最终的因子载荷表见表 8-3。

表 8-3　　　　　用于计算数字资本指数的因子载荷

	数字资本
数字接触	0.804
数字能力	0.804

注：KMO 检验＝0.5；巴特利特球形度检验，$p < 0.000$.

2. 社会资本

社会资本的测量采用威廉姆斯（Williams）设计的社会资本量表，分别测量填答者的粘连社会资本（$M = 3.242$，$SD = 0.953$，$Cronbach's\ \alpha = 0.891$）、桥接社会资本（$M = 3.547$，$SD = 0.839$，$Cronbach's\ \alpha = 0.933$）。[1] 每个子量表包括 10 个题项，5 点测量，如"线上/线下互动让我有机会与更多人建立联系"（1＝完全不同意，5＝完全同意），10 个题项累加取均值得到

---

① WILLIAMS D. On and off the net: scales for social capital in an online era. Journal of computer-mediated communication，2006，11（2）：593-628.

两种类型的社会资本的指标。

3. 主观幸福感

参照李、钟和帕克（Lee，Chung and Park）的研究，本章从整体生活满意度（overall life satisfaction）和心理健康（mental health）两个维度测量填答者的主观幸福感。[①] 其中，整体生活满意度的测量采用迪纳（Diener）等设计的生活满意度量表，共 5 个题项，5 点测量，如"我的生活基本接近我的理想状态"（1＝完全不符合，5＝完全符合），这一子量表在本章的信度较好（$M＝2.985$，$SD＝1.1$，$Cronbach's\ \alpha＝0.818$）[②]；心理健康的测量采用兰德心理健康量表（MHI - 5）[③]，共 5 个题项，5 点测量，如"在过去一个月中，我过得非常开心"（1＝完全不符合，5＝完全符合），这一子量表在本章的信度较好（$M＝2.995$，$SD＝1.203$，$Cronbach's\ \alpha＝0.7$）。上述 10 个题项累加取均值得到主观幸福感的指标（$M＝2.99$，$SD＝1.151$，$Cronbach's\ \alpha＝0.816$）。

4. 线上社会互动倾向

研究采用卡普兰（Caplan）开发的线上社会互动倾向量表，共 4 个题项，5 点测量，如"相比起线下社交互动，网上社交让我更有安全感"（1＝完全不同意，5＝完全同意）。[④] 该量表在本章的信度较好（$M＝2.841$，$SD＝1.067$，$Cronbach's\ \alpha＝0.861$）。研究进一步通过累加取均值得到线上社会互动倾向的指标。

5. 控制变量

本章的控制变量包括性别、年龄和家庭收入。

---

① LEE S，CHUNG J E，PARK N. Network environments and well-being：an examination of personal network structure，social capital，and perceived social support. Health communication，2018，33（1）：22 - 31.

② DIENER E，EMMONS R A，LARSEN R J，et al. The satisfaction with life scale. Journal of personality assessment，1985，49（1）：71 - 75.

③ BERWICK D M，MURPHY J M，GOLDMAN P A，et al. Performance of a five-item mental health screening test. Medical care，1991，29（2）：169 - 176.

④ CAPLAN S E. Relations among loneliness，social anxiety，and problematic internet use. Cyberpsychology & behavior，2007，10（2）：234 - 242.

四、研究结果

(一) 描述统计

各变量的相关关系见表 8-4。数字资本与主观幸福感之间正向相关（$r=0.251$，$p<0.01$），H1 得到支持。数字资本与粘连社会资本（$r=0.433$，$p<0.01$）、桥接社会资本（$r=0.455$，$p<0.01$）间均为正向相关，且两种社会资本与主观幸福感间也呈现正向相关关系（$r=0.337/0.304$，$p<0.01$）。

表 8-4   相关系数表

	1	2	3	4	5
1. 数字资本	1				
2. 线上社会互动倾向	0.205**	1			
3. 主观幸福感	0.251**	0.23**	1		
4. 粘连社会资本	0.433**	0.305**	0.337**	1	
5. 桥接社会资本	0.455**	0.293**	0.304**	0.664**	1

注：$N=7\,556$；** $p<0.01$.

(二) 中介效应检验

对变量进行标准化处理后，研究使用 Process 分别检验了粘连社会资本和桥接社会资本的中介效应。首先是粘连社会资本的中介效应，表 8-5 显示，数字资本与粘连社会资本间正向相关（$\beta=0.46$，$p<0.001$），粘连社会资本与主观幸福感间正向相关（$\beta=0.30$，$p<0.001$）。Bootstrap 5 000 次抽样法结果说明，数字资本经由粘连社会资本对个体的主观幸福感有显著的正向间接效应，95% 置信区间 CI = [0.1183, 0.1530] 不包含 0，因此粘连社会资本的中介效应显著。其次是桥接社会资本的中介效应，表 8-6 显示，数字资本与桥接社会资本间正向相关（$\beta=0.46$，$p<0.001$），桥接社会资本与主观幸福感间正向相关（$\beta=0.24$，$p<0.001$）。Bootstrap 5 000 次抽样法结果说明，数字资本经由桥接社会资本对个体的主观幸福感有显著的正向间接效应，95% 置信区间 CI = [0.0933, 0.1265] 不包含 0，因此桥接社会资本的中介效应显著。H2 得到支持。

表 8 - 5   粘连社会资本的中介效应

Predictors	Model 1 粘连社会资本		Model 2 主观幸福感	
	β	t	β	t
性别	0.09***	4.09	−0.07***	−3.32
年龄	0.04***	6.35	−0.10***	−14.97
家庭收入	−0.02**	−2.86	0.05***	6.07
数字资本	0.46***	42.36	0.07***	6.06
粘连社会资本			0.30***	25.18
R^2	0.19	0.16		
F	455.48***	278.86***		

注：$N=7\ 556$；* $p<0.05$；** $p<0.01$；*** $p<0.001$.

表 8 - 6   桥接社会资本的中介效应

Predictors	Model 1 桥接社会资本		Model 2 主观幸福感	
	β	t	β	t
性别	0.04*	1.98	−0.06*	−2.57
年龄	−0.02***	−3.71	−0.08***	−12.11
家庭收入	−0.05***	−6.39	0.05***	6.60
数字资本	0.46***	43.19	0.10***	7.98
桥接社会资本			0.24***	19.75
R^2	0.21	0.13		
F	515.57***	225.38***		

注：$N=7\ 556$；* $p<0.05$；** $p<0.01$；*** $p<0.001$.

（三）调节效应检验

研究使用 Process 检验了线上社会互动倾向的前调节效应。首先是线上社会互动倾向对粘连社会资本的调节效应，表 8 - 7 显示，数字资本和线上社会互动倾向的交互项与粘连社会资本的关系显著（$\beta=-0.05$，$p<0.001$）；调节效应为 −0.0155，95% 置信区间 CI＝［−0.0233，−0.0079］不包含 0，因此线上社会互动倾向对粘连社会资本的调节效应显著。其次是线上社会互动倾向对桥接社会资本的调节效应，表 8 - 8 显示，数字资本和线上社会互动倾向的交互项与桥接社会资本的关系显著（$\beta=-0.08$，$p<0.001$）；调节效应为 −0.02，95% 置信区间 CI＝［−0.0268，−0.0138］不包含 0，因此线上社会

互动倾向对桥接社会资本的调节效应显著。综上，H3 的调节效应得到支持。

表 8 - 7　　　　　　　线上社会互动倾向对粘连社会资本的调节效应

Predictors	Model 1 粘连社会资本		Model 2 主观幸福感	
	β	t	β	t
性别	0.11***	5.51	−0.07***	−3.31
年龄	0.04***	6.25	−0.10***	−14.96
家庭收入	−0.03***	−3.73	0.05***	6.06
数字资本	0.41***	38.55	0.07***	6.06
线上社会互动倾向	0.23***	22.79		
数字资本×线上社会互动倾向	−0.05***	−5.97		
粘连社会资本			0.30***	25.18
R^2	0.25		0.16	
F	416.11***		278.70***	

注：$N=7\,556$；* $p<0.05$；** $p<0.01$；*** $p<0.001$.

表 8 - 8　　　　　　　线上社会互动倾向对桥接社会资本的调节效应

Predictors	Model 1 桥接社会资本		Model 2 主观幸福感	
	β	t	β	t
性别	0.06**	3.21	−0.06***	−2.57
年龄	−0.03**	−4.07	−0.08***	−12.10
家庭收入	−0.05***	−7.03	0.05***	6.59
数字资本	0.41***	4.54	0.10***	7.97
线上社会互动倾向	0.22***	21.98		
数字资本×线上社会互动倾向	−0.08***	−9.72		
桥接社会资本			0.24***	19.75
R^2	0.27		0.13	
F	462.46***		225.29***	

注：$N=7\,556$；* $p<0.05$；** $p<0.01$；*** $p<0.001$.

　　研究进一步绘制了斜率图（见图 8 - 2、图 8 - 3），依据均值上下一个标准差的方法将线上社会互动倾向分为高、低两组，将调节效应可视化。首先，对于高、低线上社会互动倾向的群体来说，数字资本对粘连社会资本、桥接社会资本的正向影响均是显著的。具体来看，对于低线上社会互动倾向的群体，随着数字资本的升高，粘连社会资本（$\beta=0.461$，$p<0.001$）、桥接社会

资本（$\beta=0.497$，$p<0.001$）均显著增高；对于高线上社会互动倾向的群体，随着数字资本的升高，粘连社会资本（$\beta=0.356$，$p<0.001$）、桥接社会资本（$\beta=0.329$，$p<0.001$）也显著增高，但趋势更为平缓。也就是说，对于低线上社会互动群体，数字资本水平对社会资本水平的影响更强，对于高线上社会互动群体，这种影响没那么强；在数字资本对社会资本的正向预测作用（也即第三层数字鸿沟效果）中，线上社会互动倾向起缓冲作用。其次，值得注意的是，整体来看（见图8-2、图8-3），在数字资本水平一致的情况下，线上社会互动倾向较高的群体表现出了更高的粘连社会资本和桥接社会资本。

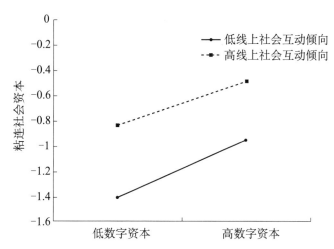

图8-2 线上社会互动倾向对粘连社会资本的调节效应

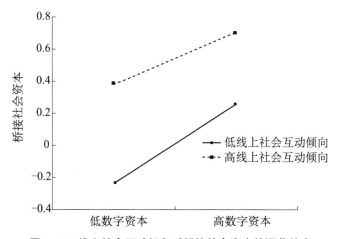

图8-3 线上社会互动倾向对桥接社会资本的调节效应

五、结论与讨论：贫困县青少年群体"上网"的意义

信息和通信技术（ICTs）的发展在为社会生活带来便利的同时，也引发学界、业界对技术生产的数字鸿沟的担忧。整体而言，数字技术是为人们带来了更多资源和幸福感还是生产了新的不平等？对于社会弱势群体来说，他们如何借助日益普及的数字基础设施获取更多的物质和非物质资源？这是本章希望回应的理论与现实话题。借用布尔迪厄"资本"的概念体系和数字鸿沟理论，本章通过问卷调查法（$N=7\ 556$）考察了数字技术的接触和使用对于贫困县青少年群体的意义。围绕着数字资本、社会资本、主观幸福感、线上社会互动倾向 4 个变量，本章建立了一个有调节的中介模型，考察了贫困县青少年群体数字资本的整体水平，数字资本对于建立社会联系、提升个体主观幸福感的影响，以及个体的互联网使用偏好对技术使用的社会效益的调节作用。

首先，样本数据显示贫困县青少年群体的数字资本水平仍有提升空间。其一，在数字设备和连接性方面，贫困县青少年的上网设备数平均少于两台，他们最常使用智能手机上网，其他电子设备的配备率不高，他们日常生活中能够连接和使用互联网的场所也少于两处；而中国互联网络信息中心（CNNIC）发布的《2020 年全国未成年人互联网使用情况研究报告》发现，城市青少年的上网设备更加多样，除了智能手机外，他们也常使用台式电脑和平板电脑、智能手表上网，互联网接入场景也更丰富。其二，在上网年资方面，贫困县青少年的平均互联网使用经历为 4～6 年。而全国调查数据显示，首次接触互联网时年龄在 10 岁及以下的群体达 78%，首次触网的年龄段集中在 6～10 岁。结合本章样本的平均年龄（15.89 岁）和平均互联网使用年资（4～6 年）来看，贫困县青少年的上网年资与全国平均水平比较接近，但仍略低于平均水平。其三，在互联网使用的支持与培训方面，多数样本群体没有获得足够的数字技能培训（众数为 1）。其四，在数字能力方面，他们在 18 个题项构成的数字能力量表上的平均得分为 3.289 分，数字能力水

平仅能满足较为日常的互联网使用需求。因此,整体而言贫困县青少年群体的数字资本水平仍有待提升。因此,进一步为贫困县青少年提供多样化数字设备、建设农村地区互联网基础设施、强化义务教育阶段数字能力的培养,是未来值得政府部门和学界业界重点关注的方向。

其次,本章的结论揭示了数字技术的接触和使用在社会联系、心理层面的积极意义和影响机制。研究模型表明,数字技术的接触和使用能显著增加个体的粘连、桥接社会资本,进而产生心理层面的正面影响。这一结论为广义上"计算机中介传播的个体影响"提供了一个切面的经验支持。自20世纪90年代以来,越来越多的心理学、社会学和传播学研究开始关注互联网使用、计算机中介传播的个体影响及其作用机制。在正向还是负向影响的争论方面,部分研究报告了基于数字技术展开的传播和交往带来的负面心理作用,如网络成瘾、孤独感,但也有研究认为网络交往传播对不同群体有差异化的影响[1];在作用机制方面,有研究者提出,数字技术通过改变社会互动和传播的方式影响人们的幸福感[2]。本章也延续了上述两个问题的讨论。对于贫困县青少年群体来说,一方面,数字技术的接触和使用帮他们维系了"强关系",积累了更多粘连社会资本,这对于多为留守儿童的贫困县青少年来说极为重要,移动通信设备和网络成为他们与外出务工的父母保持联络、获取情感支持的重要媒介。另一方面,"上网"也帮助他们建立了更多工具性的"弱关系"和桥接社会资本。借助社交媒体与搜索引擎,他们得以超越地域和经济条件的限制,与多种多样的社会群体展开交流,看见更丰富的生活的可能性。

再次,作为少数的检验数字鸿沟效应的中文实证研究,本章以大样本提供了关于第三层数字鸿沟的本土经验。第三层数字鸿沟是关于结果和影响的

---

① VALKENBURG P M, PETER J. Internet communication and its relation to well-being: identifying some underlying mechanism. Media psychology, 2007, 9 (1): 43－58.

② MCKENNA K Y A, BARGH J A. Plan 9 from cyberspace: the implications of the internet for personality and social psychology. Personality & social psychology review, 2000, 4 (1): 57－75.

鸿沟，将数字接触和数字能力产生的影响综合起来，本章发现不同水平的数字资本带来了不同程度的社会资本和主观幸福感。有研究将这种不平等的社会结果称为"机遇鸿沟"，更高的数字接触水平和数字能力意味着更多的社会资源和生活机会；而获得物质或情感回报的个体也会基于反馈效应，继续投入资源提升个体的数字资本，如此循环往复，不同群体间的数字鸿沟也被进一步拓宽和强化。[1] 但也有研究者和决策者更为乐观，认为通过建设数字基础设施、帮扶社会弱势群体、共享信息资源等，就能够"变数字鸿沟为数字机遇"，改善社会分化状况。[2] 对于处于成长和求学阶段的贫困县青少年群体来说，除了被动地接受国家层面互联网基础设施建设带来的益处外，也应该积极借助既有的数字设备和能力，展开更多的有利于积累社会资本、文化资本和经济资本的活动，以进一步弥合与城市青少年群体间的机遇鸿沟。[3]

最后，本章也考察了数字鸿沟研究中被忽视的非结构性因素，如互联网使用偏好对技术使用的社会效益的影响。韦伯斯特（Webster）曾批评了数字鸿沟研究中被广泛采用的"信息富人"（information rich）与"信息穷人"（information poor）的两分法，认为这种划分法没有考虑到影响社会群体划分的复杂因素，因此也无法精确识别究竟谁是"信息富人"（或"穷人"）。[4] 学术界从对第一层数字鸿沟（接触鸿沟）、第二层数字鸿沟（使用鸿沟）的探讨，再到近年来对第三层数字鸿沟（影响鸿沟）的关注，不断细化的研究思路在一定程度上回应了 Webster 的批判，但主流视角依然强调社会结构性因素的作用，如社会经济地位、种族、性别、年龄等因素如何导致了差异化的

① VAN DEURSEN A J A M, HELSPER E J. The third-level digital divide: who benefits most from being online//ROBINSON L, COTTEN S R, SCHULZ J. Communication and information technologies annual. London: Emerald, 2015: 29-52.

② SELWYN N, GORARD S, WILLIAMS S. Digital divide or digital opportunity? the role of technology in overcoming social exclusion in U. S. education. Educational policy, 2001, 15 (2): 258-277.

③ LIVINGSTONE S, HELSPER E J. Gradations in digital inclusion: children, young people and the digital divide. New media & society, 2007, 9 (4): 671-696.

④ WEBSTER F. Theories of the information society. London: Routledge, 1995.

技术使用的社会效益。① 但在互联网基础设施不断普及、各群体数字素养不断提升的当下,数字鸿沟研究不应止步于探索传统意义上垂直层面的数字鸿沟;"真正的未连接者"已较少存在,当下,研究者更应该关注那些"有意的逃避者",探索被广泛忽视的非结构性因素——例如性格、兴趣、互联网使用偏好等导致的水平层面的数字鸿沟。② 本章关注了线上社会互动倾向对于数字鸿沟效应的调节作用。研究发现,在数字资本水平一致的情况下,线上社会互动倾向较高的群体表现出了更高的粘连社会资本和桥接社会资本。对于以贫困县青少年群体为代表的社会弱势群体来说,即使他们的数字资本水平较为有限,他们也可以通过增加线上社会互动来享有更多数字技术使用的益处,这也是贫困县青少年群体"上网的意义"。

本章也存在一定局限。首先,本章基于截面数据得出结论,只能验证相关关系但无法支撑因果关系分析,后续研究可以通过动态追踪调查,一方面为各变量间的理论关系提供因果阐释,另一方面也能描述贫困县青少年群体的数字资本水平、数字鸿沟现象的历时变化。其次,本章只关注了数字技术的接触和使用对于社会资本和主观幸福感的影响。这只是技术使用的社会效益的一个切面;对于处于教育阶段的贫困地区青少年群体来说,数字技术是否也带来了更多教育资源、增加了他们的文化资本?贫困地区的数字基础设施建设、多种形式的数字教育资源的普及在多大程度上弥合了城乡青少年的教育和发展差距?这都是未来值得探索的问题。

---

① SELWYN N. Digital division or digital decision? a study of non-users and low-users of computers. Poetics, 34 (4-5): 273-292.

② LIEVROUW L A, FARB S E. Information and equity. Annual review of information science and technology, 2003, 37 (1): 499-540.

后　记

　　2000 年的某一天，身为二年级硕士研究生，我在中国人民大学图书馆英文藏书室里闲逛，新闻传播类图书集中在一排书架上，我随手抽出一本书借了回去，这本书就是盖伊·塔奇曼（Gaye Tuchman）的《做新闻》（*Making News*），该书初版于 1978 年，由某机构赠予中国人民大学图书馆。迄今为止，拥有这本书英文版的国内图书馆并不多，如果不是捐赠，当时的我肯定跟这本书无缘。

　　过后回想起来，命运在我抽出这本书的时候就发生了逆转。如果我知道，于我而言，这本书是转折点，那么我还会出于好奇借书吗？人生不可回头。读了第一遍，我并没有完全读懂这本书，然而书里的观点和研究深深地吸引了我，我感到做研究也许是一件有趣好玩的事，于是决定申请读博士。就这样，我的职业轨道发生了转变，从记者转向了研究者。

　　进入博士班，我跟老师说，因为读了《做新闻》，所以想读博士，我想写跟《做新闻》一样好的博士论文。我申请读博士的理由就是这么简单。听了我的话他大为赞赏："录取你的时候，我们有过争议，因为你连基本的英文标点都不会用。现在看来，录取你，是一个正确的决定。如果我写出《做新闻》这样的书，我就从学术界退休了，因为以后没法超越自己。"那时候我才明白原来这本书有多经典，"写跟《做新闻》一样好的博士论文"这一想法，瞬间破灭了。

　　不过，我还是踏进了学术界，廿多年来，我的研究兴趣一直集中在新闻社会学、政治传播、性别与传播等领域。新闻社会学是我自博士阶段就关注的话题，也是我博士论文的核心研究问题，有赖于身处北京这一媒体中心，以及我所在的中国人民大学新闻学院跟新闻界的紧密联系，在中国人民大学工作的十多年间，我一直关注并追踪我国新闻界的各种新动向。

2017年，受单位委派，我进入人民日报社新媒体中心挂职。这段挂职经历给我提供了近距离观察党报转型的机会，不仅让我看到了跟学术界预设并不相同的媒介实践，也让我对一线新闻工作者的勤奋和探索抱有深深的敬意。

长期以来，学术界与业务界联系薄弱，互相看不起，"新闻无学传播无学"的说法，我不知道听了多少遍。我在新闻工作的现场看到的故事和现实，如何跳出业务层面的规范研究思维，转成兼具普遍性和推广性的理论观点，一直是我时时刻刻提醒自己注意的重点。我在挂职期间的表现平平淡淡，这里有年龄和精力的原因（作为中年人，同时应付大学的教学科研工作和挂职工作，我已经不可能从事一线新闻生产工作了），更重要的是我的理论储备不足，对于移动互联网以及数字新闻学的思考尚不能触及深层本质，我又一次品尝到了没有理论概念就入田野的后果。

2018—2019年，在挂职结束之后，受国家留学基金委的资助，我赴美国威斯康星大学麦迪逊校区进行了一年的访学工作。暂时从繁重的日常工作中脱身，我得以回顾和反思自己在新闻工作现场的观察和记录，并且借着访学机会，跟美国同行交流。我工作的核心始终是从理论层面解释和理解当前我国新闻界转型的各种现象，访学为我提供了沉静和思考的机会，直接促成了本书中系列成果的准备和发表。

访学是我规划之中的事情，而挂职完全是天上掉下来一个苹果砸到我怀里，"轮到你了，你就去"，至于委派到哪家媒体单位、哪个部门、碰见什么样的同事，完全是碰运气，我得感谢不知名的分配挂职单位的某位官员。如果被分配进了其他党媒，或者被分配进了人民日报社其他部门，可能我就目睹不到移动互联网给传统新闻界带来的巨大挑战，以及新闻工作者的转型努力，可能也就没有本书的一系列研究了。我在中国人民大学从事理论课和方法课的教学工作，没有经验数据，我写不出论文，做不了研究。

如果一定要给本书划分一个研究领域，那么应该是新闻社会学，或者移动互联网时代的数字新闻学。从 2001 年读博士算起，我在这个领域已经停留了 20 年，真想不到，当年抽出一本书、萌生一个念头，这么多年来，我就一直停留在这里。当下的新闻界跟 20 年前相比已经发生了翻天覆地的变化，然而，学术理论界并没有出现范式转型那样革命性的变化，这大概就是学术研究的魅力，也是其缺陷——任世界如何转变，理论家看世界的方式仍然保持不变。我觉得自己也算是求新求变的性格，怎么就能容忍自己停留在一个领域里长达 20 年保持兴趣呢？这大概就是真爱，它一直吸引着我，没想过要离开。

呈现在这里的就是过去四年来我断续思考的成果。这些年来，我受恩惠良多，借此机会表示感谢。中国人民大学新闻学院不仅是我本科和硕士的母院，也是过去十多年里我工作的地点，背靠大树好乘凉，它提供一份工作，栽培我，庇佑我，照顾我，我体会到的是领导和同事们多年来的支持和帮助，这里有宽松自由的工作氛围，以及简单的人际关系。当年高考时，我在众多新闻院校之中选择了中国人民大学，没想到缘分持续了这么多年。

感谢我曾经挂职的单位人民日报社新媒体中心。在所有中央级媒体中，它最早接触移动互联网，锐意革新，成就斐然，无论是专业奖项还是流量口碑，人民日报社的表现在党报媒体里都首届一指，可圈可点。正是因为在新闻工作的现场，我目睹了采编生产的变化，才决定将研究重心转到移动互联网上来，本书的第一章就是基于那里的资料而完成的。

作为一名教师，我从学生身上学到了很多，他们的视野新鲜而前卫，选题大胆而富有创见。本书不少内容是我跟学生们合作完成的：第二章的合作者是李宛真，第三章和第八章的合作者是郭玮琪，第四章的合作者是郭玮琪和张弛，第五章的合作者是周思宇，第六章和第七章的合作者是周子杰。合作也是相互学习的过程，我相信我的学生们终将超越我。

最后要谢谢我的家人。父母一如既往地支持我，承担了单调繁重的家务劳动，令我能心无旁骛地投入工作之中。张继伟一直是我最严厉最诚恳的批评者，也是生活中的最佳拍档，当年校园相逢，胜却人间无数。

曾经一度，我的重心转移到家庭，照顾年幼的捞捞和奔奔，随着他们长大，我的重心又转回到职场。《职场妈妈不下班》，一本学术畅销书道出了大概每一位职场妈妈类似的挣扎和经历，每当看到所谓"成功女性"大谈如何职场家庭双丰收的经验，我只想翻白眼。当听到孩子说"我以后长大了不结婚不要孩子，要孩子会耽误我的工作，妈妈你就为了我们而耽误了自己的工作"，我五味杂陈。一方面，我理解00后、10后面临着比我这个70后大得多的压力，我尊重他们对自己生活的安排；另一方面，他们理解母亲当年的辛苦和牺牲，即使技术进步经济发达，这个困境似乎至今也没有更好的解决方案。我正在慢慢地退出他们的生活世界，希望在他们的童年和青少年时期，来自父母长辈的照顾，能帮助他们成年以后追求自己期望的生活。

我跟中国人民大学出版社瞿江虹编辑合作过多次，她的专业、耐心、坚定经常令我这个拖拉的作者汗颜，编辑是幕后英雄，这本书也有她的功劳。

本书肯定存在着许多疏漏和不足之处，欢迎各位读者批评指正，请发邮件跟我联系：20050022@ruc.edu.cn。谢谢！

陈阳

2021 年 11 月初稿于明新楼

2022 年 2 月定稿

图书在版编目（CIP）数据

重新出发：移动互联网时代中国媒体转型研究 / 陈阳著 . -- 北京：中国人民大学出版社，2022.6
（新闻传播学文库）
ISBN 978-7-300-30748-0

Ⅰ.①重… Ⅱ.①陈… Ⅲ.①互联网络-传播媒介-研究-中国 Ⅳ.①G206.2

中国版本图书馆 CIP 数据核字（2022）第 104041 号

新闻传播学文库
重新出发
移动互联网时代中国媒体转型研究
陈　阳　著
Chongxin Chufa

出版发行	中国人民大学出版社			
社　　址	北京中关村大街 31 号		**邮政编码**	100080
电　　话	010 - 62511242（总编室）			010 - 62511770（质管部）
	010 - 82501766（邮购部）			010 - 62514148（门市部）
	010 - 62515195（发行公司）			010 - 62515275（盗版举报）
网　　址	http://www.crup.com.cn			
经　　销	新华书店			
印　　刷	北京宏伟双华印刷有限公司			
规　　格	170 mm×240 mm　16 开本		**版　　次**	2022 年 6 月第 1 版
印　　张	13.75 插页 2		**印　　次**	2022 年 6 月第 1 次印刷
字　　数	192 000		**定　　价**	59.90 元